Managen nach dem Gallup-Prinzip

Was haben die besten Unternehmen der Welt gemeinsam? Engagierte Mitarbeiter und eine enge Kundenbindung, stellen Curt Coffman und Gabriel Gonzalez-Molina fest. Sie zeigen, dass sich in der heutigen *Emotional Economy* die Erfolgsfaktoren verändern: Die Beziehung zwischen Unternehmen, Mitarbeitern und Kunden muss eine emotionale Komponente haben, um profitabel zu sein.

Curt Coffman und *Gabriel Gonzalez-Molina* sind Berater bei Gallup. Coffman ist Koautor des Buches *Erfolgreiche Führung gegen alle Regeln*.

Curt Coffman
Gabriel Gonzalez-Molina

Managen nach dem Gallup-Prinzip

Entfesseln Sie das Potenzial Ihrer Mitarbeiter

Aus dem Englischen von Maria Bühler

Campus Verlag
Frankfurt/New York

Die amerikanische Originalausgabe erschien unter dem Titel »Follow This Path«
2002 bei Warner Books, New York. Original work copyright © 2002 by *The Gallup
Organization*. This edition published by arrangement with Warner Books, Inc., New
York, New York, USA. All rights reserved.

Bibliografische Information der Deutschen Bibliothek:
Die Deutsche Bibliothek verzeichnet diese Publikation in der Deutschen
Nationalbibliografie. Detaillierte bibliografische Daten sind im Internet über
http://dnb.de abrufbar.
ISBN 3-593-37319-X

Umschlaggestaltung: Init, Bielefeld
Druck und Bindung: Druckhaus »Thomas Müntzer«, Bad Langensalza
Gedruckt auf säurefreiem und chlorfrei gebleichtem Papier.
Printed in Germany

Besuchen Sie uns im Internet: www.campus.de

Für meine schöne und begabte Frau Tammy,
die mir meine Ziele mit ihrer Kraft,
ihrem Widerspruchsgeist und ihrer Liebe
immer klar vor Augen gehalten hat.
Curt W. Coffman

Für das emotionale Gedächtnis
meiner Eltern Ignacio und Josefina.
Für Belinda, Gabriel und Jose Ignacio,
die wichtigsten emotionalen Marker
in meinem Leben.
Gabriel Gonzalez-Molina

Inhalt

Vorwort

Im *Economist* erschien einmal ein kleines Diagramm, das mir nicht mehr aus dem Kopf geht. So unscheinbar und simpel es ist, könnte es eine für Führungskräfte unglaublich wichtige Botschaft enthalten. Eigentlich hätte das Diagramm es verdient, auf der Titelseite jeder Zeitung in Amerika abgedruckt zu werden.

Da dies jedoch nicht der Fall war, soll es hier erscheinen.

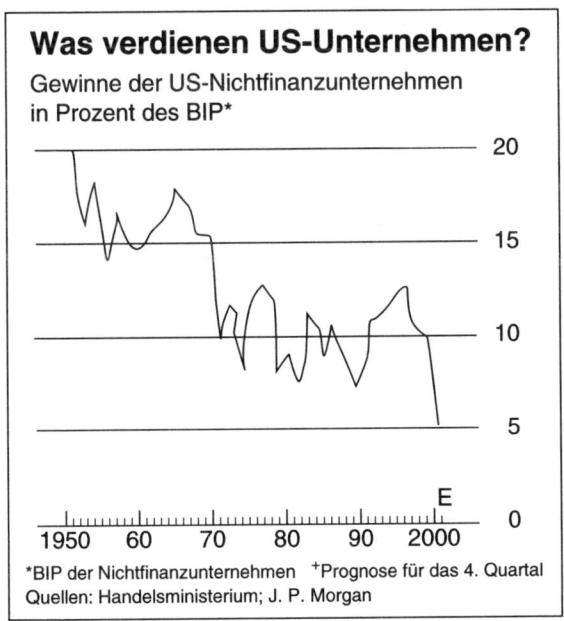

Abb. 1: *The Economist*, 8. Dezember 2001, S. 65

Weder Sie noch ich benötigen eine Verständnishilfe, um dieses Diagramm zu lesen. Es stellt die Gewinnentwicklung der nicht in der Finanzbranche tätigen US-Unternehmen in den vergangenen 50 Jahren dar. Man kann sich leicht ausrechnen, wann das freie Unternehmertum in Amerika am Ende sein wird.

Wie Sie sehen, beschneidet seit 50 Jahren eine erbarmungslose Kraft den amerikanischen Firmen ihre Gewinne. Das Monster verschont dabei niemanden. Zwar erlebt jedes Unternehmen auch eine Blütezeit: Es bietet ein einzigartiges Produkt an, es erobert einen hohen Marktanteil, oder es hat keine ernsthaften Konkurrenten. Vielleicht konnte das Unternehmen eine revolutionäre Neuerung entwickeln oder es hat einfach die erste Pizzeria in einer gottverlassenen Gegend eröffnet. Manchmal ändern sich die Gesetze so zum Vorteil eines Unternehmens, dass es endlich gute Gewinne erzielen kann.

Nehmen wir ein Beispiel: Dr. Gallup war einmal der einzige Anbieter von Meinungsumfragen in Amerika. Weit und breit war keine Konkurrenz in Sicht und er erzielte hervorragende Gewinne. Heute gibt es grob geschätzt 5.000 Unternehmen und Institute, die dieselben Dienstleistungen anbieten. Dieselbe Entwicklung hat sich in vielen anderen Branchen vollzogen. Ich erinnere mich noch an die Zeiten, als Gallup Telefongebühren von 30 Cents pro Minute bezahlte. Ein zehnminütiges Interview berechnete uns *AT&T* damals mit 3 Dollar. Heute zahlen wir an *MCI* 3 Cents pro Minute. Ein zehnminütiges Interview kostet uns also heute nur noch 30 Cents – ein gewaltiger Unterschied zu den 3 Dollar von früher.

Die beunruhigende Frage lautet nun: Betreiben wir ein hervorragendes Kundenmanagement – oder haben wir letztlich nur hart genug verhandelt und sind die erfolgreichsten Preisbrecher unter der Sonne geworden? Das oben erwähnte Diagramm jedenfalls spricht eine deutliche Sprache: Unternehmen haben neue Ideen, entwickeln neue Produkte, verdienen viel Geld damit – und verschwinden dann doch wieder in der Bedeutungslosigkeit.

Das Diagramm erzählt tausend Geschichten – eine albtraumhafter als die andere.

Kommen wir zur Telefonindustrie zurück. Wurde die Entwicklung der Branche 20 Jahre lang durch die exzellenten Marketing- und Führungskompetenzen bei *AT&T* und *MCI* und schließlich bei *Sprint* vorangetrieben, oder wurde sie letztlich doch nur durch Preiskämpfe angetrieben? Ist der Aufstieg von *WorldCom* nur darauf zurückzuführen, dass der Konzern einen längeren Atem hatte und die Preise weiter als die anderen senken konnte? Kann man die Telefonkriege auf 20 Jahre Preiskämpfe reduzieren? Könnte man dasselbe von Autos, Computern oder dem Einzelhandel behaupten?

In jüngster Zeit haben wir uns alle zu Profis im »Kostensenken« entwickelt. Verstanden wir davon vor 25 Jahren noch gar nichts, zeigten uns schließlich Dr. Edwards Deming und Dr. Joseph Juran, wie man die Produktionskosten senkt, indem man – brillanterweise – die »Auswahl reduziert«. Wir haben diese Bewegung unterstützt, weil sie bedeutete, dass wir die Preise weiter senken konnten. Auf diese Weise konnten wir unser Verschwinden in die Bedeutungslosigkeit etwas hinauszögern.

Dann kam das »Reengineering«. Wir waren alle begeistert davon, und es hat funktioniert. In der Tat haben wir bei *Gallup* eine Menge Geld gespart, indem wir die Theorien dieser beiden wichtigen Managementbewegungen in die Praxis umgesetzt haben.

Wir lernten also schnell, wie man die Kosten senkt, aber praktisch nichts darüber, wie man die Gewinne steigert. Dieses Manko stürzt die Unternehmensführer in eine Verzweiflung, die sie auf dem Weg in die Bedeutungslosigkeit ständig begleitet. Während ich diese Gedanken Anfang 2002 niederschreibe, stellt sich sogar die Frage, ob nicht gerade diese Verzweiflung für das grassierende Übel der Bilanztricksereien verantwortlich ist. Wenn der Druck zu groß wird, geraten die moralischen Grundsätze vieler Manager ins Wanken. Sie suchen verzweifelt nach Auswegen, weil sie befürchten, zu viele Vermögenswerte zu vernichten – nicht, weil sie geborene Diebe wären. Kranke Unternehmen brechen unter dem Druck zusammen und lassen zu, dass sich unsaubere Methoden einschleichen. Offensichtlich ist es viel leichter, die Aktionäre zu blenden als die Kunden.

Dies ist also das Problem: Unter dem extremen Wettbewerbsdruck von heute können wir unsere Gewinne aus dem normalen Geschäftsbetrieb nicht mehr sichern. Warum nicht? Die Kundenbeziehung beruht allein auf dem Preis. Wer sich aber nur über den Preis differenziert, bietet Massenware an.

Wo liegt die Lösung? Der Wert der Geschäftsbeziehung selbst muss Ihren Kunden mindestens so wichtig wie der Preis sein. Wenn Ihnen das nicht gelingt, geraten Sie in eine Abwärtsspirale, die bald außer Kontrolle gerät.

Natürlich sollten Sie die neuesten Kostensenkungsmethoden und Reengineering-Prozesse anwenden, um möglichst hohe Effizienzsteigerungen zu erzielen. Aber diese Prozesse liefern Ihnen nicht die langfristige Lösung, die Sie benötigen, um Ihre Gewinne zu sichern.

Um es noch einmal zu wiederholen: Wer sich der Entwicklung zu sinkenden Gewinnen widersetzen will, Bilanztricks ablehnt und die Aktionäre nicht blenden möchte, muss seinen Kundenstamm pflegen und erweitern, ohne die Preise zu drücken und sich auf das Glatteis dubioser Bilanzmanipulationen zu begeben.

Der Erfolg Ihres Unternehmens hängt nicht davon ab, wie viel Sie von betriebswirtschaftlichen Zusammenhängen, Organisationsentwicklung oder Marketing verstehen. Er hängt ganz einfach davon ab, wie viel Sie von Psychologie verstehen: Wie bildet jeder einzelne Mitarbeiter eine Beziehung zu Ihrem *Unternehmen*, und wie bildet jeder einzelne Mitarbeiter eine Beziehung zu *Ihren Kunden*?

Stellen Sie sich folgende Fragen: Warum bleiben Mitarbeiter bei einem Unternehmen, obwohl ein anderes ihnen ein höheres Gehalt anbietet? Warum wissen manche Mitarbeiter instinktiv, wie sie mit einem unzufriedenen Kunden umgehen müssen, ohne ihn zu vergraulen? Warum machen Kunden einen Umweg von fünf Kilometern, um in einem bestimmten Geschäft einzukaufen, obwohl der Laden eines Konkurrenten direkt gegenüberliegt? Wenn Sie die Antworten auf diese Fragen nicht kennen, können Sie auch Ihre Gewinne nicht sichern.

Anders ausgedrückt: Um sich vor einem Ende in der Bedeutungslosigkeit zu bewahren, müssen Sie sich auf die Kräfte besinnen, die in den Menschen selbst liegen.

Die außergewöhnliche wirtschaftliche Entwicklung der vergangenen 50 Jahre in den USA beruhte auf bemerkenswerten Innovationen und dem freien Unternehmertum. Diese Grundlagen sind auch heute unverzichtbar. Aber wir gehen heute, unter dem Druck des extremen Wettbewerbs, einen falschen Weg, weil wir unsere Gewinne aufs Spiel setzen. Was wir brauchen, ist eine neue Methode, um mit den Menschen umzugehen.

Dieses Buch zeigt Ihnen, was Sie tun können. Es enthält die einzelnen Schritte, die Manager ergreifen müssen, um starke, integre und beständige Unternehmen aufzubauen. Es knackt den Code der menschlichen Natur und zeigt Ihnen einen völlig neuen und anderen »Weg«, den Ihr Unternehmen gehen kann. Lesen Sie das Buch so schnell Sie können, folgen Sie diesem Weg und kehren Sie als verwandelter Manager in Ihr Unternehmen zurück.

James K. Clifton
Chairman und Chief Executive Officer
The Gallup Organization
15. Januar 2002

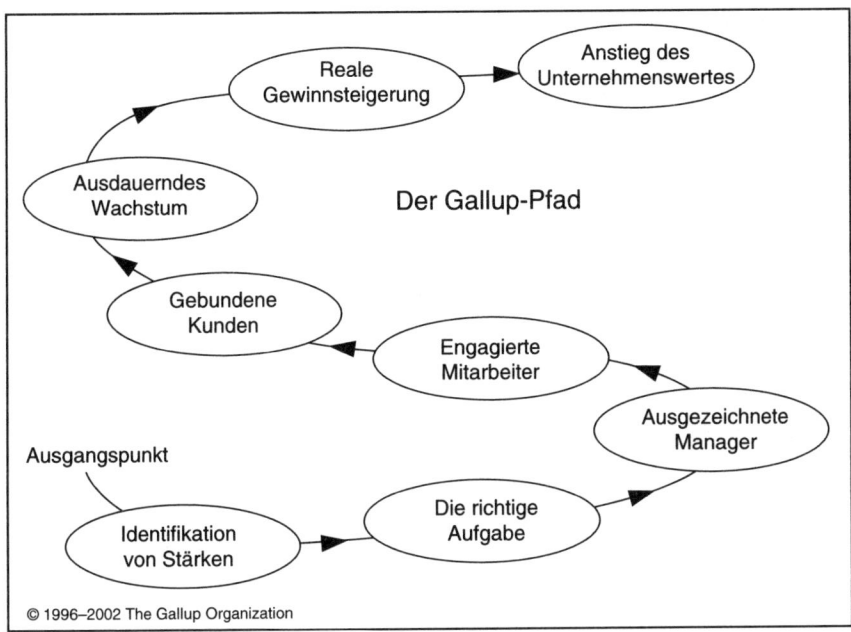

Der Gallup-Pfad

Ausgangspunkt

Abb. 2: Der *Gallup*-Pfad

Einleitung
Welcher Weg ist der richtige?

Erfolgreiche Unternehmen erzielen ein nachhaltiges und rentables Wachstum, weil sie etwas tun, was andere nicht tun: Sie schöpfen die angeborenen Talente ihrer einzelnen Mitarbeiter im Umgang mit den Kunden aus. Sie wissen, dass die menschlichen Ressourcen der einzige Bereich sind, in dem heute überhaupt noch neue Wettbewerbsvorteile geschaffen werden können – und der Erfolg gibt ihnen Recht.

- Finden Sie das verblüffend? Das ist verständlich.

- Verstößt das gegen alle bisherigen Regeln? Absolut.

- Führt es zum Erfolg? Darauf können Sie wetten.

Sind Sie bereit, Ihre Mitarbeiter und Kunden nach der Lektüre dieses Buches mit neuen Augen zu betrachten? Wir können es Ihnen nur empfehlen – *wenn* Sie wirklich mit den großen Unternehmen mithalten und sich im Wettbewerb durchsetzen wollen.

Die Zeit ist reif

Für den Fall, dass Sie es noch nicht bemerkt haben: Mitarbeiter und Kunden agieren heute in einem völlig neuen Umfeld. Die Generation der Beschäftigten gibt es nicht mehr, die sich am folgenden Marschbefehl orientieren konnte: Absolvieren Sie eine Ausbildung, damit Sie einen sicheren, anständig bezahlten Arbeitsplatz ergattern. Arbeiten Sie dann so hart Sie können, denn ein

Arbeitsplatz ist ein Privileg, das Ihre Zukunft und das Wohlergehen Ihrer Familie sichert. Harte Arbeit, Disziplin und Verantwortung sind feste Größen in diesem Bild. Die »Loyalität« gegenüber dem Arbeitgeber gilt als selbstverständlich.

Ein Arbeiter, der U-Bahn-Leitungen reparierte, erinnert sich:

Ich habe dreißig Jahre lang für ein großes Versorgungsunternehmen gearbeitet. Ich weiß noch, dass man mir bei der Einstellung sagte, wie glücklich ich mich schätzen könne. Bei jeder Lohnerhöhung fühlte ich mich verpflichtet, meinem Chef zu beteuern, wie dankbar ich sei. Ich war es ja auch. Aber ich hätte auch gern einmal gehört, wie dankbar er mir dafür sei, dass ich sommers wie winters unter harten Bedingungen arbeitete. Er sah wohl keine Veranlassung, mir seine Anerkennung zu zeigen – also tat er es nicht.

Natürlich tat er es nicht – der Arbeitgeber verfügte schließlich über eine unantastbare Macht: »Sie sind auf mich angewiesen, ich aber nicht auf Sie. Ich kann Sie jederzeit entlassen, Sie um Ihren sicheren Job bringen und Sie ruinieren. Stellen Sie sich vor, was ich Ihnen – und Ihrer Familie – antun kann.«

Dies war die knallharte Botschaft, die viele Beschäftigte mit ihrem ersten Gehaltsscheck erhielten. Und sie wurde verstanden. In Zeiten knapper Arbeitsplätze waren die Mitarbeiter schnell bereit, die Spielregeln zu lernen und nicht aufzumucken. Wurde eine höhere Produktivität verlangt, bedeutete dies, dass sie mehr arbeiteten, um mehr Aufgaben erledigen zu können. Selbst in Zeiten der Hochkonjunktur vergaßen die Beschäftigten nie, dass die Macht beim Unternehmen lag. Wenn sie aufgrund ihrer Talente und Begabungen eigentlich viel besser an einen anderen Arbeitsplatz gepasst hätten, behielten sie dieses Geheimnis meist für sich.

Auf der Kundenseite war die Situation nicht viel besser. Die Märkte wurden von Monopolen beherrscht. Wer ein Produkt oder eine Dienstleistung bereitstellte, beherrschte in der Regel die ganze Branche. Die Kunden waren dem einzigen Anbieter auf dem Markt ausgeliefert. Sie hatten gar keine andere Wahl, als ihm treu zu sein. Vor diesem Hintergrund sahen die Unternehmen auch keinen Anlass, sich näher mit den spezifischen Bedürfnissen ihrer Kunden zu beschäftigen.

Eine Frau, die ihre Haushaltsgeräte 20 Jahre lang im einzigen Elektrogeschäft vor Ort gekauft hatte, erzählte uns:

Ich habe mich immer für eine »loyale« Kundin gehalten. Zwar war der Service nicht überwältigend, doch fühlte ich mich meinem alten Geschäft zur Treue verpflichtet, als in einem nahe gelegenen neuen Einkaufszentrum ein großes Elektrogeschäft eröffnet wurde. Dann aber stellte ich fest, dass die Mitarbeiter im neuen Geschäft sehr viel freundlicher waren und mir das Gefühl vermittelten, wichtig zu sein. Natürlich spielten auch die niedrigeren Preise eine Rolle, aber ich hatte wirklich den Eindruck, mit Wertschätzung und Respekt behandelt zu werden. Warum sollte ich einen unterdurchschnittlichen Service akzeptieren, wenn es Alternativen gab?

Ein neues Modell

Heute hat sich die Arbeitswelt völlig verändert. Es ist gang und gäbe, den Arbeitsplatz wie auch den Arbeitgeber häufig zu wechseln. Möglichst hart zu arbeiten mag für manche noch ein Ideal sein, aber oft verschleißen sie ihre Kräfte zu schnell und haben letztlich nichts gewonnen. Alle Beschäftigten, die mit einem PC umgehen können, haben Zugang zu denselben Technologien. Es ist heute schwerer, den Datenschutz als auch die Datensicherheit zu gewährleisten, vor allem im Zusammenhang mit Geschäftsgeheimnissen.

Die Unternehmen bieten keine Standardlösungen mehr an. Oft ist die Diversifizierung kein Luxus, sondern harte Notwendigkeit. Um jederzeit über Produktivität, Wachstum, Gewinne, Marktkapitalisierung oder den Börsenwert informiert zu sein, benötigen sie komplexe Formeln und stündliche Aktualisierungen. Die Wirtschaftsberichterstattung im Fernsehen wurde ständig ausgebaut, weil die Weltwirtschaft heute mit einem Tanker in stürmischer See vergleichbar ist. So groß und leistungsstark ein solcher Tanker auch sein mag, er kann jederzeit leckschlagen oder auf Grund laufen.

Einstige Stammkunden können heute unter einer Vielzahl von Anbietern auswählen. Monopole sind Relikte der Vergangenheit. Einst regulierte Branchen – Telekommunikation, Autoproduktion und Gesundheitswesen, um nur drei zu nennen – sind heute dereguliert. Das Spielfeld, auf dem der Wettbewerb ausgetragen wird, ist global geworden. Die Grenzen von Kulturkreisen und Staaten verlieren an Bedeutung und es entstehen weltweite Marktplätze. Heute müssen sich unzählige Unternehmen der Konkurrenz aus dem Ausland stellen. Dazu benötigen sie mehr Kapital, weil sie die Entwicklung noch nützlicherer Produkte finanzieren müssen. Gleichzeitig werden die Markenentwicklung und die Markenpflege sowie die richtige Marktpositionierung noch viel wichtiger als bisher.

Damit gehen neue Probleme einher. In den vergangenen 20 Jahren sind die Quellen für neue Wettbewerbsvorteile praktisch versiegt. Wie soll ein Unternehmen heute noch einen Vorsprung erlangen, wenn es sich kaum noch über den Preis differenzieren kann und die Kunden es Leid sind zu hören, jedes Produkt sei das »beste«? Den Unternehmen fällt nicht viel ein, wenn es darum geht, Mitarbeitern wie Kunden neue Anreize zu geben.

Gleichzeitig ist es wichtiger denn je, den eigenen Kundenstamm zu pflegen und auszubauen, und die guten, produktiven Mitarbeiter davon abzuhalten, das Unternehmen zu verlassen.

Aber mit welcher Strategie könnte dies gelingen? Die erfolgreichen Unternehmen haben es herausgefunden – und sie wissen, wie sie ihre Strategie umsetzen müssen.

Die emotionale Ebene im Wirtschaftsgeschehen

Erfolgreiche Unternehmen wissen, wie sie sich auf der Grundlage ihrer Kundenbeziehungen im internationalen Konkurrenzkampf behaupten können. Das Geheimnis lautet, dass sie ihre Kunden auch auf emotionaler Ebene ansprechen. Ihre Kunden kehren immer wieder zurück, weil sie wissen, dass sie sich *gut dabei fühlen*. Der Erfolg war so großartig, dass diese Unternehmen ihre Stammkunden nicht nur als treue, sondern als *emotional engagierte Kunden* bezeichnen.

Gleichzeitig bieten diese erfolgreichen Unternehmen ihren Mitarbeitern eine Umgebung, in der sie das tun können, was sie am besten beherrschen. Die Mitarbeiter arbeiten an den Aufgaben, die ihnen am meisten liegen. Auf diese Weise werden Kundenbedürfnisse besonders effektiv wahrgenommen und erfüllt. Dies schlägt sich direkt im Ertrag und Wachstum nieder – aber auch bei den Mitarbeitern. Die Unternehmen bezeichnen diese Frauen und Männer voller Anerkennung als *emotional engagierte Mitarbeiter*.

Engagierte Mitarbeiter, die ihre Talente einsetzen, ermöglichen dem Unternehmen einen sofortigen und konstanten Wettbewerbsvorteil. Sie schaffen einen neuen Wert: auf der emotionalen Ebene angesiedelte Beziehungen zwischen Mitarbeitern und Kunden.

Erfolgreiche Unternehmen behandeln ihre Mitarbeiter und Kunden nicht wie Automaten, deren Handlungen sie, auch wenn sie auf komplexen geistigen Prozessen beruhen, voraussagen könnten. Ebenso wenig betrachten sie ihre Kunden als »Wirtschaftssubjekte«, die ihre Entscheidungen grundsätzlich von Preiskriterien abhängig machen.

Ganz im Gegenteil: Erfolgreiche Unternehmen haben die »harte« Sichtweise, die das menschliche Verhalten dem von Maschinen gleichsetzt, aufgegeben und konzentrieren sich auf die »weiche« Seite der menschlichen Natur, die auf Emotionen beruht. Der Erfolg gibt ihnen Recht: Wer weiß, wie man Mitarbeiter und Kunden emotional bindet, befindet sich auf dem richtigen Weg. Erfolgreiche Unternehmen machen sich die Erkenntnis zunutze, dass man mit emotionalem Engagement weit mehr als mit Vernunft und Logik erreicht.

Die Daten liegen vor

Warum können wir die Behauptung aufstellen, dass es tatsächlich zu dauerhaftem Erfolg führt, die emotionale Ebene im Wirtschaftsgeschehen zu berücksichtigen? Über 50 Jahre lang hat *Gallup* Kunden und Mitarbeitern unzählige Fragen zu ihrer Arbeit, ihrem Unternehmen und ihren Kauf- und Konsumentscheidungen gestellt. Wir haben jede größere Branche befragt und internationale Studien durchgeführt.

Als wir bei *Gallup* unsere umfassende Studie begannen, wollten wir herausfinden, wodurch sich die Unternehmen mit den besten, lebendigsten, produktivsten und rentabelsten Arbeitsplätzen von den anderen unterschieden. Gleichzeitig wollten wir herausfinden, welche Bedingungen erfüllt sein mussten, damit die Unternehmen gute und profitable Kunden gewannen – und behielten. Schließlich wollten wir wissen, ob und wie es sich auf den wirtschaftlichen Erfolg auswirkte, wenn Unternehmen eine überdurchschnittlich gute Arbeitsumgebung anboten. Wichtig war uns auch zu erfahren, welche Maßnahmen die erfolgreichen Unternehmen zur Sicherung ihres Erfolgs ergriffen.

Es war nicht einfach, diese Informationen aus all den Daten herauszufiltern, weil die Unternehmen, Abteilungen und Teams sehr unterschiedliche Definitionen des Erfolgs hatten. Sie maßen ihren Erfolg an so unterschiedlichen Kriterien wie der Zahl der beseitigten Kundenprobleme, der Aufenthaltsdauer von Krankenhauspatienten, den Umsatzzahlen, der Zahl der Defekte pro Millionen hergestellter Teile oder der Zahl der Krankentage. Gleichzeitig bezogen wir auch die Faktoren der Personalfluktuation und der individuellen Produktivität in die Gleichung ein.

Für unsere Umfrage erhoben wir enorme Datenmengen. Wir befragten zehn Millionen Kunden und über 200.000 Manager. Zwischen den Jahren 1995 und 2001 führten wir Gespräche mit über drei Millionen Beschäftigten. Außerdem glichen wir in über zwei Millionen Fällen die Eignung für einen be-

stimmten Arbeitsplatz mit dem Erfolg in dieser Rolle ab. An der Studie waren
über 300.000 Geschäftseinheiten in Hunderten von Unternehmen weltweit
beteiligt. So überrascht es nicht, dass insgesamt mehr Daten als je zuvor zum
Thema der Leistung einzelner Mitarbeiter und der Kundentreue erhoben wurden.

Alle großen Branchen waren vertreten, von der Fast-Food-Industrie bis
zum Gesundheitswesen. Die unterschiedlichsten Arten von Arbeitsplätzen
und die unterschiedlichsten Kundentypen wurden berücksichtigt. Branchen
und Organisationen jeder Größe waren beteiligt. Die Größenordnung unseres Unterfangens wird daran deutlich, dass jede vertretene große Branche
mindestens 100.000 Einzelfälle beisteuerte, während die Geschäftseinheiten
im Durchschnitt aus nur dreizehn Beschäftigten bestanden. Die Kriterien zur
Beurteilung der Mitarbeiter aus den unterschiedlichen Unternehmen waren
Talent, Engagement und Ergebnisse.

Die Kundendaten enthielten zahlreiche Informationen über ihr Konsum-
verhalten: Volumen, Höhe ihrer Ausgaben, Absicht eines Wiederholungskaufs, Marken- und Produktbewertungen, Meinungen und weitere Einstellungen und Verhaltensmuster.

Allein zur Erhebung der Kundendaten wurde jede Person durchschnittlich
15 Minuten lang befragt, was ein Material von unglaublichen 150 Millionen
Minuten ergab. Anders ausgedrückt: Hätte jede Antwort einem Quadrat-
zentimeter in einem Kundenbericht entsprochen, hätte sich eine Fläche von 24
Football-Feldern ergeben.

Die Geschäftseinheiten wurden anhand der Kriterien Produktivität, Umsatz, Sicherheit, Fluktuation und Gewinn bewertet. Auch damit zusammenhängende Angaben, etwa zur Größe des Betriebs, wurden erhoben.

Unsere Studie wurde über die Grenzen von Geschlecht, Rasse und Ethnie
hinweg durchgeführt, da Daten über verschiedene Berufe, Nationalitäten,
Altersgruppen, Bildungsebenen, verfügbare Einkommen sowie Konsum-
gewohnheiten erhoben wurden.

Um das komplizierte Knäuel dieser unzähligen Informationsfäden aufzu-
lösen, setzten wir die Methode der Meta-Analyse ein. (Anlage B enthält eine
genaue Beschreibung der eingesetzten statistischen Techniken.) Diese Sta-
tistikmethode half uns, die vielen Datenstränge zu entwirren. Dank der Meta-
Analyse konnten wir uns auf den tatsächlichen Zusammenhang zwischen den
Mitarbeitereinstellungen und -meinungen und der Betriebsleistung konzentrieren. Außerdem konnten wir dokumentieren, wie bestimmte Bedingungen
die Geschäftsergebnisse beeinflussen. Weiterhin konnten wir Symptome isolieren, die auf tief verwurzelte negative Geschäftspraktiken hindeuten – mit

den entsprechenden katastrophalen Folgen. Wir fanden auch einen zuverlässigen Weg, um die Stärken zu bestimmen, die in jedem erfolgreichen Team vorhanden sind. Am wichtigsten war jedoch, dass wir herausfanden, wie man zwischen Mitarbeitern und Kunden untrennbare Beziehungen schmieden kann.

Im nächsten Schritt wurde dieser Berg von Daten untersucht und analysiert. Als wir damit fertig waren, wussten wir, wie die erfolgreichen Unternehmen die in ihren Mitarbeitern schlummernden Ressourcen zu fördern und zu nutzen verstehen. Wir kristallisierten einen Weg heraus, wie *jedes* erfolgreiche Unternehmen seine Mitarbeiter bestmöglich einsetzt und seine Kunden bindet – unabhängig von der Größe, der Branche oder dem Herkunftsland. Wir entdeckten einen Weg, der über hervorragende Mitarbeiterleistungen zu profitablem Wachstum führt.

Zu den Befragten gehörte auch eine Managerin, die für 3.000 Mitarbeiter in über 100 Teams verantwortlich war. Sie führte den Erfolg ihrer besten Teams auf das emotionale Engagement der Mitarbeiter sowie die gute Arbeit ihrer Vorgesetzten zurück:

Das Talent und die Einstellungen der Mitarbeiter, unterstützt durch die Vorgesetzten, spielen eine entscheidende Rolle für den Erfolg im Team, im Unternehmen und bei den Kunden. Das Geld ist als Motivationsfaktor nicht so wichtig. Entscheidender ist es, bei der Vergütung die richtigen Schwerpunkte zu setzen. Ein weiterer Faktor ist, dass einzelne Teams oder auch ganze Niederlassungen für ihre Leistungen ausgezeichnet werden.

Auf die Frage, wie ihre besten Manager das dafür erforderliche Engagement bei den Mitarbeitern weckten, sagte sie:

Indem sie gut zuhören und darauf achten, wie sie bei jedem Einzelnen die Saiten zum Schwingen bringen können, die sie zu immer neuen Spitzenleistungen antreiben. Das wiederum verstärkt die Bindung und das Engagement bei den Mitarbeitern. Und indem sie Teams entwickeln, deren Mitarbeiter sich aufeinander verlassen und sogar lebenslange Freundschaften knüpfen. Einzelkämpfer, die nur sich selbst sehen, tragen nichts zum Erfolg des Ganzen bei.

Unter den Befragten befand sich auch der Personalleiter eines sehr erfolgreichen Medizingeräteherstellers, der 15 Jahre lang ein Wachstum im zweistelligen Bereich erzielte. Der Personalleiter führte diesen Erfolg darauf zurück, dass in seinem Unternehmen die spezifischen Stärken jedes Mitarbeiters bestimmt und dann entwickelt wurden:

Gallup: Woher wissen Sie, welche Mitarbeiter Überdurchschnittliches leisten können?

Nun, man hat mir zwar beigebracht, dass die Berufspraxis ein Hauptkriterium sei, aber meiner Erfahrung zufolge darf man sich darauf allein nicht verlassen. Die richtige Antwort dürfte lauten: »Es kommt darauf an.« Es hängt immer von den spezifischen Aufgaben ab, die zu erledigen sind. Wenn wir nicht wissen, wie die überdurchschnittlichen Leistungen an einem bestimmten Arbeitsplatz genau aussehen, wie sollen wir dann definieren, welche Talente, Fähigkeiten und Erfahrungen wir suchen? Wenn wir etwa eine Stelle in der Marketingkommunikation besetzen, suchen wir jemanden mit einem »kritischen Blick«, denn das endgültige Dokument soll die Merkmale und Anwendungsmöglichkeiten unseres Produktes perfekt abbilden. Manche würden diese Eigenschaft Perfektionismus nennen, ich aber spreche vom inneren Drang nach Genauigkeit und von der Fähigkeit, die Perspektive der Nutzer einzunehmen. Es geht darum, immer schon die nächste Frage zu erahnen, die dem Kunden in den Sinn kommt.

Suche ich dagegen einen Top-Vertriebsleiter, muss er die Bereitschaft mitbringen, die Messlatte bei sich selbst hoch anzusetzen, und dann erwarte ich die entsprechenden Ergebnisse. Wir wissen auch, dass unsere besten Vertriebsleiter immer einen guten Draht zu jenen Mitarbeitern haben, die nahe am Geschehen sind. Sie besitzen die natürliche Fähigkeit, das Potenzial ihrer Mitarbeiter zu erkennen und sie tun alles, was möglich ist, um diesen zum Erfolg zu verhelfen. Hervorragende Vertriebsleiter sind sehr leistungsorientiert, und wenn ihre Mitarbeiter ihren Anforderungen nicht genügen, handeln sie schnell und trennen sich von ihnen, sei es durch Versetzung oder durch Kündigung. Aber *niemals* würden sie die Messlatte niedriger setzen und sich mit etwas Mittelmäßigem zufrieden geben.

Gallup: Worauf achten Sie, wenn Sie neue Mitarbeiter einstellen?

Wieder einmal hängt es von der Rolle ab, die sie ausfüllen sollen. Ich achte darauf, dass sie die Fähigkeiten mitbringen, durch die sich unsere besten Mitarbeiter auszeichnen. Das heißt, dass die erfolgreichsten Mitarbeiter letztlich die Kriterien vorgeben. Das mag einfach erscheinen, ist es aber nicht. Denn es bedeutet eine grundlegende Verlagerung des bisher geltenden Paradigmas im Personalwesen. Traditionell hat ein Personalleiter eher nach Bequemlichkeitskriterien (Bereitschaft zum Umzug, Erfahrung in der

Branche, baldiger Firmeneintritt oder Zustimmung zum Vergütungsplan) als nach den »richtigen« Talenten entschieden. Man hat uns Personalleuten beigebracht, die »Risiken zu begrenzen«. Folglich mussten wir zunächst einmal bestimmen, welche Eigenschaften wir *nicht* wollten, anstatt klare Standards zu entwickeln und eindeutige Kriterien zu formulieren, die uns wichtig waren. Wir haben ein klar strukturiertes Interview, das uns einen objektiven Einblick in die natürlichen Stärken des einzelnen Bewerbers ermöglicht. Diese Stärken vergleichen wir mit denen unserer besten Mitarbeiter, um zu beurteilen, wie sie in den einzelnen Arbeitsbereichen abschneiden.

Gallup: Wie entwickeln Sie die Stärken Ihrer Mitarbeiter weiter?

Zunächst einmal muss man sich klarmachen, dass die Personalentwicklung keine strategische Initiative ist. Sie ist Aufgabe der einzelnen Manager und Mitarbeiter. Das fängt damit an, dass man jedem neuen Mitarbeiter genau sagt, warum er eingestellt wurde – an seinem ersten Arbeitstag. Vorgesetzter und Mitarbeiter sprechen über die Talente und Fähigkeiten, die sich im Einstellungsgespräch herauskristallisiert haben und treten in einen Dialog. Unsere Manager wissen, dass sie ihren Untergebenen regelmäßig Rückmeldungen darüber geben müssen, wie sie ihre Stärken einsetzen. Die Manager heben gute Leistungen hervor und sind immer bestrebt, das Selbstbewusstsein der Mitarbeiter zu stärken. Sehen Sie, bei der Auswahl eines Mitarbeiters geht es darum, ob er in der Lage ist, seine Aufgaben hervorragend zu erledigen. Bei der Entwicklung geht es darum, ob er seine spezifischen Stärken ausschöpfen wird, um die an ihn gerichteten Erwartungen zu erfüllen. Wir haben in unserer Firma Millionen Dollar eingespart, weil wir auf Schulungen verzichtet haben, die zwar unter der Rubrik »Weiterentwicklung« liefen, aber keinerlei Rendite zeigten.

Das nachstehende Interview wurde mit dem Chef eines der rentabelsten Unternehmen in den Vereinigten Staaten geführt. Unter seinen Fittichen verzehnfachte sich der Aktienkurs innerhalb von zehn Jahren. Jahr für Jahr erzielte das Unternehmen Wachstums- und Rentabilitätssteigerungen in zweistelliger Höhe.

Gallup: Wofür werden Sie bezahlt?

Dafür, dass ich den Aktienkurs des Unternehmens steigere.

Gallup: Welches ist die größte Herausforderung, vor der Sie heute stehen?

In der heutigen Geschäftswelt gibt es eigentlich nur zwei mögliche Herausforderungen. Die eine lautet, noch mehr Kosten einzusparen, um die Preise senken zu können, und die andere, die Gewinne zu steigern, indem profitable Kunden gewonnen und gebunden werden. Ich bevorzuge die zweite Alternative.

Gallup: Warum nicht die erste?

Weil sie keine Zukunft hat. Wir täuschen uns, wenn wir glauben, durch das Mittel der Kostensenkung den Aktienkurs nachhaltig steigern zu können. Heute verfügt jedes Unternehmen über die Möglichkeit, Kosten einzusparen. Es ist an der Zeit, etwas anderes zu tun.

Gallup: Was meinen Sie mit »etwas anderes«?

Unser Aktienkurs wird nur steigen, wenn wir Gewinnzuwächse erwirtschaften, die auf echtem Kundenwachstum, nicht nur auf Kostensenkung beruhen.

Gallup: Auf welchen Annahmen beruht Ihre Strategie?

Lassen Sie mich mit einer Frage antworten: Wie viel Prozent unserer Zeit und Ressourcen verwenden wir derzeit darauf, mehr Nachfrage durch neue Kunden zu schaffen? Und wie viel Zeit verwenden wir darauf, uns auf profitable Kunden zu konzentrieren und sie zu binden? Mein Erfolg beruht darauf, dass ich eine Aufgabe außerordentlich ernst genommen habe – nämlich gute, tragfähige Beziehungen zu jedem meiner profitabelsten Kunden aufzubauen und zu pflegen. Das ist viel wichtiger als niedrige Preise und gute Produkte.

Gallup: Wie gelingt Ihnen das?

Es gelingt gar nicht mir selbst. Entscheidend sind meine Mitarbeiter, jeder Einzelne von ihnen, jeden Tag. Es ist wirklich ein großes Glück gewesen, dass wir erkannt haben, worauf es ankommt: auf die Ebene der persönlichen Interaktion mit unseren Kunden. Auf dieser Ebene können wir Beziehungen knüpfen, die für den Kunden wichtiger sind als die üblichen Preis-, Produkt- und Servicekriterien.

Gallup: Aber woher wissen Sie das und wie messen Sie den Erfolg Ihrer Strategie?

Natürlich anhand der Zahlen und der Geschäftsergebnisse.

Gallup: Woher wissen Sie, dass es funktioniert?

Wir steigern das Geschäftsvolumen mit den einzelnen Kunden, wir verdienen mehr mit einzelnen Kunden, und wir beherrschen das, was wir tun, sehr, sehr gut. Wir sind auch einmalig schnell.

Gallup: Welches Schlüsselrezept steckt hinter Ihrem Weg?

Emotionales Engagement – bei Mitarbeitern und Kunden.

Die Etappen des neuen Weges

In diesem Buch zeigen wir Ihnen, welche Etappen zu diesem neuen Weg gehören und warum sie sich so nahtlos zusammenfügen. Sie bilden eine Brücke, die zu gesundem und stabilem Wachstum führt.

Eine Wirtschaft, in der die *emotionale Ebene* berücksichtigt wird, bietet unendlich viele neue Perspektiven. Wenn Ihr Unternehmen nicht nur überleben, sondern auch in harten Zeiten florieren soll, wenn es bereit ist, Bewährtes zu hinterfragen, wenn es sich aus der Masse abheben möchte, aber nicht weiß wie – dann ist es an der Zeit, eine neue Richtung einzuschlagen.

Haben Sie erst einmal erkannt, dass der neue Weg – ohne die Schlaglöcher der kontraproduktiven, selbstzerstörerischen Methoden der konventionellen Mitarbeiterführung und Kundenbindung – durchaus zu bewältigen ist, werden Sie ihn auch gehen wollen. Das Erstaunliche an diesem Weg ist, dass er immer breiter wird und dadurch immer mehr Menschen Platz bietet. Er führt direkt zum Ziel eines jeden Unternehmens – zu nachhaltigem Wachstum und höherer Rentabilität. Damit auch Sie dieses Ziel erreichen, haben wir eine Anleitung entwickelt, die alle Etappen und die erforderlichen Richtungsangaben enthält.

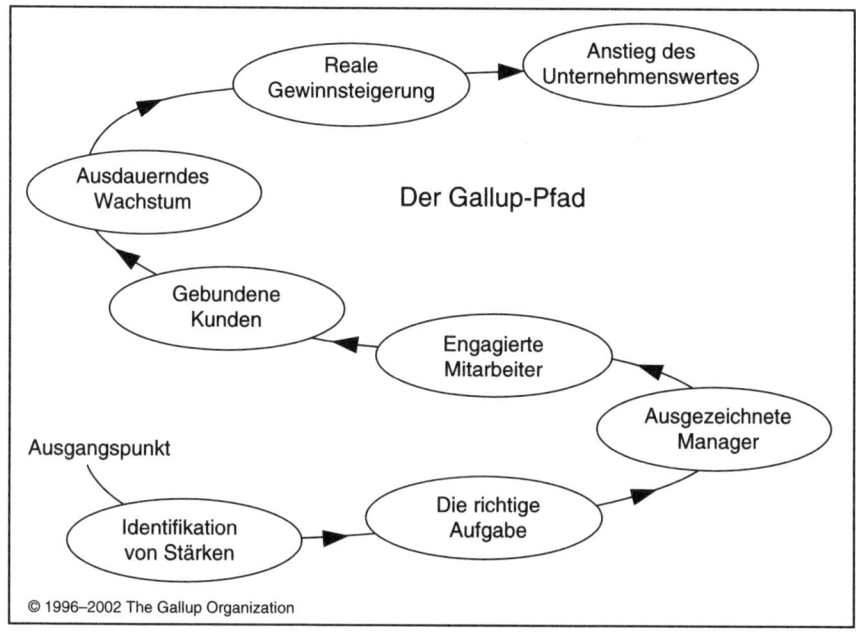

Abb. 3: Der *Gallup*-Pfad

- Gewinnsteigerungen treiben den Aktienkurs nach oben.
- Umsatzsteigerungen führen zu Gewinnzuwächsen.
- Engagierte Kunden sorgen für nachhaltiges Wachstum.
- Engagierte Mitarbeiter sorgen für gebundene Kunden.
- Ausgezeichnete Manager verwandeln begabte in engagierte Mitarbeiter.
- In Funktionen, die ihren Talenten entsprechen, können sich begabte Mitarbeiter entfalten.

Kapitel 1
Die »weichen Faktoren«:
Emotionen in der Wirtschaft

Ein Mensch und eine Vision

Eines Tages im Jahr 1609 stand Galileo auf seinem Balkon, blickte mit neuen Augen auf die Welt und veränderte sie. Die Mittel, die er dabei zu Hilfe nahm, waren sehr simpel. Er nahm ein Stück einer Orgelpfeife, an deren Enden je eine Linse eingepasst war – und sah hindurch.

Er richtete sein Fernrohr auf den wogenden Ozean und sah, was nur er sehen konnte. Zwei noch weit entfernte Schiffe, deren Segel sich im Wind blähten, richteten ihren Bug auf ihn. Eine durch ein Fernrohr vergrößerte Welt, so überlegte er, musste doch enorme praktische Möglichkeiten eröffnen. Feinde konnten gesichtet werden, lange bevor sie zum Angriff bereit waren. Befreundete Schiffe, schon viele Monate oder gar Jahre unterwegs und verloren geglaubt, wusste man »zurückgekehrt«, bevor sie in den Hafen einliefen. Dies war eine Erfindung, deren Nutzen den Menschen unmittelbar einleuchtete – und sie begrüßten sie.

Bald darauf beschäftigte sich Galileo nicht mehr mit der Welt, die er kannte, sondern mit dem Universum. Er richtete sein Fernrohr in die Weiten des Himmels und sah, was nur er sehen konnte. Galileo entdeckte vier kleine Monde, die um den riesigen Jupiter kreisten. Er erkannte plötzlich auftretende dunkle Flecken auf der leuchtend hellen Sonnenoberfläche und sah, wie die Sonnenstrahlen auf den Mond fielen und ihn beleuchteten.

Diese Himmelskörper, so erkannte er, bewegten sich. Aber warum?

Zur Zeit Galileos galt die Erde als Mittelpunkt des Universums. Die Gestirne um die Erde herum bewegten sich als Ganzes, nicht als unabhängige Einheiten.

Galileo war sich bewusst, dass er mit seiner Erkenntnis von der allgemein akzeptierten Weltsicht weit entfernt war. Schon Kopernikus hatte die radikale Idee geäußert, dass sich die Erde um die Sonne bewegte und nicht umgekehrt. Galileo wusste aber, dass es ihn das Leben kosten könnte, wenn er das beinharte Dogma seiner Zeit antastete: Im Jahr 1600 war Giordano Bruno, ein Dominikanermönch, auf dem Scheiterhaufen in Rom verbrannt worden, weil er unbeirrt behauptet hatte, dass die Erde kein fester unbeweglicher Punkt im Mittelpunkt des Weltalls sei.

Offensichtlich jagten diese Vordenker ihren braven Zeitgenossen mit ihren neuen Sichtweisen der Welt einen gehörigen Schrecken ein. Während ihnen das Fernrohr die Gegenstände ihrer Welt »näher gebracht« hatte, konnten sie mit den Enthüllungen über die Ordnung der Gestirne nichts anfangen. Was bedeutete diese Information? Wie konnten sie damit umgehen? Drohten ihnen etwa Gefahren, an die sie bisher nie gedacht hatten? Würden sie ihr Leben ändern müssen? Die Welt, die ihnen vertraut war, wurde plötzlich in ihren Grundfesten erschüttert, und es schien keine vorgefertigten Antworten zu geben. Anstatt aber zu versuchen, die neuen Erkenntnisse über die Himmelskörper zu verstehen, bestraften die Menschen des siebzehnten Jahrhunderts die Boten, die ihnen »schlechte« Nachrichten überbrachten.

Es sollte noch lange dauern, bis Galileos Beobachtungen unser Verständnis des Universums tatsächlich veränderten. Aber schließlich setzten sich seine Erkenntnisse über die Erde und ihre Rolle im Weltraum durch. Ohne dieses Wissen hätten die Astronauten nicht zum Mond fliegen können.

Mit einem symbolischen Schritt ins Unbekannte bahnte Galileo einen Weg in eine Welt, die er sich nicht hätte vorstellen können.

Alte Sichtweisen in einer neuen Geschäftswelt

Die heutige Geschäftswelt ist der Welt, in der Galileo lebte, nicht unähnlich. Viele Neuerungen – etwa in der Technologie – werden begrüßt, sofern sie die bekannten Fundamente nicht erschüttern. Maschinen sind kontrollierbar und reparierbar. Was sie können und nicht können, ist jedem einsichtig, und ihre Rolle im Unternehmen wird in der Regel anerkannt und geschätzt.

Ganz anders verhält es sich mit jenem anderen System, das im Geschäftsleben wirkt – der menschlichen Natur. Menschen sind von Emotionen geleitet und Gefühle sind nun einmal chaotisch. Wenig verstanden und noch weniger vorhersagbar, können Gefühle uns erschüttern, große Umwälzungen verursachen und uns gelegentlich auch ängstigen. Im Geschäftsleben jedenfalls werden Gefühle – so unleugbar menschlich sie sind – als Ärgernis betrachtet, sie werden weggedeutet oder gleich unter den Teppich gekehrt. Denken Sie einmal nach. Erkennen Sie in den folgenden Beschreibungen den einen oder anderen Mitarbeiter wieder?

- Judy, »die Denkerin«, die scheinbar stundenlang Löcher in die Luft zu starren scheint?
- Ed, »der Aufgedrehte«, der sich strotzend vor Tatendurst mit immer neuen Schlachtrufen in jedes Projekt stürzt?
- Raphael, »das Mäuschen«, das stets präzise Arbeit abliefert?
- Stephanie, »die Fürsorgliche«, die zu viel Zeit damit verbringt, sich an Firmenjubiläen zu erinnern und sie dann mit einem Kuchen zu begehen?
- Ralph, der »angehende Chef«, der jeden Ausschuss leiten möchte?

Diese und viele andere Typen von Mitarbeitern kosten ihre Vorgesetzten eine Menge Nerven. Den Managern wäre es am liebsten, sie würden ihre Verschrobenheiten, Ticks und Gewohnheiten am Firmentor abgeben, weil sie glauben, dass sie zu viel wertvolle Zeit am Arbeitsplatz damit verschwenden.

Leider ist diese Ansicht völlig verkehrt. All diese Eigenheiten liefern wertvolle Hinweise darauf, um was für Menschen es sich bei den Mitarbeitern handelt – und, noch wichtiger, welche angeborenen Talente sie besitzen.

So wie es nach dem geltenden Dogma zur Zeit Galileos keine Veränderungen in der Sicht des Universums geben durfte, verschließen heute viele Unternehmen die Augen vor einer Kraft, die sie nicht verstehen wollen – weil sie nicht wissen, wie sie damit umgehen sollen und welche Bedeutung diese für sie haben könnte.

Ein System ohne Emotionen

Es ist an der Zeit, sich von vielen antiquierten Spielregeln im Management zu trennen und zwar aus gutem Grund: Sie funktionieren nicht.

Rufen Sie sich einmal die für die Mitarbeiter geltenden Annahmen in Erinnerung:

- Jeder Mitarbeiter kann erfolgreich sein, wenn er es nur will.
- Mitarbeiter leisten nur dann mehr, wenn sie im Gegenzug mehr Geld und andere Vergünstigungen erhalten.
- Bei der Mitarbeiterentwicklung geht es darum, Schwächen zu bekämpfen.
- Das Betriebsergebnis wird von der Qualität der Produkte und Prozesse diktiert, nicht von den Qualitäten der Mitarbeiter.
- Jeder Mitarbeiter sollte gleich behandelt werden.
- Der Schlüssel zum Wachstum liegt in einer größeren Nachfrage.
- Spitzenleistungen gehen auf verbesserte Technologien zurück.
- Kompetenzen, Fähigkeiten und Wissen spielen eine größere Rolle als Talent.
- Spitzenleistungen sind eine Folge rationalen Denkens, weshalb man nicht zulassen darf, dass Emotionen das Denken beeinflussen.
- »Menschen« sind das wichtigste Kapital eines Unternehmens.

Für die Kunden gelten folgende Annahmen:

- Kunden »wissen«, was sie wünschen: Bessere Produkte zu vernünftigen Preisen, die bewirken, dass sie wiederkommen.
- Der Kunde hat immer Recht – man muss ihm das nur geben, was er will.
- Jeder Kunde sollte gleich behandelt werden.

Diese verquere Sichtweise der menschlichen Natur ist ebenso überholt wie die Sichtweise des Weltalls um 1600. Sie berücksichtigt nämlich in keiner Weise, dass sich Eigenheiten der menschlichen Natur positiv auf Geschäftsergebnisse auswirken können.

Immer mehr Führungskräfte haben das vage Gefühl, dass das Potenzial der Beschäftigten nur zu einem Bruchteil genutzt wird. (Sie haben Recht: Es ist weniger als ein Drittel. Diese erstaunliche Zahl und viele andere werden in diesem Buch noch genauer erläutert.) Sie sehen die ständigen Schwankungen in den Leistungen der einzelnen Mitarbeiter und Teams. Sie stellen fest, dass auf das Kundenverhalten kein Verlass ist. Aber so wie sich Galileo fragte, warum sich die Gestirne bewegten und was sie wohl antreiben könnte, fehlt diesen Führungskräften eine Methode, um ihre Beobachtungen zu beschreiben, vom Verstehen ganz zu schweigen.

Das liegt daran, dass der »menschliche Faktor« und das »menschliche Potenzial« in der Theorie als interessante Themen gelten, ihnen aber in der Praxis jegliche Relevanz für das Unternehmensergebnis abgesprochen wird. Gemeinhin wird die Annahme vertreten, diese Themen seien relativ belanglos für den Unternehmenserfolg – warum sich also damit auseinander setzen?

Auch im Hinblick auf die Kunden zieht man es vor, den Kopf in den Sand zu stecken.

Die Unternehmen wissen durchaus, dass die vorhandenen Kunden ein höheres Wachstumspotenzial als Neukunden bergen. In seinem Buch *The Loyalty Effect* merkt Frederick F. Reichheld an, dass nur 5 Prozent der Gelegenheitskunden in Stammkunden verwandelt werden müssen, um eine durchschnittliche Gewinnsteigerung pro Kunde von 25 bis 100 Prozent zu erzielen. Dennoch feilen die meisten Unternehmen unbeirrt an ihren Fähigkeiten in der Neukundenakquisition und kümmern sich kaum darum, dass ihre Kunden regelmäßig zurückkehren.

Was viele Unternehmen nicht sehen – und nicht verstehen wollen –, ist der Zusammenhang zwischen dem Einfluss der Mitarbeiter auf die Kundentreue und den individuellen Faktoren, die sich auf ihre Motivation, ihre spezifischen Talente und ihre emotionalen Mechanismen auswirken. Sie verschließen die Augen vor den Gegebenheiten der »Emotional Economy«.

Aber ganz allmählich wächst das Bewusstsein dafür, welchen Einfluss die menschliche Natur letztlich auf das Unternehmensergebnis hat. Besonders die Finanzbranche interessiert sich immer mehr für die menschliche Natur, die »weiche Seite« eines Unternehmens. Investmentbanker befassen sich mit dem »Humankapital«, weil sie erkennen, wie wichtig dieses Thema für sie ist. Kürzlich gab Piper Jaffray, die Investmenttochter der *U.S. Bancorp*, einen

Bericht mit dem Titel *Human Capital: Optimizing Talent in the Knowledge Economy* heraus, in dem der Wert talentierter Mitarbeiter betont wurde.

Führende Wirtschaftsprüfungsgesellschaften betrachten bestimmte personalbezogene Posten als Bestandteil der Aktivseite und nicht der Passivseite ihrer Bilanz. In diesem Zusammenhang sind die Kundenbindung und die von der Marke geschaffenen Werte von besonderem Interesse.

Dabei ist immer häufiger der Begriff des »Humankapitals« zu hören, der allerdings auch unterschiedlich definiert wird. Es ist vom »Wissensarbeiter« und »Talentpool«, von der »kompetenten Belegschaft« und dem »lernenden Mitarbeiter« oder umfassender von der »begeisterten Belegschaft« die Rede.

Wie man es auch nennen mag, entscheidend ist, dass sich in diesen Bezeichnungen ein neues Bewusstsein für die Auswirkung der menschlichen Natur am Arbeitsplatz spiegelt. Multinationale Organisationen wie die Europäische Kommission untersuchen die wirtschaftlichen Implikationen des Humankapitals und beschränken sich dabei nicht nur auf den Anteil der Bildungsinvestitionen am Bruttoinlandsprodukt (wie es der Nobelpreisträger und Ökonom Gary Becker befürwortete). Sie untersuchen die schwieriger zu messenden Auswirkungen des Talents und der Persönlichkeit der Mitarbeiter. Das Ziel dabei lautet immer, den Schlüssel dafür zu finden, wie sich die menschliche Natur auf die Geschäftsergebnisse auswirkt.

Es gibt tatsächlich eine Möglichkeit, diesen Schlüssel zu finden. Die erfolgreichen Unternehmen kennen sie. Diese Firmen wissen den Einfluss der menschlichen Natur Tag für Tag einzusetzen. Genau das macht sie so erfolgreich.

Ganz besondere Bahnen

> »Viel befahrene Straßen werden ausgebaut.
> Wenig befahrene Straßen verfallen wieder.«

Was haben Straßen mit dem Geschäftsleben zu tun – oder gar mit der menschlichen Natur?

Alles.

Mit dem obigen Zitat äußerte sich Dr. Harry Chugani, Professor für Pädiatrie, Neurologie und Radiologie an der medizinischen Fakultät der Wayne State University, zu den synaptischen Verbindungen im Gehirn, den Bahnen, auf denen vom Tag der Geburt an die individuellen Talente ausgeprägt werden.

Schon am ersten Lebenstag eines Kindes sendet jedes Neuron Abertausende von Signalen aus. Damit sollen Verbindungen zu anderen Neuronen hergestellt werden, um mit ihnen zu kommunizieren. Im Alter von drei Jahren hat jedes der 100 Milliarden Neuronen bis zu 15.000 synaptische Verschaltungen hergestellt.

Aber damit geht auch ein Problem einher. Denn das junge Gehirn wird mit Informationen überschwemmt, die das Kind längst nicht alle verstehen kann. Um sich einen Reim auf diesen Datenschwall zu machen, bearbeitet das Gehirn im Lauf der nächsten zehn Jahre dieses Netzwerk von Verbindungen und bildet Schwerpunkte aus. Stärkere Synapsen werden intensiviert und damit noch stärker, die schwächeren verkümmern zunehmend. Mit 15 Jahren kann nun, in Abhängigkeit von genetischen, gehirnphysiologischen und umweltbedingten Faktoren, eine sehr schnelle Kommunikation zwischen Neuronen stattfinden. Ein schneller Zugang zum Gedächtnis und zu Informationen, schnelles Lernen und Wissenserwerb, emotionale Reaktionsmechanismen und ein Rahmen für die Interpretation von Erfahrungen: All diese Systeme sind nun fest etabliert. Auf dem Fundament dieser Bausteine ist die spezifische Art und Weise entstanden, wie ein Mensch auf die Welt reagiert. Genau dies stellt auch das Fundament der spezifischen Talente dar, die Sie im Beruf und allen anderen Lebensbereichen einbringen. Erfolgreiche Unternehmen wissen das.

Wenn etwa die Nervenbahnen in Ihrem Gehirn besonders starke Verbindungen für die Kommunikation aufweisen, sind Sie in der Lage, komplizierte Sachverhalte zu vermitteln und in allgemein verständliche Worte zu fassen. Wenn umgekehrt Ihr Kollege ständig das Falsche zur falschen Zeit zur falschen Person sagt, tut er dies nicht aus Boshaftigkeit. Vielmehr sind seine Nevenbahnen für die Kommunikation zu schwach ausgebildet. Er findet nicht die richtigen Worte, um sich auf die Ebene der Person einzuklinken, mit der er kommunizieren möchte. Es liegt auf der Hand, dass dieser Kollege tunlichst nicht im Kundendienst eingesetzt werden sollte. Ein anderer Kollege wird auch in hitzigen Debatten immer das richtige Wort finden, während einem anderen gerade in den wichtigsten Augenblicken gar nichts einfällt. Natürlich ist der Erste besser geeignet, mit Kunden umzugehen.

Der Psychologe Martin Seligman an der University of Pennsylvania führte umfassende Studien dazu durch, was Menschen lernen und verlernen können. In seinem Buch *What You Can Change and What You Can't; Learning to Accept Who You Are* schreibt er, dass wir zwar unsere Meinungen und Vorlieben verändern können – nicht aber die Art und Weise, wie wir unsere Umgebung wahrnehmen.

Außerdem belegen jüngste Forschungsergebnisse aus den Neurowissenschaften, dass an Begabungen und Leistungen nicht nur die Frontallappen im Gehirn beteiligt sind – Heimat des Denkens und Intellekts –, sondern auch das Amygdala. In diesem mandelförmigen Gebilde liegen die Verschaltungen, die Erfahrungen mit Emotionen färben. Immer wenn Sie gegen besseres Wissen handeln, ist Ihr Amygdala am Werk. Dank dieser neuesten Erkenntnisse wissen wir nun, dass das rationale Denken vom Bereich der Gefühle nicht abgekoppelt werden kann.

In seinem Buch *How the Mind Works* meint der Psychologe Steven Pinker vom Massachusetts Institute of Technology, dass Emotionen für die Bildung von Zielen im Gehirn eine überragende Rolle spielen. Hat ein emotionaler Mechanismus einmal zu einer positiv besetzten Aktivität geführt, löst er »eine ganze Kaskade von Unterzielen aus, die wir Denken und Handeln nennen, ohne dass zwischen Denken und Fühlen eine klare Trennlinie gezogen werden könnte«. Mit anderen Worten: Emotionen steuern unsere Reaktionen, die wiederum von unseren angeborenen Talenten und unserer Neigung zu Gefühlen beherrscht werden. Die Erfahrungen, die wir machen, lassen sich also letztlich durch unsere natürlichen Neigungen erklären.

Eine noch bemerkenswertere Erkenntnis wurde aus Studien von Beschäftigten mit überdurchschnittlichen Leistungen gewonnen. Wenn solche Mitarbeiter gezwungen sind, eine sekundenschnelle Entscheidung zu treffen, oder wenn sie starke Zweifel an Entscheidungen haben, reagieren sie auf besondere Weise. Nach ihren Berichten, fühlen sie sich den Ereignissen mehrere Schritte voraus. Dies hilft ihnen, die Kontrolle zu übernehmen und mögliche Handlungsalternativen zu entwerfen. Sie wissen dann, wann sie sich noch Zeit lassen können und wann sie sich beeilen müssen. Sie lassen sich von ihrem Talent leiten. Wissenschaftler verwenden für dieses Phänomen den Begriff des »Überrbewusstseins«.

Daraus folgt also: Überlegene Leistungen sind nicht ausschließlich das Produkt des Denkens und Verstandes, auch wenn diese Annahme noch so verführerisch ist. Talent spielt eine wichtigere Rolle als die Intelligenz, weil es die rationalen und emotionalen Verschaltungen der Nervenbahnen kombiniert.

Natürlich erfordern exzellente Leistungen auch Wissen und Fähigkeiten – aber erst das Talent ermöglicht ihren Einsatz. Und während jeder Mitarbeiter ungewissen Bedingungen ausgesetzt ist (eine weitere Tatsache, die den Unternehmen das Grausen einjagt), stellt sein Talent einen Rettungsring dar. Angeborene Talente, sofern sie anerkannt und genutzt werden, setzen sich immer durch und tragen zu besseren Entscheidungen und Ergebnissen bei. Im Wesentlichen sind Talent und Engagement emotional gesteuert. In schweren wirtschaftlichen Zeiten stellen Talent und emotionales Engagement die einzigen natürlichen Wettbewerbsvorteile dar.

In seinem Buch *Synaptic Self* befasst sich Joseph LeDoux, Professor für Naturwissenschaften am Center for Neural Sciences der New York University, mit der Neurobiologie der Emotionen und meint: »Obwohl sich unsere Gehirne so enorm ähnlich sind, handeln wir alle unterschiedlich, haben einzigartige Fähigkeiten und besondere Vorlieben, Wünsche, Hoffnungen, Träume und Ängste. Der Schlüssel zur Individualität liegt deshalb nicht in der gesamten Organisation des Gehirns, sondern in der Feinabstimmung der zugrunde liegenden Netzwerke.«

Wundert es da, wenn sich erfolgreiche Unternehmen diese Erkenntnisse zunutze machen? Sie stellen verlässliche Wegweiser zu anhaltendem Erfolg dar.

Verstand und Gefühl – eine chemische Reaktion

Haben Sie sich je gefragt, warum Sie die Nachrichtensendung eines bestimmten Fernsehkanals bevorzugen? Oder warum Ihre Kinder allmorgendlich ein bestimmtes Müsli essen »müssen«? Oder warum Ihre Familie den Urlaub Jahr für Jahr am selben Ort verbringt?

In der Vergangenheit glaubte man, Kundenentscheidungen seien grundsätzlich eine rationale Angelegenheit. Heute wissen wir es besser. Wodurch sich Kunden angesprochen fühlen, was sie kaufen – und was sie wieder kaufen –, wird weitgehend vom Gefühl bestimmt.

Aber so wie zu Galileos Zeiten etwas, das man mit eigenen Augen sah, nicht als legitimer Nachweis akzeptiert wurde, hielt man auch Emotionen lange Zeit für irrelevant, für einen »Ballast der Evolution«, subjektiv und nicht messbar. Über ein Jahrhundert lang glaubte man, Verstand und Gefühl seien völlig unabhängig voneinander. Der Verstand galt als das dominierende Kennzeichen des Menschen, das Gefühl als ein untergeordnetes Merkmal. Deshalb glaubten viele Menschen auch, dass man sich per Verstand dem Gefühl widersetzen und dieses kontrollieren könne. Wie sollte jemand rational und gleichzeitig emotional sein? Es ergab einfach keinen Sinn.

Gefühle sind diejenigen geistigen Mechanismen, die in der Unternehmensführung am wenigsten verstanden werden. Unternehmen haben versucht, Gefühle durch verschiedenste Symbole – Marken, Produkte und Technologie – auszulösen. Sie haben Millionen für Werbekampagnen ausgegeben, mit denen sie die Sinne ansprechen wollten. Aber auf die Idee, Emotionen durch

Menschen zu übertragen, sind sie nicht gekommen. Besonders über die menschliche Stimme und das Gesicht – emotionale Marker – können emotionale Stimuli effektiv vermittelt werden. Jede menschliche Interaktion verändert den emotionalen Zustand eines Menschen.

Jüngste Entdeckungen in den Neurowissenschaften und der Psychologie untermauern dies. Die Neurowissenschaften beweisen, dass emotionale Prozesse eine entscheidende Rolle beim Lernen, Denken und in der Entscheidungsfindung spielen. Es ist mittlerweile allgemein akzeptiert, dass weite Bereiche des Lernens außerhalb des bewussten Denkens stattfinden.

Heute steht endlich fest, dass Emotionen nichts Vages, Flüchtiges oder Mystisches sind. Emotionen können heute, dank wissenschaftlicher Erkenntnisse und technologischer Fortschritte, beobachtet und objektiv als spezifische und konsistente Äußerungen physiologischer Reaktionen definiert werden.

Dabei handelt es sich um einen unmittelbaren und direkten Prozess. Wenn ein Mensch ein Signal erhält – er sieht oder hört etwas -, wird dieses von einem Sinnesorgan aufgenommen und an die emotionalen Systeme des Gehirns weitergeleitet, die eine chemische Reaktion auslösen, die wiederum ein Gefühl hervorbringt. Dieses kann angenehm sein, etwa Glück, Überraschung, Stolz oder Aufregung, oder auch unangenehm, wie Angst, Trauer, Ärger, Ekel, Verlegenheit oder Schuldbewusstsein. Gefühle werden von Mechanismen ausgelöst, die nicht kontrolliert werden können. All dies geschieht ohne bewusste oder vom Verstand gesteuerte Eingriffe.

Darüber hinaus gibt es in der Psychologie immer mehr Nachweise dafür, dass man in jedem Beruf Emotionen benötigt, um hervorragende Leistungen zu bringen. In seinem Buch *The Feeling of What Happens* zeigt der Neurowissenschaftler Antonio R. Damasio, dass Emotionen uns in einen Bereich der Entscheidungsfindung im Gehirn leiten, in dem unser Verstand am effizientesten funktioniert. Er gelangte zur Erkenntnis, dass »gut abgestimmte und eingesetzte Emotionen notwendig sind, damit der Verstand richtig funktioniert«.

Entdeckungen in den Neurowissenschaften weisen nachdrücklich darauf hin, dass die Emotionen eine wichtigere Rolle als der Verstand spielen. Auch wenn Emotionen durch Gedanken ausgelöst werden können, hat es unser Gehirn nicht sehr weit in der Kunst gebracht, Gefühle willentlich abzustellen. Die Nervenbahnen von den Gehirnbereichen, die für unsere emotionalen Reaktionen zuständig sind (also vom Amygdala), zu den Bereichen, die unsere Gedanken kontrollieren, sind stärker als die Bahnen in umgekehrter Richtung. Daraus ergeben sich drei zentrale Fragen: Welche Emotionen führen zu

Engagement und Wachstum und sollten daher bei jedem einzelnen Mitarbeiter und Kunden systematisch gefördert werden? Welche Mechanismen sollten die Unternehmen anwenden, um diese emotionalen Reaktionen zu erzeugen? Und schließlich: Wie können sie diese Methoden systematisieren, um sie unternehmensweit zu verankern?

Eine Antwort auf diese drei Fragen wird mit dem *Gallup*-Pfad gegeben. Das emotionale Engagement ist eine Triebfeder, die produktivste Mitarbeiter und profitabelste Kunden antreibt. Während Sie uns auf dem *Gallup*-Pfad begleiten, werden Sie staunen, wie stark diese emotionale Triebfeder ist. Das Erstaunlichste daran ist aber, dass sie in ihrer Kraft nie nachlässt.

Emotionen weisen neue Wege

Die erfolgreichsten Unternehmen weltweit fallen auf bestimmte Trugschlüsse nicht herein. So glauben sie *nicht*, dass Prädikatsexamina oder ein langer Ausbildungsweg wirklich zuverlässige Kriterien für die Eignung von Kandidaten seien. Ebenso wenig glauben sie, dass man mit zusätzlichen Leistungsanreizen eine konsistent bessere Leistung erzielen könnte.

Stattdessen verlassen sie sich auf eine zuverlässige Quelle, die andere Unternehmen gering schätzen: *die menschliche Natur.* Sie wissen, dass die Emotionen ihrer Mitarbeiter und Kunden Gefühle erzeugen, die ihr Verhalten beeinflussen. Erfolgreiche Unternehmen kennen die Macht der Gefühle und schaffen geeignete Bedingungen dafür, emotionale Mechanismen bei Mitarbeitern und Kunden zu erzeugen und zu pflegen. Dies gelingt nur durch menschliche Interaktionen, die emotionale Zustände so schnell und wirksam auslösen wie kein anderer Faktor.

Die erfolgreichen Unternehmen erkennen die angeborenen Fähigkeiten ihrer Mitarbeiter. Sie setzen sie gezielt in den Positionen ein, in denen sie ihre Talente am besten entfalten und langfristig weiter ausbauen können. Sie besinnen sich auf die vorhandenen Stärken, um vorwärts zu kommen.

Sie schätzen die Unterschiede im Verhalten der verschiedenen Mitarbeiter, weil sie wissen, dass daraus vielfältige Vorteile gewonnen werden können:

- Mitarbeiter, die ihre natürlichen Begabungen bei der Arbeit einsetzen können, sind überdurchschnittlich produktiv.
- Emotional engagierte Mitarbeiter bilden Teams, die außergewöhnliche Ergebnisse liefern.

- Kunden nehmen das Engagement wahr, das ihnen die Mitarbeiter entgegenbringen, und reagieren automatisch emotional.
- Diese emotionale Reaktion führt dazu, dass eine Brücke zwischen Mitarbeitern und Kunden geschlagen wird, die neues Engagement schafft.
- Dieses Engagement ist der Schlüsselfaktor für ein nachhaltiges Wachstum.
- Nachhaltiges Wachtum führt zu Gewinnen und schließlich zu einem höheren Aktienkurs.

Letztlich wissen erfolgreiche Unternehmen, dass sie nicht allzu weit kommen, wenn sie nur den Verstand in der Wirtschaft einsetzen. Gefühle und Bindungen sind als Triebfedern für Wachstum und Gewinne unabdingbar. Diese Gefühle bewegen begabte Mitarbeiter dazu, sich besonders anzustrengen, damit die Kunden wiederkommen. Emotionen sind unverzichtbar, weil sie die besten Seiten bei allen Beteiligten wecken. Chemische Reaktionen im Gehirn lassen sich letztlich in Erfolge im Geschäftsleben verwandeln.

Emotionen – Triebfedern der Geschäftsergebnisse

Wenn Sie den Weg zu mehr Gewinn und Wachstum einschlagen wollen, müssen Sie anfangen, die Rolle der Emotionen bei Mitarbeitern und Kunden mit neuen Augen zu betrachten. Die Menschen sind viel komplizierter, als Sie glauben. Wenn Sie verstehen möchten, was sie motiviert und ihre Handlungen und Reaktionen antreibt, müssen Sie die Rolle der Gefühle verstehen. Emotionen sind bei der Arbeit wie in allen anderen Lebensbereichen sehr mächtig und wirkungsvoll. Emotionen:

- beeinflussen die Zielsetzung, die Arbeitsmotivation und die Stärke der Verbundenheit zu einer Marke oder einem Unternehmen;
- sind außerhalb des rationalen, vom Willen gesteuerten Bewusstseins angesiedelt und bilden ein emotionales Gedächtnis;
- spielen eine wichtige Rolle bei der Entscheidungsfindung.

Wenn Sie anerkennen, dass Emotionen einen wichtigen
Einfluss auf die Geschäftsergebnisse ausüben,
haben Sie den ersten Schritt auf dem
Gallup-Pfad getan.

Kapitel 2
Jeder Mitarbeiter hat Stärken

Gute Talente – schlechte Besetzungen

Mike Rose macht seine Arbeit hervorragend. Locker zurückgelehnt, die Füße auf den Schreibtisch gelegt, den Kopfhörer aufgesetzt, fühlt er sich ganz in seinem Reich – das er gern auch sein »Kommandozentrum« nennt. Mike genießt seine Arbeit: Er gibt Auskünfte und beantwortet Fragen mit einer Begeisterung, die seine Gesprächspartner am anderen Ende der Leitung immer wieder überzeugt. Im Kundengespräch legt er eine fast magisch anmutende Fähigkeit an den Tag, sich in sie hineinzuversetzen und immer den richtigen Ton anzuschlagen.

Mikes Metier ist die Informationstechnologie. Er stellt Kunden und Interessenten neue Produkte und Dienstleistungen vor. Daneben ist er auch noch für die Bereitstellung technischer Suppportleistungen verantwortlich.

Aber mit Menschen zu sprechen, ihre Vorlieben und Abneigungen herauszufinden, sie von den für sie richtigen Produkten und Dienstleistungen zu überzeugen, ist genau das, was Mike jeden Morgen tagaus, tagein mit Freude zur Arbeit gehen lässt:

Am liebsten unterhalte ich mich mit den Kunden und finde heraus, was für sie wichtig ist. Wenn es mir gelungen ist, eine Brücke zu ihnen zu schlagen, höre ich das ihrer Stimme an, und dann weiß ich, dass ich es richtig gemacht habe.

Auf die Frage, wie er ein solches Händchen für den Umgang mit Kunden entwickeln konnte – Mike wird immerhin schon Mike der Magier genannt –, zuckt er mit den Schultern:

Keine Ahnung. Es gibt mir einen echten Kick, wenn ich es wieder einmal geschafft habe, einen unzufriedenen Kunden davon zu überzeugen, uns treu zu bleiben. Und mein Tag ist gerettet, wenn ich einen neuen Kunden gewinne.

Mike stellt eine emotionale Verbindung zu all seinen Gesprächspartnern her. Tom Fault sitzt nur ein paar Tische entfernt von Mike. Er sieht zu seinem Kollegen hinüber, versucht, seine verkrampfte Haltung etwas zu entspannen und seufzt. Er kann es nicht begreifen: Er und Mike haben dieselbe Schulung absolviert. Er ist technisch ebenso versiert wie Mike und wünscht sich nichts mehr, als ebenso gute Leistungen zu erbringen. Er versucht es auch mit allen Mitteln: Er hat die wichtigsten Grundsätze (aktiv zuhören, Verständnis äußern, das Problem in eigene Worte fassen, die verantwortliche Person und die Schwere des Problems bestimmen) an seine Pinnwand geheftet. Vor jedem Anruf wiederholt er im Geiste die Methoden, um bestimmte Kundenmerkmale zu beurteilen und sie nach ihrer technischen Detailkenntnis und ihren spezifischen Bedürfnissen einzuordnen. Und natürlich kennt er die allgemeinen Grundregeln in- und auswendig:

- Lächeln Sie, wenn Sie mit dem Kunden sprechen, auch wenn er Sie nicht sehen kann.
- Der Kunde hat immer Recht.
- Informieren Sie den Kunden umfassend, denn auf diese Weise erfüllen Sie seine Erwartungen.
- Behandeln Sie die Kunden richtig.

Tom begreift wirklich nicht, warum seine intensiven Vorbereitungen und sein Ehrgeiz nicht zum gewünschten Ergebnis führen:

Ich versuche, freundlich und höflich zu klingen, wie man es mir beigebracht hat. Aber aus irgendeinem Grund, den ich nicht kenne, funktioniert nichts mehr, sobald ich den Telefonhörer ergreife. Ich scheine automatisch Frust und Ärger bei den Kunden zu erzeugen. Eigentlich entgleiten sie mir schon bei der Begrüßung. Es ist schrecklich demoralisierend. Ich kapiere es einfach nicht. Mike und ich haben zum gleichen Zeitpunkt hier angefangen, und er gewinnt neue Kunden, während mir die vorhandenen weglaufen.

Tom ist nicht in der Lage, eine emotionale Verbindung zu den Kunden herzustellen.

Mike und Tom unterscheiden sich in einer sehr wichtigen Hinsicht. Mike hat ein angeborenes Talent für seine Arbeit, die ihm sehr leicht von der Hand geht. Natürlich wurde er geschult, damit er alle erforderlichen Fähigkeiten beherrscht. Aber er bringt auch etwas mit, das man nicht lernen kann. Wenn er eine Verbindung zu seinen Kunden aufbaut, fühlt er sich gut. Die Kunden wiederum haben immer das Gefühl, dass er sich intensiev um sie kümmert. Aus diesem Grund trägt Mikes Arbeit auch reichlich Früchte in Form guter Verkaufsergebnisse.

Tom dagegen bringt einfach nicht die richtigen Voraussetzungen für eine Arbeit mit, die er durchaus gut erledigen möchte. Diese Tatsache bleibt den Kunden nicht verborgen und sie reagieren entsprechend. Toms Arbeit besteht aus einer Kette missglückter Versuche, die ihm seine Ergebnisse verhageln.

Je länger sich Tom mit einer Aufgabe abmüht, die seinen Fähigkeiten und Talenten nicht entspricht, desto mehr Kunden verliert er. Er kann sein Potenzial in keiner Weise entfalten. Traurigerweise kennt er vielleicht sogar seine Stärken, hält sie aber für unwichtig (obwohl ihn eine realistische Beurteilung seines Kollegen Mike veranlassen müsste, diese Ansicht zu revidieren). Vielleicht traut er sich ohnehin keine guten Leistungen zu und betrachtet es als schicksalgegeben, etwas tun zu müssen, was er nicht besonders gut beherrscht.

In Toms Fall könnte man nun mit weiteren Maßnahmen versuchen, ihn im Umgang mit Kunden zu schulen. Aber wenn er nach all diesen Jahren bester Absichten nicht in der Lage ist, auch nur entfernt vergleichbare Leistungen wie Mike zu erbringen, wie realistisch und wirtschaftlich sinnvoll ist es dann zu versuchen, ihm Fähigkeiten anzutrainieren, die er nie haben wird?

Talente am Telefon

Mike und Tom gibt es wirklich. Sie gehören zu den Millionen Menschen, die sich ihren Lebensunterhalt am Telefon verdienen. Sie repräsentieren nur zwei Beispiele für die Bandbreite von Leistungen in den weltweiten Callcenters. Der potenzielle Einfluss jedes Menschen, der als Vertreter eines Unternehmens zum Telefonhörer greift, ist nachgerade erschütternd.

Die *Gallup*-Studien weisen nach, dass die effektivsten Mitarbeiter die Marke wirkungsvoll unterstützen, während die ineffektivsten Mitarbeiter die Kunden den Konkurrenten in die Arme treiben. So gelingt es 1 Prozent der Mitarbeiter, die in den Callcentern eines Großunternehmens arbeiten, bei erstaunlichen 88 Prozent ihrer Gesprächspartner ein Engagement hervorzurufen. Die besten 5 bis 10 Prozent der Mitarbeiter weisen ebenfalls respektable Zahlen vor. Die besten sieben Mitarbeiter jedoch sind in jedem Fall unschlagbar: Sie bauen mit jedem Kunden, mit dem sie sprechen, ein Engagement auf.

Sieht man sich die Zahlen am unteren Ende des Leistungsspektrums dieses

Unternehmens an, sind die Ergebnisse ebenso erstaunlich – und weit beunruhigender. Diejenigen Mitarbeiter, die das Kundenengagement nach einem Gespräch um 14 Prozent senken, bilden die Gruppe der unteren 10 Prozent. Sie zerstören mehr Loyalität, als sie schaffen. Die untersten 5 Prozent – unhöflich, unsensibel und unfähig zur Problemlösung – schaden dem Kundenengagement noch mehr. Die drei schlechtesten Mitarbeiter sind eine Klasse für sich – sie schaffen es, die Kunden völlig vor den Kopf zu stoßen.

Wie kann man sich eine derartige Diskrepanz der Leistungen innerhalb ein- und desselben Unternehmens erklären?

Gallup hat Millionen von Mitarbeitern in 66 Ländern die folgende Frage gestellt: »Gibt man Ihnen an Ihrem Arbeitsplatz täglich die Chance das zu tun, was Sie am besten tun können?« Die Antworten waren ebenso ernüchternd wie aufschlussreich. Nur jeder fünfte, also 20 Prozent, bejahte die Frage. Das ist vergleichbar mit einer Bank, die nur 20 ihrer 100 Filialen öffnet, oder mit einem Automobilhersteller, bei dem nur jedes fünfte Fahrzeug richtig gelenkt werden kann, oder mit einem Versorgungsunternehmen, dessen Rechnungen nur von 20 Prozent seiner Kunden bezahlt werden.

In der Praxis sieht es erstaunlicherweise so aus, dass in den meisten Unternehmen nur ca. 20 Prozent der Mitarbeiter sehr gute Arbeit leisten. Beim Versuch, auch die restlichen 80 Prozent zu besseren Leistungen anzutreiben, begeben sie sich auf einen Umweg, der sie in ihrer Mittelmäßigkeit belässt.

Spitzenleistungen kann man nicht lehren

Die meisten Unternehmen glauben, dass jeder Mitarbeiter jede Aufgabe exzellent erledigen kann, wenn er nur richtig geschult wird und den festen Willen dazu hat. Wie das Beispiel von Tom Fault zeigt, ist dies aber ein Trugschluss.

Darüber hinaus halten die meisten Vorgesetzten die Stärken ihrer Mitarbeiter für selbstverständlich. Sie richten ihre ganze Energie darauf, ihre Schwächen zu beheben. Dieses so genannte Kompetenzkonzept stellt eine riesige Verschwendung von Zeit und Energie dar, wie gut gemeint, geplant und durchgeführt es im Einzelfall auch sein mag. Der Grund dafür ist einfach: Es basiert auf drei falschen Annahmen:

1. Alle Mitarbeiter, die in ein- und derselben Rolle Spitzenleistungen bringen, legen dieselben Verhaltensweisen an den Tag.

2. Jede dieser Verhaltensweisen kann erlernt werden.
3. Jede dieser Verhaltensweisen sollte erlernt werden, weil die Arbeit an den eigenen Schwächen zum Erfolg führt.

Diese Sichtweise beruht auf einer langen Tradition der Kompetenzentwicklung. Ihr zufolge sind Schulungen dazu da, Lücken bei den Beschäftigten festzustellen und sie dann zu schließen. Insofern sind die so genannten »Verbesserungsbereiche« nur ein augenfälliger Euphemismus für die »Schwachpunkte« eines Mitarbeiters.

Jane, Schalterangestellte einer Bank, drückte es so aus:

Ich habe das Gefühl, als würden meine Schwächen unter einem Mikroskop ausgebreitet. Jeder Schwachpunkt wird hervorgehoben und beobachtet. Ich empfinde das aber nicht als Hilfe – im Gegenteil, ich fühle mich immer unzulänglicher. Wie sollte dieses ständige Reden über meine Schwächen etwas ändern? Ich habe geglaubt, man hätte mich wegen meiner Fähigkeiten eingestellt – nicht wegen meiner Lücken.

Diejenigen Mitarbeiter, die ihre Leistungen verbessern, werden mit Beförderungen, Gehaltserhöhungen oder höheren Prämien belohnt. Aber damit verfestigt man nur den Trugschluss des Unternehmens, dass das *Wie* der Arbeit ebenso wichtig sei wie das *Wie viel*. Vor diesem Hintergrund haben sich die folgenden Methoden weithin durchgesetzt:

- Es wird festgelegt, welche Verhaltenskompetenzen für einzelne Rollen erforderlich sind.
- Es werden Einstellungsgespräche entwickelt, die es ermöglichen, die Kandidaten mit diesen spezifischen Verhaltensweisen herauszufiltern.
- Nach der Einstellung wird ermittelt, inwieweit die neuen Mitarbeiter die geforderten Kompetenzen besitzen.
- Fehlende Fähigkeiten werden bestimmt und bezeichnet, z.B. »Entwicklungsbedürfnisse« oder »Verbesserungsbereiche«.
- Der Vorgesetzte erklärt dem Mitarbeiter, welche Kompetenzen ihm fehlen, und entwirft einen »individuellen Entwicklungsplan«, der ihm helfen soll, an diesen furchtbaren Mängeln zu »arbeiten«.
- Der Fortschritt des Mitarbeiters wird daran beurteilt, wie er die einzelnen Kompetenzen meistert. Fortschritte werden mit besseren Leistungsbeurteilungen belohnt.

Der Kompetenzansatz ist in den Personalabteilungen sehr beliebt, weil sein ausdrückliches Ziel darin besteht, »Menschen zu entwickeln« und »Humankapital zu bilden«. Das Personalwesen wird zum »strategischen Partner«, indem es sich an die offizielle Liste erwünschter Kompetenzen hält. Es spielt damit eher eine defensive als eine offensive Rolle.

Es mag zwar tatsächlich Beispiele für Mitarbeiter geben, die sechs Monate lang an ihren Schwächen »gearbeitet« und einige Fortschritte erzielt haben, aber diese »Verbesserungen« bedeuten nicht viel. Der Kompetenzansatz führt geradewegs in eine Sackgasse. Selten führt er zu messbaren Verbesserungen von Kriterien wie Produktivität, Kundenzufriedenheit, Mitarbeiterengagement oder Mitarbeiterbindung, an denen die Effektivität eines Mitarbeiters abgelesen werden könnte.

Der falsche Weg

Unternehmen setzen nach wie vor auf einige falsche Methoden in der Mitarbeiterführung, mit denen sie sich nachhaltig schaden.

Der erste Fehler wird im Einstellungsverfahren begangen, weil bei der Auswahl der Kandidaten nicht darauf eingegangen wird, welche Talente für die ausgeschriebene Position benötigt werden – ganz zu schweigen von den Talenten, die die Menschen mitbringen. Stattdessen konzentriert man sich auf das, was gemeinhin als wichtig gilt. Aber was diese »wichtigen« Faktoren nun genau mit der offenen Stelle zu tun haben, bleibt ein Rätsel.

Ein Blick auf die Stellenanzeigen sagt schon alles. So wird in einer Anzeige für einen Verkäufer nach einem hoch motivierten, selbstständig arbeitenden Kandidaten mit drei Jahren Berufserfahrung und einem Universitätsabschluss Ausschau gehalten. Oder es wird ein Markenmanager gesucht, der sich durch einen MBA-Abschluss, zwei Jahre Erfahrung im Marketing sowie die Fähigkeit, auch unter Druck arbeiten zu können, auszeichnet. Dann wäre da noch der Produktmanager, der eine Business School absolviert haben, sich für seine zukünftigen Aufgaben engagieren und ein Auto besitzen sollte. Es ist ja nicht verkehrt, Grundsätzliches festzustellen. Verkehrt ist nur, dass der Auswahlprozess für die meisten Unternehmen damit schon abgeschlossen ist. Sie sehen sich nur die Lebensläufe an, nicht aber die Menschen mit ihren Begabungen und Stärken. Sie gehen davon aus, dass Kandidaten mit identischen Qualifikationen und Erfahrungen auch dasselbe Potenzial haben, in einer gegebenen Rolle überdurchschnittliche Leistungen zu erbringen.

Der zweite Fehler wird im Beurteilungsprozess begangen, der wie der Wettlauf in *Alice im Wunderland* ohne klare Abmachungen durchgeführt wird und keine Ergebnisse bringt. Es wird so viel Zeit damit verbracht herauszufinden, welche Fähigkeiten ein Mitarbeiter für seine Aufgaben *nicht* mitbringt – nachdem er genau dafür eingestellt wurde –, dass Frust und Ärger bei Vorgesetzten wie Mitarbeitern gleichermaßen vorprogrammiert sind. Anstatt die Stärken eines neuen Mitarbeiters zu bestimmen und darauf aufzubauen, geht man über sie einfach hinweg und konzentriert sich auf das Unerfreuliche. Genauso gut könnte ein Fußballtrainer einen Mittelfeldspieler einstellen, den er dann für das Stürmen trainiert.

In den heute üblichen Beurteilungsprozessen werden Stärken als selbstverständlich betrachtet, während »Lücken« geschlossen werden müssen. Also müssen mehr Schulungen absolviert werden. Wenn eine Schulung beim ersten Mal nicht den gewünschten Erfolg bringt, muss man sie eben wiederholen. So lange, bis es funktioniert.

Der dritte Fehler wird bei den Schulungen begangen. Vorgesetzte, die ihre Mitarbeiter zu Kursen schicken, in denen sie etwas lernen sollen, wofür sie wenig Interesse oder Eignung mitbringen, verschwenden die Zeit des Mitarbeiters und des Trainers. Selten kommt jemand auf die Idee, Trainings auszuwählen, die dem Ausbau von Stärken gewidmet sind. Warum schließlich sollte man verbessern, was schon funktioniert? Stattdessen werden die Mitarbeiter dazu angehalten, sich um Bereiche zu kümmern, in denen sie keine Spitzenleistungen erbringen. Dabei halten sich die Unternehmen strikt an ein nur allzu vertrautes Rezept:

- Schulungsmaßnahmen werden nach dem Gießkannenprinzip aufdie Mitarbeiter verteilt und zielen darauf ab, die Leistungen auf einen gemeinsamen Nenner zu bringen. Selten erhält die richtige Person das richtige Training, um ihre spezifischen Fähigkeiten zu maximieren.
- Das Training wird normalerweise auf Standardinformationen reduziert. Auf diese Weise verfügen alle über dieselben Fakten. Wissen die Mitarbeiter erst einmal, was ihnen zu kompetenten Leistungen noch fehlt, werden die Bedingungen für alle vergleichbar – so glaubt man zumindest. Es gibt keine größeren Leistungsunterschiede mehr, weil sich

alle auf derselben akzeptablen Ebene bewegen. Aber jeder Mensch ist anders – und deshalb erzielt auch jeder andere Ergebnisse.

Der vierte Fehler wird bei der Verteilung der Rollen begangen. Jeder kennt einen ehemaligen Kollegen, der befördert wurde und seinen neuen Aufgaben in keiner Weise gewachsen war. Dieser bedauernswerte Mensch hatte an seinem vorherigen Arbeitsplatz so brillante, seinen Stärken entsprechende Leistungen gezeigt, dass er mit einem neuen Titel, einem neuen Büro und – am schlimmsten von allem – einer neuen Position belohnt wurde. Leider passten die Fähigkeiten, die er am besten beherrschte, überhaupt nicht zu der neuen Rolle. Er litt darunter, seine Arbeit litt darunter und seine Untergebenen litten darunter.

In den meisten Unternehmen gelten Beförderungen als Beweis für Wissen und Prestige. Dabei werden viele Menschen auf Positionen befördert, auf denen sie ihr Talent überhaupt nicht mehr entfalten können. Exzellente Verkäufer, die ins Management befördert werden, scheitern häufig an ihren neuen Aufgaben. Die Beförderung stürzt sie in große Probleme – und sie schadet dem Unternehmen. Letztlich erweist sie sich eher als eine Bestrafung.

All diese Programme und Richtlinien verschleißen nur die Kräfte eines Unternehmens. *Gallup* hat überzeugende Beweise dafür zusammengetragen, dass es in den Unternehmen, allen gut gemeinten Schulungsaktivitäten zum Trotz, durchgängig eine große Leistungsbandbreite gibt.

Gallup hat festgestellt, dass nur bei den besten Leistungsträgern wirklich konsistente Leistungen vorzufinden sind. Sie schaffen mit ihrer Arbeit echten und nachhaltigen Wert.

Talente wollen entdeckt werden

Wie würde unsere Welt aussehen, wenn es in den vergangenen 100 Jahren keine echten technischen Innovationen, sondern nur noch Verbesserungen der vorhandenen Methoden gegeben hätte? Die Welt, wie wir sie kennen, würde nicht existieren.

Wo es um Mitarbeiter und ihre Talente geht, handeln die meisten Unternehmen jedoch genau so, als befänden wir uns am Anfang des zwanzigsten Jahrhunderts. Sie halten am Glauben fest, dass Spitzenkräfte nur richtig ausgebildet werden müssen. Unbeirrt meinen sie, dass sie den Mitarbeitern nur genug Informationen – also Wissen – zur Verfügung stellen und sie lange genug ausbilden – also qualifizieren – müssten, um dann automatisch Spitzenleistungen zurückzubekommen.

Dieser Ansatz ist jedoch falsch. Wie die Neurowissenschaften zeigen, lernt und handelt jeder Mensch auf die ihm eigene, im Lauf seines Lebens entwickelte Art und Weise. Daher fällt den einen das Lernen und die Umsetzung des Gelernten leichter als anderen. Unternehmen können ihren Mitarbeitern zwar immer neue Zugangsmöglichkeiten zu Informationen eröffnen, aber sie haben keinen Einfluss darauf, wie die Mitarbeiter diese Informationsflut filtern und verarbeiten. Im Gehirn jedes Einzelnen wird entschieden, welche Informationen genutzt oder vergessen werden. Kein Unternehmen kann diese biologische Tatsache ändern, auch wenn es Millionen Dollar für diesen Versuch ausgeben würde.

Erfolgreiche Unternehmen kennen den Unterschied zwischen Wissen, Fähigkeiten und Talenten. Wissen beruht auf Fakten oder Erfahrungen. Wissen und Verstand (das bewusste Denken) stellen nur einen Bruchteil der geistigen Fähigkeiten eines Menschen dar, insbesondere im Hinblick auf Emotionen und deren Speicherung. Fähigkeiten sind die praktischen Fertigkeiten – das Handwerkszeug –, die in Schulungen vermittelt werden. Talente schließlich sind für Spitzenleistungen grundsätzlich erforderlich und können sich erst in einem geeigneten Aufgabenfeld richtig entfalten.

Ein klassisches Beispiel für den Unterschied zwischen Talenten und Fähigkeiten stammt vom Ökonomen und Nobelpreisträger Herbert Simon. Er schreibt in dem schon 1972 verfassten Artikel »Theories of Bounded Rationality«, dass ein Schachspieler in einem durchschnittlichen Schachspiel 10 hoch 120 Möglichkeiten habe, einen Zug zu machen. Diese Zahl ist so groß, dass es mehr als ein ganzes Menschenleben dauern würde, alle möglichen Spiele zu spielen. Natürlich wird nur ein Bruchteil dieser möglichen Züge in jedem Spiel angewandt.

In jedem Spiel kennen die Spieler einige der möglichen Züge, die sie durchführen können. Einem erfahrenen Spieler fallen sicherlich mehr ein als einem Anfänger. Daraus könnte man schließen, dass der »bessere« Spieler, ausgerüstet mit diesen Informationen, seinem Wissen und seinen erworbenen Fähigkeiten, immer gewinnt. Aber so funktioniert ein Schachspiel nicht. Vielleicht besitzt ein Gegner eine natürliche Begabung, Spielzüge vorauszusehen und sichert sich mit diesem Talent den Sieg. Intelligenz und Wissen taugen nicht als Faktoren, um Siege beim Schachspiel vorherzusagen. Das Talent dagegen eignet sich dafür weit besser und ist auf jeden Fall unabdingbar.

Was genau ist nun Talent? Viele Menschen halten es für eine spezielle Gabe, die nur wenigen Glücklichen in die Wiege gelegt wird – etwa dem Eiskunstläufer, der sich mit einem Vierfachaxel olympisches Gold sichert, oder dem Siebenjährigen, der seiner Geige herzzerbrechende Klänge zu entlocken vermag, oder auch dem Filmemacher, der die Stimmung eines ganzes Landes in einer einzigen Schwarz-Weiß-Einstellung festhalten kann. Es sind Menschen mit magischen Händen, die vom Toaster bis zum Oldtimer alles reparieren können. Es sind Männer und Frauen, die organisieren können und schon alles parat haben, noch bevor es benötigt wird. Es sind Menschen, die ein Gespür dafür haben, wie man bürokratische Hindernisse geschickt umgehen kann.

Aber Talent ist viel mehr – und kommt viel häufiger vor als gemeinhin angenommen. *Jeder* besitzt Talente – natürliche Veranlagungen, denen wir es zu verdanken haben, dass wir manche Dinge besonders gut können. Wenn genau diese Denk-, Gefühls- und Verhaltensmuster an einem Arbeitsplatz verlangt werden, entstehen Spitzenleistungen. Es kommt also entscheidend darauf an, für jedes Talent das geeignete Aufgabengebiet zu finden.

In vielen Unternehmen hält man Talente für äußerst seltene und wertvolle Ressourcen. Die erfolgreichen Unternehmen wissen jedoch, dass Talente überall reichlich vorhanden sind und nur angezapft werden müssen.

Die 34 Talent-Leitmotive

Die *Gallup*-Forscher entwickelten unter Leitung von Don Clifton und Marcus Buckingham eine Methode, mit der jeder Mensch seine Talentschwerpunkte ermitteln kann. Nachdem sie Datenberge durchforstet und ausgewertet hatten, konnten sie 34 Stärken bestimmen, die zu ausgezeichneten Leistungen führen.

Diese 34 Talent-Leitmotive*, die das Denken, Fühlen und Verhalten der jeweils Befragten spiegeln, weisen zwei Merkmale auf, die sie außergewöhnlich machen: Zum einen beruhen sie auf den individuellen, im Lauf eines Lebens

---

im Gehirn gespeicherten Erfahrungen und Mustern, zum anderen sind sie dauerhaft.

Wie wir etwas lernen oder welche emotionalen Reaktionen wir zeigen, hängt von der individuellen Ausprägung unserer Nervenbahnen ab. Die Spitzenleistungen eines Mitarbeiters gehen immer darauf zurück, welche Stärken er in welcher Kombination besitzt. Weil jeder Mensch anders ist, sind auch die Talente in unterschiedlichem Maß ausgeprägt.

Wichtig ist auch der Hinweis, dass ein Mensch zwar einige oder viele Schwerpunkte einer jeden Kategorie auf sich vereinen kann, seine Einmaligkeit jedoch durch die Kombination und Intensität dieser Schwerpunkte bestimmt wird.

Die 34 Stärken verdeutlichen, wie unterschiedlich Menschen miteinander umgehen, sich gegenseitig beeinflussen, Ziele anstreben und denken. Die Talent-Leitmotive werden in vier Hauptgruppen unterteilt: Beziehung, Einfluss, Ziele und Denken.

Beziehungen	Einfluss	Ziele	Denken
Kommunikations-fähigkeit	Autorität	Leistungsorien-tierung	Analytisch
Einfühlungs-vermögen	Wettbewerbs-orientierung	Tatkraft	Arrangeur
Harmoniestreben	Entwicklung	Anpassungsfähigkeit	Verbundenheit
Einbeziehung*	Höchstleistung	Überzeugung	Konsistenz**
Einzelwahrnehmung	Kontaktfreudigkeit	Disziplin	Kontext
Bindungsfähigkeit	Enthusiasmus	Fokus	Behutsamkeit
Verantwortungs-gefühl		Wiederherstellung	Zukunftsorien-tierung
		Selbstbewusstsein	Ideensammler
		Bedeutsamkeit	Vorstellungskraft
			Intellekt
			Wissbegierde
			Strategie

*Vorher »Integrationsbestreben«

**Vorher »Gerechtigkeit«

Jeder Mensch besitzt Stärken in den obigen Bereichen – und ruft damit emotionale Reaktionen hervor. In den folgenden Beispielen werden Menschen mit spezifischen Talenten vorgestellt, die sie schon in ihrer Schul- und Studienzeit an den Tag legten, die aber vielleicht erst jetzt richtig gewürdigt werden.

Beziehungen

Menschen mit Stärken im Bereich der Beziehungen gelingt es mühelos, Kontakte zu knüpfen und zu pflegen. Sie können gut mit anderen umgehen und auf andere eingehen. Die einzelnen Stärken in diesem Bereich unterscheiden sich danach, wie jemand persönliche Beziehungen aufbaut und mit welchen besonderen Mitteln er sie dann hegt und pflegt.

Im Folgenden werden die einzelnen Stärken beschrieben.

Kommunikationsfähigkeit

Seit sie sprechen konnte, machte sich Sarah beliebt, weil sie eine hervorragende Geschichtenerzählerin war. In der High School war sie Leiterin des Diskutierteams. Sie konnte das trockenste Thema in schillernden Farben darstellen und mit faszinierenden Fakten auflockern.

Der Wunsch, das Interesse anderer zu wecken, etwas zu beschreiben und in der Öffentlichkeit zu reden, ist ein Eckpfeiler der Kommunikation. Wer sich plastisch ausdrücken und jedem Ereignis Leben einhauchen kann, findet auch seine Zuhörer.

Einfühlungsvermögen

David konnte schon beim Betreten eines Raumes die Stimmungslage der Anwesenden beurteilen. Wenn neue Studenten ankamen, wusste er schnell, ob sie sich isoliert vorkamen. Er stellte sich ihnen immer vor, damit sie sich willkommen fühlten.

Mit Einfühlungsvermögen ausgestattete Menschen verstehen die Emotionen anderer, ohne ihnen automatisch zuzustimmen. Sie lassen sich aber von den Enttäuschungen, dem Ärger oder der Traurigkeit anderer nicht anstecken. Ihre »emotionalen Antennen« ermöglichen es ihnen, Stimmungsänderungen anderer sofort zu erspüren.

Harmoniestreben

Andrew konnte Konflikte nicht ertragen. Wenn er spürte, dass eine Auseinandersetzung oder ein Streit drohte, beobachtete er genau, was vor sich ging und versuchte

Frieden zu stiften. Er fand immer etwas, was die beiden Streithähne verband und lenkte ihre Aufmerksamkeit dann geschickt darauf.

Friedensstifter stellen nicht sich selbst in den Mittelpunkt, sondern andere. Häufig lesen sie die Stimmung ihres Gegenüber schon am Tonfall ab und stellen sich blitzschnell darauf ein. Sie halten Auseinandersetzungen für völlig fruchtlos und versuchen sie deshalb nach Möglichkeit zu vermeiden.

Einbeziehung

Wenn Daniel eine Party gab, platzte seine Wohnung aus allen Nähten. Aber jedes Mal lud er noch mehr Gäste ein. Ihm war es am wichtigsten, niemanden auszuschließen.

Das Streben nach Einbeziehung zieht sich wie ein roter Faden durch das Leben der Menschen, die hier ihre Stärke haben. Sie möchten anderen das Gefühl vermitteln, wichtig zu sein, weil jeder einmal auf die Hilfe anderer angewiesen ist.

Einzelwahrnehmung

Über Amys Geschenke freute sich jeder, weil sie immer genau wusste, was die anderen sich wünschten.

Menschen mit dem Talent der Einzelwahrnehmung stellen die richtigen Fragen, um Informationen zu erhalten und zu überprüfen, ob sie andere Menschen korrekt einschätzen. Sie sind gute Beobachter und Zuhörer und merken sich Eindrücke und Informationen für spätere Gelegenheiten. Sie verallgemeinern nicht, weil sie ein Gespür für die Individualität jedes Menschen haben und sie für wichtig halten.

Bindungsfähigkeit

Janie sah man immer nur im Kreise ihrer drei engsten Freundinnen. Die Clique lernte gemeinsam, verbrachte die Mittagspause gemeinsam und ging gemeinsam ins Kino.

Bindungsfähige Menschen fühlen sich zu den Personen hingezogen, die sie schon gut kennen. Es ist ihnen viel wichtiger, eine tiefe Beziehung zu einigen wenigen Freunden zu pflegen als Dutzende von Bekannten zu haben. Sie halten nichts davon, sich mit jedem flüchtigen Bekannten zu verbrüdern.

Verantwortungsgefühl

Wie schwierig eine Aufgabe auch sein mochte – wenn Paul sie übernommen hatte, konnte man sich darauf verlassen, dass sie erledigt wurde. Wenn die Theatergruppe bis Donnerstag zehn grüne Samtkostüme benötigte, würde Paul sie auftreiben.

Verantwortungsbewusste Menschen setzen sich für Aufgaben ein, die ihnen anvertraut wurden und führen sie zu Ende – ob es sich um eine schwierige, zeitaufwändige Angelegenheit oder nur um eine Kleinigkeit handelt. Halbe Sachen sind bei ihnen nicht zu erwarten. Sie halten nichts von Mittelmäßigkeit, würden sich nie erlauben, schlampig zu sein und achten auch auf Details. Wenn ihnen doch einmal Fehler unterlaufen, übernehmen sie die Verantwortung dafür, anstatt anderen die Schuld in die Schuhe zu schieben. Zuverlässigkeit und Vertrauenswürdigkeit sind typisch für Menschen mit dieser Stärke.

Einflussnahme

Die Talent-Leitmotive im Bereich der Einflussnahme kreisen darum, andere zum Handeln zu motivieren. Menschen mit diesen Fähigkeiten geben Richtungen vor. Sie regen andere an, produktiver zu arbeiten, Spitzenleistungen anzustreben und ihr persönliches Potenzial zu entfalten.

Menschen, die Einfluss nehmen, unterstützen andere bei der Verfolgung ihrer Ziele, indem sie ihnen helfen, die richtigen Taktiken, Mittel und Strategien zu finden. Vielleicht geben sie ihnen einfach nur ein Buch, von dem sie glauben, dass es wichtige Erkenntnisse oder Informationen enthält. Dadurch sichern sie sich gleichzeitig Unterstützung und Wohlwollen. Das bedeutet aber nicht, dass sie sich gleich mit jedem anfreunden, dem sie ihre Aufmerksamkeit widmen.

Wo auch immer sie sind und was auch immer sie tun – Menschen mit Stärken im Bereich der Einflussnahme erreichen immer etwas.

Zu diesem Bereich zählen die im Folgenden beschriebenen Stärken.

Autorität

Jessica wurde auch der »General« genannt. Sie meldete sich freiwillig für die Verkaufsstände bei den Football-Spielen, weil sie dann andere herumkommandieren konnte. Sie bezog eine tiefe Befriedigung daraus, eine Situation in die Hand zu nehmen und ihre Autorität dann dazu einzusetzen, die Dinge so erledigen zu lassen, wie sie es für richtig hielt.

Es überrascht nicht, dass Menschen, die gerne Autorität ausüben, auch bereitwillig Verantwortung übernehmen. Und es macht ihnen nichts aus, andere zum Handeln zu bewegen.

Wettbewerbsorientierung

»Welche Note hast du in deinem Test bekommen?«, war immer Ronalds erste Frage, wenn Arbeiten zurückgegeben wurden. Wenn er die bessere Note erhalten hatte, war er zufrieden. Er wollte besser als alle anderen sein.

Die Wettbewerbsorientierung hat ihre Wurzeln im Wunsch, sich mit anderen zu vergleichen. Wettbewerbsorientierte Menschen haben immer die Leistung anderer im Auge – und diese möchten sie überflügeln. Wenn sie ein Ziel erreicht haben, ohne gleichzeitig jemanden ausgestochen zu haben, empfinden sie keine Zufriedenheit. Für dieses Ziel sind sie bereit, Risiken einzugehen.

Entwicklung

Pam war eine Mentorin: Sie versuchte immer, andere bei der Entfaltung ihres Potenzials zu unterstützen. Wenn jemand in ihrer Umgebung besondere Betreuung brauchte, musste er sich nur an sie wenden.

Menschen mit einer Stärke im Bereich der Entwicklung erkennen die Möglichkeiten, die in anderen stecken und fühlen sich dazu berufen, diese zur Entfaltung zu bringen. Daraus wiederum beziehen sie für sich selbst Entwicklungsanstöße.

Höchstleistung

Als Herausgeber der Schulzeitung strebte Howard Spitzenleistungen an. Er suchte die besten Autoren und Fotografen und seine Anzeigenmitarbeiter fanden immer neue Kunden. Er entschied sich sogar für eine teure Druckerei, weil sie einfach das bessere Endprodukt lieferte. Als die Zeitung den nationalen Preis für die beste Schülerzeitung erhielt, suchte Howard schon nach neuen Methoden um die Zeitung noch weiter zu verbessern.

Wer sein Talent im Bereich des Strebens nach Höchstleistungen hat, verabscheut jede Mittelmäßigkeit. Wer Spitzenleistungen anstrebt, fühlt sich von allem, was überdurchschnittlich ist, magisch angezogen.

Kontaktfreudigkeit

Wenn Elisa einen Raum betrat, veränderte sie die Stimmung sofort. »Wie geht es Ihnen?« waren die ersten Worte, die sie äußerte, sobald sie ein bekanntes Gesicht sah. Sie strahlte Begeisterung und Ermutigung aus und schien sich damit auch selbst zu immer neuen Leistungen anzutreiben. Typisch für sie war auch, dass sie nie einen Geburtstag vergaß.

Großzügig mit Lob, immer mit einem Lächeln auf den Lippen, sehen kontaktfreudige Menschen sofort das Gute in anderen. Sie machen das Beste aus allem und feiern gern und oft – kein Wunder, dass sie immer in Gesellschaft sind. Sie rücken die Menschen, die sie treffen, ins Rampenlicht, geben ihnen ein gutes Gefühl und lachen gern. Sie strahlen Wärme aus, stärken das Selbstvertrauen anderer und treiben ihnen Anfälle von Niedergeschlagenheit aus.

Enthusiasmus

Cindy gelang es immer, andere auf ihre Seite zu ziehen, um ihre Pläne umzusetzen. Sie führte jede Kampagne zum Erfolg, weil sie schon in dem Augenblick Vertrauen aufbaute, in dem sie jemandem die Hand schüttelte.

Menschen, deren Stärke im Enthusiasmus liegt, gewinnen schnell das Vertrauen und die Begeisterung anderer. Sie lassen sich von Fremden nicht einschüchtern, sondern reißen sie sofort mit. Sie konzentrieren sich auf die Menschen, die ihnen wichtig sind, und stecken sie mit ihrer Energie an.

Ziele

Menschen mit Stärken im Bereiche der Ziele haben es leichter als andere, einmal gesetzte Ziele zu erreichen. Sie sind bestrebt, ihre Aufgaben zu erledigen und dann noch bessere Leistungen zu erzielen. Es fällt ihnen leicht, die nötige Energie aufzubringen, um selbst langfristige Projekte erfolgreich abzuschließen und sich dann sofort dem nächsten zuzuwenden.

Zielbewusste Menschen beziehen ihre Energie aus unterschiedlichen Quellen. Manche sind sich selbst genug, während andere eine Kraft von außen brauchen, die sie motiviert. Manche fühlen sich wohl unter dem Druck, möglichst viel in möglichst kurzer Zeit erledigen zu müssen. Wieder andere finden ihren Antrieb darin, sich für eine höhere Sache einzusetzen, einer Berufung zu folgen oder einen für sie zentralen Wert zu leben. Viele zielorientierte Menschen fühlen sich in einem durchorganisierten, strukturierten Umfeld wohl. Sie verlieren ihr Hauptziel selten aus den Augen. Manche beziehen ihren ganzen Antrieb aus sich selbst, während andere ihn daraus gewinnen, dass ihre Erfolge und Stärken anerkannt werden. Immer jedoch sind sie bestrebt, Spitzenleistungen zu erbringen, Risiken einzugehen und hohe Erwartungen zu setzen. Jede Untätigkeit ist ihnen ein Graus. In diesem Bereich gibt es die im Folgenden beschriebenen Talente.

Leistungsorientierung

Robert war mit seinen guten Noten nie zufrieden. Er setzte seine Messlatte immer höher, um sich ständig zu verbessern. Er konnte seine Punktezahl bei den College-Eingangsprüfungen schon direkt nach der Abgabe seiner Arbeiten sagen. Selbst als College-Student im zweiten Jahr trug er immer eine »To-do«-Liste mit sich herum und hakte jedes Ziel ab, sobald er es erreicht hatte.

Das Wohlbefinden leistungsorientierter Menschen ist davon abhängig, dass sie greifbare Ergebnisse erreichen. Sie sind bereit, sich dafür auch einzusetzen und schrauben ihre Ziele ständig höher.

Tatkraft

Für Jenny ist der Satz typisch: »Jetzt haben wir genug geredet, lasst uns anfangen.« Wenn ein Motto für den Schulabschlussball gesucht wurde, war Jenny diejenige, die es vorgab.

Tatkräftige Menschen sind ungeduldig und möchten, dass alles schnell geht. Sie glauben, dass man nur durch Handeln etwas bewirkt.

Anpassungsfähigkeit

Conny konnte sich an unerwartete Veränderungen in Plänen völlig unbekümmert anpassen: »Du willst nicht zum Basketballspiel gehen? Okay. Möchtest du stattdessen ins Kino? Großartig!«

Anpassungsfähige Menschen leben im Hier und Jetzt, auch wenn ihre Pläne überraschend geändert werden. Sie betrachten Veränderungen als etwas völlig Normales und Positives.

Überzeugung

Als der Sohn eines Nachbarn schwer erkrankte und die Familie das Geld für die Behandlung nicht aufbringen konnte, kümmerte sich Sam um Spendenaufrufe.

Menschen, deren Stärke in ihren Überzeugungen liegt, messen Erfolg nicht an Geld oder Prestige, sondern am Sinn ihres Tuns und an ihrer Zufriedenheit. Sie möchten einen Beitrag zu einer besseren Welt leisten. Für sie kann etwa das Engagement für die Familie von unschätzbarem Wert sein. Kennzeichnend für diese Menschen ist Nächstenliebe und das Vertreten ihrer eigenen Moralvorstellungen.

Disziplin

Jeder Lehrer, der Beth unterrichtete, wusste, dass er besser nicht von seinem Stoffplan abwich. Und wenn es um Abgabefristen für Referate ging, wussten die Lehrer, dass sie äußerst empfindlich reagierte, wenn sie es mit dem Termin einmal nicht so genau nahmen. Wenn eine Arbeit am Dienstag fällig war, war Beths Arbeit garantiert da. Sie bat nie um Verlängerungen.

Menschen, deren Stärke in der Disziplin liegt, brauchen eine vorhersagbare, geordnete und durchgeplante Umgebung. Sie arbeiten am liebsten in einem festen Rahmen mit klaren Abläufen. Termine und Fristen helfen ihnen, ihre Projekte in einzelne Etappen einzuteilen, die sie sorgfältig bearbeiten.

Fokus

Caroline hatte schon immer gewusst, was sie wollte. Sie hatte ihr College schon früher als alle anderen ausgewählt und wusste auch schon, in welchem Zimmer sie dort wohnen und wie sie es einrichten wollte.

Menschen, die einen starken Fokus haben, verfolgen genau definierte Ziele und legen messbare Meilensteine fest, um ihre Fortschritte zu kontrollieren. Treten unerwartete Ereignisse ein, die sie vom Kurs ablenken, entscheiden sie blitzschnell, ob das Problem ihre Aufmerksamkeit verdient. Dann wird es entweder umgehend gelöst oder ignoriert. Solche Menschen verschwenden kaum Zeit auf Aktivitäten, die sie von ihren Zielen ablenken könnten.

Wiederherstellung

Todd verbrachte seine ganze Freizeit damit, ein altes Fahrrad zu reparieren, das er in der Garage seiner Großeltern aufgestöbert hatte.

Menschen, die gerne Dinge reparieren und zusammenbauen, sind exzellente Problemlöser. Sie blühen erst dann richtig auf, wenn sie an Problemen herumtüfteln dürfen, die andere in Verzweiflung stürzen. Sie analysieren Fehler, finden ihre Ursachen heraus und erklären, wie man sie vermeiden kann. Prozesse, Pläne, Taktiken und manchmal sogar Menschen – alles könnte man noch verbessern, meinen sie.

Selbstbewusstsein

Lehrer und Schüler gleichermaßen wandten sich um, wenn George durch den Flur ging. Seine Haltung strahlte etwas Besonderes aus. Wenn er redete, merkte man ihm sein unerschütterliches Selbstvertrauen an. Er brauchte kein Lob von anderen, um sich seiner Bedeutung und seines Wertes gewiss zu sein.

Selbstbewusste Menschen sind von einer Aura ruhiger Macht umgeben: Sie wissen, wer sie sind und was sie können. Selbstsichere Menschen vertrauen dem eigenen Urteil mehr als dem anderer. Sie treffen Entscheidungen, die sie für richtig halten, anstatt sich eine möglichst breite Zustimmung zu sichern.

Bedeutsamkeit

Gloria kandidierte für das Amt der Vorsitzenden der Studentenvertretung und leitete jeden Ausschuss, in dem sie Mitglied war. Es gelang ihr immer, ihre Leistungen und Erfolge im rechten Licht erscheinen zu lassen.

Menschen, deren Stärke die Bedeutsamkeit ist, streben Anerkennung an. Sie möchten gehört werden und sich aus der Masse hervorheben. Sie glauben fest daran, dass sie bemerkenswert sind. Deshalb sind sie selten in unbedeutenden Unternehmen zu finden und jede Mittelmäßigkeit ist ihnen ein Gräuel. Sie verbünden sich lieber mit Menschen, deren Bedeutung auf sie zurückstrahlt.

Denken

In diesem Schwerpunktbereich werden Fähigkeiten zusammengefasst, um Informationen und geistige Bilder zu sammeln, zu verarbeiten und in Entscheidungen einfließen zu lassen. Die *Gallup*-Studien haben gezeigt, dass die Menschen den größten Teil ihrer Zeit damit verbringen, an die Vergangenheit, die Gegenwart oder die Zukunft zu denken. Wer in der Vergangenheit ruht, durchlebt Erfahrungen noch einmal, versucht sie zu verstehen und plant auf diese Weise für die Zukunft. Wer im Hier und Jetzt denkt, reagiert auf das, was gerade ansteht und geschieht. Und wer in der Zukunft lebt, hält jeden Gedanken an das, was vor ihm liegt, für eine spannende Herausforderung und bezieht daraus auch seine Energie.

Es kommt nicht nur darauf an, in welchen Zeithorizonten die Menschen denken, sondern auch darauf, wie sie Informationen verarbeiten. Manche analysieren gern, um Vorgänge zu verstehen. Andere untersuchen Daten wie Detektive auf der Suche nach Beweisen. Die Koordination von Ereignissen, Plänen und Projekten fällt vielen von ihnen leicht, während manche global denken und spüren, dass sie mit der gesamten Menschheit in der Vergangenheit und Gegenwart verbunden sind.

Die einen grübeln tage- oder monatelang über Fragen oder Ideen, ohne sich mit jemandem auszutauschen, während die anderen am liebsten laut denken und ihre Ideen mit einem Freund oder Partner, einer Gruppe oder auch Fremden besprechen. Viele brauchen die Einsamkeit, um ihren Gedankengängen wirklich nachhängen zu können. Dabei entwickeln manche eine Schlüssigkeit, die sie äußerst berechenbar macht: Sie tun zuverlässig das, was sie wochen-, monate- oder sogar jahrelang gesagt und getan haben. Andere produzieren eine überraschende, unkonventionelle Idee nach der anderen. Sie sehen eine Chance, ein Problem, eine Person, einen Prozess oder eine sonstige Angelegenheit oft aus vielen Blickwinkeln, bevor sie eine Schlussfolgerung ziehen. Viele ziehen aber auch ihre Schlüsse aus Gesprächen, Erfahrungen und Büchern, ohne ein bestimmtes Ziel im Hinterkopf zu haben. Denker können von Natur aus philosophisch sein und tief in ein Problem, ein Thema oder eine Theorie eintauchen. Die Bandbreite umfasst den Fantasten wie den Taktiker oder den ewigen Studenten.

Die Stärken in der Kategorie des Denkens kommen immer in der Art und Weise zum Ausdruck, wie jemand die Welt betrachtet, Menschen behandelt, Ereignisse deutet, Probleme löst und Chancen nutzt. Jede Stärke in diesem Bereich stellt eine individuelle Perspektive dar, wie jemand sich selbst und seine Umgebung sieht.

Von der Art und Weise des Denkens hängt es also ab, wie die Welt analysiert wird. Die Stärken in diesem Bereich sorgen dafür, dass jemand sich einer Frage logisch nähert, sie durchdenkt und dann entsprechend plant. Wer besondere Talente im Bereich des Denkens hat, steigert die eigene Effektivität und leitet andere, die beeindruckt von einer solchen Gründlichkeit sind, ebenfalls dazu an. Diese Kategorie umfasst die im Folgenden beschriebenen Talent-Leitmotive.

Analytisch

Niemand meldete sich im Unterricht häufiger zu Wort als Leonard. Er brachte einen Lehrer nach dem anderen ins Schwitzen, unabhängig davon, was gerade durchgenommen wurde. Seine Klassenkameraden stöhnten, wenn er seinen Arm wieder einmal erhob, aber Leonard wollte immer alles genau wissen. »Fakten, nichts als Fakten« lautete sein Credo.

Analytische Menschen verlangen Beweise. Ihr Motto lautet: »Was Sie behaupten, müssen Sie mir erst einmal hieb- und stichfest beweisen.«

Arrangeur

Mark nahm nichts als gegeben hin. »Es muss noch eine bessere Methode geben«, lautete sein regelmäßig wiederkehrender Einwand. Wenn die Tische und Stühle im Klassenzimmer in Reihen aufgestellt waren, schlug Mark garantiert vor, sie im Kreis aufzustellen und brachte überzeugende Argumente dafür vor.

Arrangeuren macht es Spaß, komplexe Situationen mit vielen Variablen zu steuern. Sie jonglieren so lange hin und her, bis sie überzeugt sind, wirklich produktive Bedingungen geschaffen zu haben.

Verbundenheit

In der Schule war Kate das »Seelchen«. Auf unerwartete Ereignisse hatte sie immer dieselbe ruhige Antwort: »Es sollte wohl so sein, nichts geschieht ohne Grund.« Rücksichtsvoll, fürsorglich, um Verständnis bemüht – diese Eigenschaften waren typisch für sie.

Menschen mit dem Talent der Verbundenheit lassen sich in ihrem Glauben nicht erschüttern, dass auf der Welt alles miteinander zusammenhängt. Daraus beziehen sie sehr viel Trost, weil es gleichzeitig bedeutet, dass die Menschen nicht isoliert, sondern Teil von etwas Größerem sind. Sie sind sich immer bewusst, dass ihre Worte eine Wirkung auf andere haben, und umgekehrt.

Konsistenz

Ivy war eine Verfechterin der Idee »Jeder muss eine Chance bekommen«. Besonders im Sport fand sie, dass das Rampenlicht nicht nur auf die Topstars gerichtet sein dürfe. Sie befürwortete eine gerechte Lösung: »Jeder sollte mal drankommen – jedenfalls ab und zu.«

Menschen, deren Stärke im Bereich der Konsistenz liegt, versuchen immer ein Gleichgewicht herzustellen. Sie finden, dass alle gleich behandelt werden sollten, was auch immer sie tun und wer sie sind. Sie würden niemals jemanden bevorzugen.

Kontext

Josh liebte das Fach Geschichte. Jede Exkursion war für ihn ein Abenteuer, weil er es liebte, die Gegenwart durch den Blick auf die Vergangenheit zu verstehen. Es faszinierte ihn, Recherchen für Aufsätze über historische Persönlichkeiten durchzuführen.

Für Menschen, denen der Kontext wichtig ist, liefert die Vergangenheit die Vorlage dafür herauszufinden, was Ursache und Wirkung ist. Aus vergangenen Ereignissen leiten sie ab, wie sie die Gegenwart verstehen sollen.

Behutsamkeit

Der typische Satz für Pete lautete: »Aber was passiert, wenn ... ?« Er sicherte auch in der Schule jede Datei, die er bearbeitete, denn es konnten ja Spannungsschwankungen im Stromnetz auftreten. Bevor er überhaupt etwas tat, setzte er sich mit Papier und Stift hin und bewertete alle Vorteile und Risiken eines bevorstehenden Unterfangens.

Wachsamkeit und Sorgfalt sind die wichtigsten Merkmale der Bedächtigen. In einer unberechenbaren Welt versuchen sie, Risiken kontrollierbar zu machen.

Zukunftsorientierung

Brian sprach ständig darüber, wo er in fünf oder zehn Jahren stehen würde. Zum Erstaunen seiner Kommilitonen plante er in Gedanken schon das Ehemaligentreffen nach 20 Jahren.

Ein zukunftsorientierter Mensch beschäftigt sich leidenschaftlich gern damit, was in kommenden Monaten, Jahren oder Jahrzehnten geschehen könnte. Er zieht zahlreiche Optionen in Betracht, beurteilt die Situation, bestimmt die verfügbaren Ressourcen – Menschen, Zeit, Geld, Material – und filtert daraus die beste Alternative. Zukunftsorientierte Menschen haben zwei Lieblingsfragen: »Was wäre, wenn ..?« und »Was geschieht, wenn wir das tun?«

Ideensammler

«Ich habe eine Idee: Wie wäre es, die diesjährige Talentshow als Retroshow durchzuführen, bei der sich jeder ein Jahrzehnt aussucht und dann passende Musik aus dieser Zeit sucht?» Tom sprudelte vor Ideen, von denen nicht wenige in der Schule tatsächlich übernommen wurden.

Ideensammler sind immer auf der Suche nach innovativen Konzepten, Theorien und Lösungen. Sie finden für die meisten Ereignisse überzeugende Erklärungen. Oft fallen ihnen gerade für die kompliziertesten Probleme genial einfache Lösungen ein. Diese einfache Lösung zu finden bereitet ihnen sehr viel Spaß.

Vorstellungskraft

Fred war begeisterter Eisenbahnfan. Er sammelte Bücher und Modelle und besuchte Ausstellungen, wann immer es ihm möglich war. Es bereitete ihm Freude, so viele Informationen wie möglich über sein Hobby zu sammeln.

Besonders für Menschen mit einer starken Vorstellungskraft ist es wichtig, möglichst viele Informationen zu ihren Interessen und Hobbys zusammenzutragen oder entsprechende Gegenstände zu sammeln. Sie wissen, dass man früher oder später alles einmal sinnvoll gebrauchen kann. Durch ihre Beschäftigung mit ihren Hobbys bescheren sie sich immer wieder die Erfahrung, wie komplex und vielfältig die Welt ist.

Intellekt

Ihr Name passte zu Emily, denn wie ihre Namenskollegin Emily Dickinson war sie eine Denkerin, die sich gerne in Gedichte vertiefte und über ihre Bedeutung nachsann.

Das Alleinsein ist eine sehr wertvolle Erfahrung, weil es einem ermöglicht, ungestört seinen Gedanken nachzuhängen. Zum Intellekt gehört die Freude daran, seinen Verstand einzusetzen und in sich hineinzuhorchen.

Wissbegierde

Für Sandy war es ganz normal, nach der Schule noch verschiedene Kurse und Stunden zu besuchen. Tennisstunden, Tanzstunden, Bildhauerei am Samstagnachmittag – sie fand jede dieser Beschäftigungen spannend.

Wissbegierige Menschen genießen den Prozess, neue Informationen und Fähigkeiten zu erwerben – ihr ganzes Leben lang.

Strategie

Tony plante vom ersten Tag an der High School schon, wie er ein Collegestipendium ergattern würde. Er erkannte bald, dass alle außerordentlichen Aktivitäten sehr wichtig wären. Also wechselte er den Umgang und freundete sich mit den Mitgliedern der wichtigen Clubs an. Er trat dem Debattierteam bei und leistete Freiwilligenarbeit, weil er wusste, dass er damit Pluspunkte bei den Collegebewerbungen sammeln würde.

Strategen finden immer einen Weg, ein einmal beschlossenes Ziel zu erreichen. Sie sehen mögliche Optionen, bestimmen die verfügbaren Ressourcen, beurteilen die fragliche Situation faktisch und logisch, stellen sich die Konsequenzen jeder Option vor und treffen dann ihre Entscheidung. Sie bahnen sich auch durch unübersichtliches Gelände einen Weg und tragen die erforderlichen Informationen zusammen. Wo andere nur Chaos sehen, filtern sie ein Muster heraus.

Der Dirigent und der Basketballspieler

Talentschwerpunkte stellen immer die Hauptquellen für die Stärken eines jeden Einzelnen dar – unabhängig vom jeweiligen Aufgabenbereich oder dem Arbeitsplatz. Das verdeutlichen die beiden folgenden scheinbar völlig unterschiedlichen Beispiele.

In den 90er Jahren erhielt *Gallup* eine Anfrage besonderer Art: Wir wurden gebeten, die Talente großer Orchesterdirigenten zu untersuchen. Unsere Befragungen beförderten hochinteressante Informationen ans Tageslicht. Viele Dirigenten berichteten, dass sie die Musik schon als Kind in sich gespürt hätten und sie schon immer zum Ausdruck bringen wollten, indem sie ein Instrument spielten, komponierten oder dirigierten. Einer der Befragten sagte: »Ich wollte schon immer Musiker werden. Dann wurde ich Dirigent, weil ich auch die Entwicklung der Musik beeinflussen wollte.« (Wissbegierde, Fokus und Leistungsorientierung.)

Viele äußerten die Ansicht, dass Musik nur gut sei, wenn sie bestmöglich und entsprechend den Absichten des Komponisten gespielt werde. Dies wiederum sei nur möglich, wenn die Orchestermitglieder ihre Fähigkeiten so weit wie möglich entwickelten und ausbauten (Höchstleistung und Entwicklung). Häufig halfen ihnen die Dirigenten dabei. Manche Dirigenten betrachteten die Musik als Vehikel ihrer Emotionen und bezogen ein intellektuelles Vergnügen aus ihrer Arbeit. Sie empfanden intensive Freude und persönliche Zufriedenheit, wenn sie Musikstücke dirigierten, die sie liebten. Für andere stand im Vordergrund, dass sie einen wichtigen Auftrag erfüllten, wenn sie gute Musik interpretierten. Auch der Wunsch, durch Musik im Leben anderer Menschen etwas zu bewirken, wurde des Öfteren genannt.

Alle großen Dirigenten sind jedoch immer auch Perfektionisten. Dies erfordert eine bestimmte Kombination von Talenten. Zu dieser Mischung könnten ein umfassendes Verständnis der Absicht eines Komponisten (Überzeugung), das Streben nach Spitzenleistungen (Höchstleistung), die Übernahme von Verantwortung für die Arbeit anderer (Autorität), ein starker Wunsch, das Publikum anzusprechen (Kommunikationsfähigkeit) oder ein intensives Anerkennungsbedürfnis (Bedeutsamkeit) gehören.

Ohne eine solche Kombination von Talentschwerpunkten könnte kaum ein Orchester dirigiert werden. Gute Dirigenten sind nie zufrieden und scheinen oft besessen von ihrem unablässigen Streben, es noch besser zu machen (Höchstleistung und Leistungsorientierung). Ihre erbarmungslosen Forderungen nach Spitzenleistungen lassen sie einschüchternd, selbstzentriert und dominierend wirken (Autorität). Sie haben jederzeit die völlige Kontrolle über ihr Orchester.

Ihren Aussagen zufolge ist dies darauf zurückzuführen, dass sie sich durch ihre Fähigkeit, die Werke großartiger Komponisten zu interpretieren, ausgezeichnet fühlen. Sie berichten von einem direkten »Draht« zum Komponisten (Höchstleistung). Letztlich möchten sie ihr Publikum erreichen und ihm das Gefühl eines »ästhetischen Bewusstseins« vermitteln (Verbundenheit und Überzeugung).

Die Musik ist für sie der Beruf, der sie am meisten befriedigt. Sie lieben ihre Arbeit. Einer der Dirigenten sagte: »Ich kann mir ein Leben ohne Musik nicht vorstellen. Wenn ich meinen Zuhörern die Musik nahe bringen kann, bin ich sehr glücklich.« (Wenn das keine emotionale Verbindung ist, was dann?)

Vor einiger Zeit wandte sich ein Franchiseunternehmen der National

Basketball Association (NBA) mit einer sehr spannenden Frage an *Gallup*: Von welchen Faktoren hängt die Leistung der Spitzenspieler im Basketball ab? Grundsätzlich schienen alle Spieler dieselben Chancen zu haben, Spitzenleistungen zu erbringen. Sie erhielten ein intensives Training und die beste medizinische Versorgung bei Verletzungen, und sie brachten Fähigkeiten auf das Spielfeld, an denen sie jahrelang gefeilt hatten. Körperlich waren sie in Bestform. Warum nun spielte nicht jeder Basketballer so, wie die Trainer und Franchisemanager es von ihnen erwarteten?

Im ersten Teil unserer Studie identifizierten wir einige Kombinationen von Talentschwerpunkten, die für bestimmte Spielerfunktionen galten. Erfolgreiche Center-Spieler hatten meist einen starken Fokus, der den Siegeswillen betonte. Dagegen konnten sich die für den Spielaufbau zuständigen Point Guards leicht Spiele und Pässe vorstellen, was es ihnen dann ermöglichte, strategische Entscheidungen zu treffen (Strategie, Höchstleistung und Leistungsorientierung).

Bei den Power-Forward-Spielern sah es wieder ganz anders aus. Für sie waren Mut und Aggressivität typisch. Sie beteiligten sich mit einer größeren Wahrscheinlichkeit als ihre Teamkollegen an den physisch herausforderndsten Spielaktivitäten und gewannen zusätzliche Motivation, wenn das Spiel auf der Kippe stand (Selbstbewusstsein, Autorität und Tatkraft).

Aber die Frage, wer »es schaffte« oder nicht, ließ sich erstaunlicherweise letztlich auf eine Kombination von nur zwei Talenten reduzieren. Es handelte sich zum einen um den Fokus – die Fähigkeit der Spieler, sich während und nach den Spielen auf ihre Ziele zu konzentrieren – und zum anderen um den brennenden Wunsch, nicht nur das eigene Potenzial zu verwirklichen, sondern der Beste zu sein (Bedeutsamkeit, Höchstleistung, Wettbewerbsorientierung und Leistungsorientierung). Solche Spieler unterwarfen sich bereitwilliger einem strengen Coaching und nahmen das Training überhaupt sehr ernst. Wenn diese hervorragenden Sportler spielten, dachten sie auch nicht über die Schritte nach, die sie ergriffen – sie handelten instinktiv, weil ihre Stärken und Talente es ihnen erlaubten.

Don Clifton, der Chefberater in diesem Projekt, analysierte einen bestimmten Spieler, den er dann seinem Kunden, dem NBA-Franchiseunternehmen, empfahl. Er war überzeugt davon, dass in diesem Spieler ein großes Talent steckte, doch der Kunde sah das anders. Dieser nahm lediglich die Tatsache wahr, dass der Spieler zu schwer und zu langsam war und nicht springen konnte. Aber Talent lässt sich nicht verleugnen. Der Spieler wurde schließlich einer der besten 50 Spieler in der NBA-Geschichte.

34 Wege, um hervorragende Mitarbeiter zu finden

Wenn Sie erkannt haben, dass Ihr Prozess zur Besetzung von Stellen nicht optimal funktioniert, gibt es Lösungswege. Es ist durchaus möglich, die richtige Person für den richtigen Job zu finden. Wenn Sie feststellen, dass die Leistungen Ihrer Mitarbeiter keineswegs besser werden, obwohl sie ihre Schwächen bekämpfen, müssen Sie eben anfangen, die Stärken auszubauen. Wenn Sie erkennen, dass auch Schulungen nicht helfen, gibt es eine Methode, die Fortbildungsmaßnahmen so zu gewichten, dass sie wirkungsvoller sind. Wenn Sie einsehen, dass die Beförderung von Mitarbeitern in Positionen, in denen sie keine ausgezeichneten Leistungen bringen, weder dem Beförderten noch dem Unternehmen nützt, ist es Zeit, Ihre Führungsmethoden zu ändern.

Nach vielen Jahren der Auswertung von Daten wissen wir heute, dass Mitarbeiter dann am effizientesten eingesetzt werden, wenn man ihre Stärken als Ausgangspunkt nimmt. Deshalb setzen erfolgreiche Unternehmen die 34 Talent-Leitmotive ein und nutzen sie zu ihrem Vorteil.

Die richtigen Talente sind schon vorhanden

Es ist an der Zeit, Ihre Mitarbeiter mit anderen Augen als bisher zu betrachten – und sie anders zu behandeln. Ihr Unternehmen ist voller Menschen, die Talente in allen Arten von Kombinationen besitzen. Wenn Sie sich die Zeit nehmen herauszufinden, um welche Kombinationen es sich handelt, werden Sie Ihre Mitarbeiter in einem neuen Licht sehen. Plötzlich erkennen Sie die erstaunlichen Ressourcen, die sie besitzen und gern einsetzen möchten. Deshalb ist es jetzt an der Zeit,

• sich klarzumachen, dass jeder Mensch Talente besitzt;
• sich von dem Glauben zu befreien, man könne mit dem richtigen Training »jeden Mitarbeiter für jeden Arbeitsplatz« schulen
• endlich damit aufzuhören, »Schwächen« beheben zu wollen;
• die Stärken der Mitarbeiter zum Ausgangspunkt zu nehmen.

Wenn Sie anerkennen, dass alle Mitarbeiter
angeborene Talente besitzen, die ein emotionales Engagement
ermöglichen, haben Sie den zweiten Schritt
auf dem *Gallup*-Pfad getan.

Kapitel 3
Mitarbeitertalente und Unternehmensergebnisse

Ressourcen, die Sie nur noch anzapfen müssen

So wie die Straßen der Antike eine Voraussetzung für Handel, Wirtschaft und Wohlstand waren, gibt es auch in der Wirtschaft Wege, die zu mehr Gewinn und Wachstum führen und von den Mitarbeitern geebnet werden. Daher ist es von unmittelbarer praktischer Bedeutung, die Talente der Mitarbeiter zu erkennen und zu nutzen. Im globalen Wettbewerb kann es sich kein Unternehmen, keine Branche und keine Organisation mehr leisten, Mitarbeiter für mittelmäßige Arbeit zu bezahlen.

Natürlich bestehen zwischen Rollen und Situationen, aber auch zwischen Branchen und Unternehmen große Unterschiede. Die Vielfalt ist eine Konstante. Dennoch gewannen wir aus Hunderten von *Gallup*-Studien über den Zusammenhang von Leistung und Ergebnis faszinierende Erkenntnisse. An diesen Studien hatten Beschäftigte im Vertrieb, im Kundendienst, in der Lehre, im Gesundheitswesen, im Rechtswesen, aber auch in Sport und Kunst teilgenommen.

Unsere Analysen zeigen, welch überragende Bedeutung dem Talent zukommt, verglichen mit anderen internen oder externen Variablen. Wir haben festgestellt, dass erfolgreiche Unternehmen:

- Talente erkennen, auswählen und weiterentwickeln.
- Mit den Stärken ihrer Beschäftigten arbeiten. Sie passen die Rollen immer wieder an, damit sie diesen Stärken besser entsprechen. Weil Spitzenkräfte

dem Unternehmen echte Werte lie fern, wird die Messlatte ständig erhöht. Ihre Ergebnisse werden gemessen und im Rahmen der Vergütung belohnt.

- Schulungen durchführen, um individuelle Stärken auszubauen.
- Verstehen, dass Wissen zwar weitergegeben werden kann, aber immer auch situationsabhängig ist.
- Stärken ausbauen, um damit letztlich die Gewinne zu steigern.

Ausgerüstet mit diesen Informationen können Sie nun beginnen, die richtigen Mitarbeiter für die richtigen Aufgaben zu suchen.

Talente und Geschäftsentwicklung: Ein untrennbares Doppel

In Hunderten von Studien haben wir immer wieder bewiesen, dass der Talentfaktor in jedem großen Berufszweig und in jeder Branche die Geschäftsentwicklung beeinflusst. Wir haben auch festgestellt, dass zwischen den Stärken und der Produktivität der Mitarbeiter ein eindeutiger Zusammenhang besteht. Wir haben diejenigen Mitarbeiter, deren Produktivität im Bereich der oberen 25 Prozent lag, einer eingehenden Untersuchung unterzogen.

Die Ergebnisse waren eindeutig: Nur die besten – und das war in allen Fällen gleichbedeutend mit den produktivsten – Mitarbeiter erzeugten nachhaltigen und echten Wert. Der Schlüssel zu individuellen Spitzenleistungen liegt in der unschlagbaren Kombination von Erfahrung, Fortbildung und Talent. Deshalb ist es notwendig, die Talentkombinationen der besten mit denen der schlechten und durchschnittlichen Mitarbeiter zu vergleichen. Nur dann können auch Letztere ihre Stärken besser einsetzen und mehr zur Geschäftsentwicklung beitragen.

Die Erkenntnis, dass die meisten Mitarbeiter zur Gruppe der Durchschnittlichen gehören, dürfte kaum überraschen. Der durchschnittliche Mitarbeiter erfüllt die Grundanforderungen seines Arbeitsplatzes und hält sich an die geltenden Vorschriften und Richtlinien.

Schlechte Arbeitskräfte lassen sich in zwei Gruppen einteilen. Es gibt die Unglückseligen, die einfach für die falschen Aufgaben eingesetzt werden. Und es gibt die Neulinge – »Rohdiamanten« –, die das Talent für ihre Arbeit mitbringen, aber erst noch geschult werden und Erfahrungen sammeln müssen, um gute Arbeit leisten zu können.

Anders verhält es sich mit den Spitzenkräften. Diese seltenen Exemplare – selten deshalb, weil ihre Talente so selten zur Entfaltung gebracht werden – folgen ihren Instinkten und entwickeln dadurch ihre Fähigkeiten weiter. Fast immer tun sie das auf eigene Faust.

Interessanterweise konzentrieren sich Spitzenmitarbeiter auf das Ergebnis, nicht den Weg. Sie brechen zwar nicht arrogant die Spielregeln, aber sie räumen den Ergebnissen Priorität ein. Instinktiv verlassen sie sich auf ihre Talente und Instinkte – und das zahlt sich aus. So haben verschiedene Studien ergeben, dass das Umsatzvolumen um durchschnittlich 40 Prozent gesteigert werden kann, wenn Talente endlich angezapft werden, wobei die besten 10 Prozent der Mitarbeiter für atemberaubende 80 Prozent dieser Steigerung verantwortlich sind. Es gibt Studien, in denen Lehrer ihre Leistungen um durchschnittlich 39 Prozent, Ärzte um 37 Prozent und qualifizierte und angelernte Beschäftigte um unglaubliche 67 Prozent steigerten.

Die Spitzenkräfte und die restlichen Mitarbeiter unterscheiden sich letztlich nur durch zwei Hauptmerkmale:

1. Unabhängig davon, welchen Beruf sie haben oder welche Position sie ausfüllen, Spitzenkräfte betrachten es bei ihrer Arbeit *immer* als entscheidend, wie viel sie erreichen können und wie gut sie das bewerkstelligen. Dabei spielt es keine Rolle, ob ihre Leistungen am Umsatzvolumen, an der Zahl erstellter Berichte oder abgeschlossener Konten, vorgenommener Verhaftungen oder verschickter Briefe, am prozentualen Anteil von Schülern, die aufs College gehen, oder an der Zahl geretteter Leben gemessen werden. Die messbaren Ergebnisse sind für sie der Gradmesser ihrer Leistung. Gleichzeitig machen sie ihre Leistungen dadurch sichtbar und nachvollziehbar. Sie tun alles, um ihre Ziele zu verwirklichen und möchten sehen, was sie mit ihrer Arbeit bewirken.
2. Spitzenkräfte setzen ihre natürlichen Talente ein und nutzen sie dazu, ihre Aufgaben überdurchschnittlich gut zu erledigen. Vielen fällt es sehr schwer zu beschreiben, wie sie dies genau tun, doch eins wissen sie sicher: Welche Kraft auch immer ihnen hilft, sie ist konstant. Es ist eine Quelle, die ihnen die richtigen Entscheidungen, die richtigen Worte und die richtigen Vorgehensweisen bei der Arbeit eingibt.

Das Talent der Mitarbeiter wirkt sich positiv auf die Geschäftsergebnisse aus. Die folgenden Beispiele zeigen, wie die Geschäftsentwicklung angekurbelt werden kann, wenn Mitarbeiter ihre Talente und damit auch ihr emotionales Engagement zur Entfaltung bringen können.

Die Gabe, die sich nie erschöpft

Auch der größte Skeptiker, der nicht so recht an die Rolle der Emotionen in der Wirtschaft glauben will, lässt sich meist bekehren, wenn er die nackten Zahlen sieht – so auch der Kundendienstleiter eines großen Elektrogeräteherstellers. Er hielt sich für völlig desillusioniert, nachdem er jahrein, jahraus alle Arten von Beschwerden gehört hatte. »In einer perfekten Geschäftswelt gibt es gar keine menschlichen Interaktionen mehr«, lautete seine verzerrte Sichtweise. Doch auch er änderte letztlich seine Meinung.

Jahrelang hatte sein Unternehmen vergeblich versucht, den Umsatz in einer schwachen Branche zu steigern. Kühlschränke, Waschmaschinen und Herde sind zwar notwendige Güter, aber die Nachfrage ist relativ vorhersagbar und wenig beeinflussbar. Abgesehen von Werbeaktionen und Rabatten gab es wenig Anreize, um den Umsatz anzukurbeln. Aber der Manager hatte eine Idee.

Er ging von der Überlegung aus, dass bei der Qualität des Kundendienstes wie auch bei der Qualität der Verkaufsleistungen eine gewisse Bandbreite vorhanden war. Es musste eine Möglichkeit geben, das Beste dieser beiden Welten zu kombinieren. Die besten Händler, die einen ausgezeichneten Kundendienst anboten, müssten eigentlich ihr Umsatzvolumen steigern können.

Zunächst beschäftigte sich der Manager eingehend mit seinen besten Kundendienstmitarbeitern und fand schnell heraus, dass ihnen bestimmte Talente gemeinsam waren. Sie besaßen die Gabe, dauerhafte, auf gegenseitigem Wohlwollen beruhende Beziehungen aufzubauen und zu pflegen. Sie waren zuverlässig und fanden zielsicher schnell die richtigen Lösungen für Kundenprobleme. Der Manager schickte diese ausgewählten Mitarbeiter in Schulungen zu technischen Themenbereichen wie Lagerhaltung und Logistik und begann dann seinen Plan umzusetzen.

Nach wenigen Monaten kristallisierte sich heraus, dass sich die erfolgreichsten Kundendienstmitarbeiter durch einige weitere Eigenschaften auszeichneten. Sie identifizierten sich völlig mit den Bedürfnissen ihrer Kunden, waren wettbewerbsorientierter als ihre nur durchschnittlichen Kollegen und legten mehr Verantwortungsbewusstsein an den Tag. Diese Kombination von Talenten hob sie über den Durchschnitt hinaus.

Gewappnet mit diesen Erkenntnissen, baute der Manager einen Telemarketing-Service auf, um den Händlern den bestmöglichen Kundendienst zu ermöglichen. Seine Bekehrung zur Philosophie der Talente sollte sich lohnen: Die Tophändler übertrafen ihre Absatzziele um 26 Prozent und überflügelten damit die durchschnittlichen Händler, die nicht am Telemarketing teilnahmen, um über 1 Million Dollar jährlich.

In einem anderen Fall landete ein großer Computerhersteller einen Coup, indem er seine Produkte durch ein ungewöhnliches Design fast in Kunstwerke verwandelte. Aber bald nach der Markteinführung der neuen Modelle geriet der Absatz ins Stocken. Nur einige wenige Verkäufer konnten sich auf konstant hohem Niveau behaupten. Es wurde gezielt untersucht, in welchen Bereichen diese Verkäufer den anderen überlegen waren: Ihre Motivation ließ nie nach, sie hielten Messkriterien und den Vergleich mit Kollegen für sehr wichtig und sie konnten mühelos Beziehungen zu Kunden aufbauen. Daraufhin wurden diese Fähigkeiten und Stärken in den Kriterienkatalog bei der Einstellung neuer Mitarbeiter aufgenommen. Die Leistungen der neuen Mitarbeiter wurden dann über zwölf Quartale hinweg beobachtet.

Nach den ersten vier Quartalen wiesen die Mitarbeiter, die aufgrund dieser spezifischen Talente eingestellt worden waren, mit etwa 846.000 Dollar pro Quartal leicht höhere Verkaufszahlen als die Gruppe der schlechten Verkäufer aus. Weitere vier Quartale später, als sie Schulungen besucht und Erfahrungen gesammelt hatten, erzielten die nach Talentkriterien rekrutierten Verkäufer nicht nur 28 Prozent mehr Umsatz als das schlechte Segment, sondern sie übertrafen sogar das Volumen der durchschnittlichen Verkäufer um 22 Prozent. Nach Ablauf der zwölf Quartale entsprach die Leistung der Gruppe derjenigen des obersten Leistungssegments. Sie erzielten einen beachtlichen Umsatz von 2,9 Millionen Dollar pro Quartal. Der absolute Spitzenumsatz lag bei 3,7 Millionen Dollar pro Quartal.

Ein etablierter Hersteller medizinischer Geräte konnte ähnliche Erfolge verbuchen. Da die Geräte einen Wert von einigen Millionen Dollar hatten, gestaltete sich der Verkaufsprozess meist zeitaufwändig und relativ kompliziert. Über ein Jahrzehnt lang wurden die Fähigkeiten der besten Verkäufer untersucht und weiterentwickelt. In diesem Zeitraum konnten fast alle Verkäufer ihre Leistung steigern, sodass selbst die schlechteste Gruppe Zahlen erreichte, die vor zehn Jahren noch als Durchschnitt gegolten hätten. Die Mitglieder dieses Teams konnten die Umsatzzahlen dank ihrer Talentkombinationen verzehnfachen – von 200 Millionen auf über 2,5 Milliarden Dollar.

In einer ähnlichen Erfolgsstory stellte ein großer Telekommunikationsanbieter eine zentrale Anforderung an seine Mitarbeiter im Telemarketing: Er erwartete von jedem, die Aufträge im Kundengespräch unter Dach und Fach zu bringen. Natürlich waren die Mitarbeiter redegewandt, sie verfügten über genug Wissen und wandten ihre erlernten Fähigkeiten an. Aber für überdurchschnittliche Leistungen reichte das nicht aus. Ein wirklich überzeugendes Verkaufsgespräch, so wurde festgestellt, erforderte die Fähigkeiten, in der Kommunikation präzise auf den gewünschten Punkt zu kommen, eine emotionale Beziehung zu den Kunden zu knüpfen und ihr Vertrauen zu gewinnen.

Diejenigen Telefonmitarbeiter, die über Talente in diesen Bereichen verfügten, wurden seltener abgewimmelt (und fast nie einfach unterbrochen), sie führten mehr erfolgreiche Verkaufsanrufe durch und sie hinterließen zufriedene Kunden. Berücksichtigt man die Schwierigkeit ihrer Aufgabe – schließlich hatten sie es oft mit Gesprächspartnern zu tun, die sich durch ihren Anruf gestört fühlten –, konnten sich ihre Leistungen sehen lassen.

Auch ein bekanntes Finanzinstitut illustriert die Rolle der Talente. In diesem Institut tummelten sich lauter Schwergewichte kenntnisreicher Berater, die ihr immenses Wissen über Aktien, Anleihen, Fonds und alles, was sie sonst noch im Angebot hatten, herunterbeten konnten. Immerhin gehörte es zu ihrer Arbeitsplatzbeschreibung, widersprüchliche Informationen in einer veränderlichen Wirtschaft zu deuten. Aber leider führte die Weitergabe von Informationen nicht zur Gewinnung neuer Kunden – wie detailliert die Informationen und wie kenntnisreich die Berater auch sein mochten.

Als das Institut die besonderen Talente der Spitzenkräfte untersuchte, kristallisierten sich bestimmte Merkmale heraus: gute Organisation und Planung, konsequente Verfolgung einmal übernommener Aufgaben, Wissensdurst, hohes Verantwortungsbewusstsein, die Fähigkeit, den einmal eingenommenen Standpunkt zu verteidigen und der Wunsch, die eigene Leistung zu messen und mit anderen zu vergleichen. Außerdem waren sie in der Lage, die besten Optionen zu prüfen und dann Empfehlungen abzugeben.

Wo ihre Kollegen nur ein unvollständiges Puzzle gesehen hätten, erfassten diese begabten Berater schnell, welche Teile zusammenpassten. Am wichtigsten war dabei, dass sie ein Gespür für Investitionen hatten, die bei geringem Risiko attraktive Renditen versprachen. Damit boten diese Berater ihren Kunden einen Zusatzwert.

Geldanlagen sind wegen der damit einhergehenden Unsicherheit immer eine sehr emotionale Angelegenheit. Auf große Gewinne können binnen kurzem große Verluste folgen. Umso wichtiger ist es, einen vertrauenswürdigen, Sicherheit vermittelnden Berater zu haben, der als Führer durch dieses unbekannte Gelände fungiert.

> Wissen und Fähigkeiten sind wichtig –
> aber erst Talente machen Spitzenleistungen möglich.

Andere Aufgaben, andere Talente

Wo sich Talente zeigen, in welchem Beruf auch immer, erkennt man sie auch. Der Touristenführer im Themenpark, der mühelos einen Draht zu den ihm anvertrauten Gästen bekommt, erweist ihnen und dem Vergnügungspark einen großen Dienst. Er vermittelt ihnen durch die emotional gefärbte Beziehung das Gefühl, willkommen zu sein. Die Gäste fühlen sich wohl, genießen ihren Aufenthalt (auch wenn sie das gar nicht erwartet hätten) und möchten sich gern daran erinnern. Deshalb kaufen sie Souvenirs und schießen Fotos. Noch auf der Rückfahrt planen sie schon ihren nächsten Besuch. Ein einziger Mitarbeiter, dessen Talent perfekt zu seinem Job passt, kann die Geschäfte und den Umsatz überdurchschnittlich ankurbeln, indem er einfach nur »er selbst« ist.

Von *Gallup* erhobene Daten weisen darauf hin, dass sich ausgezeichnete Lehrer nicht als reine Informationsvermittler sehen. Vielmehr bringen sie ihre spezifischen Talente ins Klassenzimmer mit. Zu den erstaunlichsten Fähigkeiten herausragender Lehrer gehört es, jeden Schüler als Individuum zu »sehen« – mit Vorlieben und Abneigungen, Stärken und Schwächen. Aber das vielleicht wichtigste Merkmal ist ihre scheinbar übernatürliche Fähigkeit, die Gefühle ihrer Schüler zu »lesen« und enge Beziehungen zu ihnen aufzubauen. Sie schmieden ein Band, das nie mehr zerbricht. Es ist kein Wunder, dass Schüler, die Erfahrungen mit solchen Lehrern sammeln durften, auch in weiterführenden Einrichtungen erfolgreich sind.

Auch die Mitarbeiter im Rechtsvollzug besitzen eine interessante Bandbreite spezifischer Talente. Eine Studie über außergewöhnliche Leistungen im Zivilschutz ergab, dass Sheriffs in den ländlichen Gebieten Amerikas einmalige Kombinationen von Talenten besitzen.

Diese Vollzugsbeamten haben sehr tief verwurzelte Einstellungen zu ihrem Beruf und ihrem Auftrag. Sie konzentrieren sich auf die jeweils anstehende Aufgabe und sind überzeugt davon, dass sie ihrem Job nur gewachsen sind, wenn sie ständig auf der Hut sind.

In einer anderen Studie wurde festgestellt, dass Polizeibeamte in einer Kleinstadt im Mittleren Westen Wachsamkeit, Selbstbewusstsein und maßvolle Reaktionen an den Tag legen. Die herausragenden Polizisten kombinieren exzellente Kommunikations- und Beziehungsfähigkeiten mit ihrer Durchsetzungsfähigkeit. Sie können Befehle erteilen, ohne ärgerlich zu werden. Das hilft ihnen, in gefährlichen Situationen einen kühlen Kopf zu bewahren. Wachsamkeit und Beobachtungsgabe helfen ihnen, Entwicklungen und Ereignisse vorauszusehen. Außerdem kann diese Gruppe der Besten außerordentlich gut mit Frustration sowie Kritik umgehen. Sie lassen sich davon nicht beirren, weil im Vordergrund ihres Denkens immer ihre Aufgabe steht. Ihr mäßigendes Wesen hilft ihnen schließlich, auch in brenzligen Situationen eine Eskalation zu verhindern.

In den Großstädten der USA arbeiten Beamte, die ihre Arbeit unter ständiger Gefahr erledigen. Sie bringen in ihre Arbeit besondere Talentkombinationen ein: die natürliche Bereitschaft zu dienen und sich für Schutz- und Hilfebedürftige einzusetzen.

In einer amerikanischen Stadt gelang es, sämtliche Kriminalitätszahlen radikal zu senken. Die örtliche Polizei führte diesen Erfolg hauptsächlich auf ihre guten Beziehungen zu den Nachbarschaften zurück. Der Aufbau von Beziehungen zu den Bürgern veränderte die Art und Weise, wie Polizisten und Bürger miteinander umgingen.

Feuerwehrleute zeigen ähnliche Talente. Wenn Sie sich je darüber gewundert haben, warum Feuerwehrleute nie zögern, in ein brennendes Gebäude zu laufen, erfahren Sie hier die Gründe. Dutzende von Studien haben bewiesen, dass der Faktor Ruhm nur wenig damit zu tun hat. Vielmehr treiben zwei Motoren ihr Verhalten an: Zum einen handeln sie unter dem Einfluss des Adrenalinstoßes, den sie beim Betreten eines brennenden Gebäudes erfahren. Zum anderen haben ausgezeichnete Feuerwehrleute aber auch eine andere wichtige Motivation: Sie möchten ihren Auftrag erfüllen, Leben zu retten.

Auch Krankenschwestern retten Leben. Die Beschäftigten an der vordersten Front in einem Krankenhaus beeinflussen nicht nur, wie effizient die Notaufnahme funktioniert, sondern auch, wie die Patienten reagieren, wenn sie dort ankommen. Menschen, die ärztliche Hilfe benötigen, sind verängstigt, leiden unter Schmerzen und sind verständlicherweise angespannt und besorgt. Gute Krankenschwestern können sich auf das emotionale Trauma ihrer Patienten einstellen, weil sie verstehen, was diese gerade durchmachen. Patienten, die von einer Krankenschwester mit einer einmaligen Talentkombination betreut werden, reagieren auf sie und das Krankenhaus positiv. Sie vergessen nicht, wer sie in schwierigen Zeiten gut behandelte und auf sie einging. Wenn sie wieder einmal ärztliche Hilfe benötigen, wissen wie, wo sie echte Fürsorge erhalten.

Überlassen Sie das Unternehmen seinen Talenten

Sind Sie überzeugt, dass Sie von Talenten umgeben sind, die nur noch angezapft werden müssen? In den erfolgreichen Unternehmen herrscht diese Überzeugung vor – nur so können sie ihre Spitzenplätze behaupten. Wenn Sie möchten, dass auch Ihre Einheit und Ihr Team ausgezeichnete Leistungen bringen, müssen Sie herausfinden, welche Triebfedern Ihre Mitarbeiter wirklich antreiben.

Die erforderlichen Talente für ein Aufgabenfeld können am besten bestimmt werden, indem die Stärken der jeweiligen Spitzenkräfte analysiert werden. Erfolgreiche Unternehmen gehen dabei so vor:

• Sie finden heraus, was die Spitzenkräfte so leidenschaftlich an ihrer Arbeit interessiert. Dies ist der Schlüssel für alles Folgende.
• Sie widmen ihnen viel Aufmerksamkeit um herauszufinden, wie sie Beziehungen aufbauen.
• Sie beobachten, welche Wirkung sie auf andere haben – Spitzenkräfte spornen auch andere zu besserer Arbeit an.
• Sie fragen sie, wie sie Informationen verarbeiten und sich ihre Meinung zu ihren Aufgaben und ihrem Arbeitsplatz bilden.

Wenn Sie anerkennen, dass einmalige Talentkombinationen zu höherem Gewinn und mehr Wachstum führen, haben Sie den dritten Schritt auf dem *Gallup*-Pfad getan.

Kapitel 4
Haben Sie engagierte Mitarbeiter?

Wer sich heute engagiert, sichert die Zukunft

Der kleine Phil Esposito klagte nie darüber, dass er jeden Morgen in aller Herrgottsfrühe aus dem Tiefschlaf gerissen wurde und dann sein warmes Bett verlassen musste. Wenn er sich mehrere Pullis übereinander anzog, um gleich gegen die Kühle der Morgendämmerung in Ontario gewappnet zu sein, war auch sein Vater schon aufgestanden. Bald würden sie auf den dunklen, verlassenen Straßen zur Eisbahn fahren, damit Phil noch vor der Schule sein Hockeytraining absolvieren konnte.

Phil liebte das Hockeyspiel mit den anderen Jungs – die Schnelligkeit, das Knirschen der Schlittschuhe auf dem Eis, den Adrenalinstoß, wenn er den Puck ins Netz beförderte. Es war fantastisch. Sein Vater war immer dabei und beobachtete seine Fortschritte. Phil hielt sich für einen unglaublichen Glückspilz.

Dann geschah eines Morgens etwas Schreckliches. Bei einem schnellen Spielzug gegen einen Gegenspieler zerbrach Phils Hockeyschläger. Entsetzt sah er die abgebrochene Hälfte über das Eis fliegen und an der Bande aufschlagen. Er lief hinüber und erkannte, dass er ein großes Problem in seinen unerfahrenen Händen hielt.

Zum einen fühlte er sich miserabel, weil er seinen Vater enttäuscht hatte, der auf der Tribüne saß und mehr von ihm erwartet hätte. Aber zum anderen, und dies war noch schlimmer, hatte er sich alles vermasselt: das Training, zukünftige Spiele, einfach alles. Er konnte nicht erwarten, einen neuen Schläger zu bekommen, so sehnlich er es sich wünschte. Das Geld war ohnehin schon knapp in der Familie. Diese schmerzhafte Erkenntnis traf ihn mitten ins Herz.

Deprimiert packte er seine Schlittschuhe ein und ging zum Auto. Sein Vater stieg schweigend ein. Dann griff er in seine Tasche, zählte drei Dollar ab und reichte sie seinem Sohn. »Warum kaufst du dir nicht einen neuen Hockeyschläger?«, fragte er.

Phil konnte es nicht glauben. Er wusste, dass der Schläger seinen Vater fast einen Tageslohn in der *Algoma Steel Mill* kostete. Plötzlich ging ihm auf, dass sein Vater sich gar nicht über ihn ärgerte oder enttäuscht von ihm war. Phil erkannte, dass er vielmehr alles in seiner Macht Stehende tat, damit sein Sohn weiter Hockey spielte. Das war der Grund, warum sein Vater sich so für ihn einsetzte – er wollte, dass Phil der für ihn wichtigsten Beschäftigung nachgehen und Hockey spielen konnte.

Und das tat er dann auch. Im Jahr 1971 stellte er den Torrekord der National Hockey League auf, der erst 1982 von Wayne Gretzky übertroffen werden sollte. Bei den Boston Bruin war er gemeinsam mit Bobby Orr Teamchef und führte die Mannschaft in den Jahren 1970 und 1972 zum Stanley-Cup-Gewinn. Er spielte auch bei den Chicago Blackhawks und New York Rangers.

Viele Jahre später, als Phil in die Hockey Hall of Fame aufgenommen wurde, sagte er, sein Vater habe ihn auf diesen Weg zum Ruhm gebracht. Sein Vater habe seine Stärken früh erkannt und sich dann unbeirrt dafür eingesetzt, sie zu entwickeln und zu fördern.

In einem *Gallup*-Interview im Rahmen einer Studie, in der wir die besonderen Stärken der besten Hockeyspieler ermitteln sollten, erzählte Phil Esposito vom Einfluss seines Vaters.

Gallup: Was waren die wichtigsten Ereignisse in Ihrer Karriere?

Mein Vater hat mich sehr unterstützt. Er kam zu jedem meiner Spiele. Die erste Erinnerung an ihn habe ich, glaube ich, als ich vier Jahre alt war. Mein Vater zog mir Gleitschuhe an die Füße, nachdem er mir hinter dem Haus eine Bahn gebaut hatte, auf der ich mit meinem Bruder Hockey spielen konnte.

Er hat viele Opfer gebracht. Wissen Sie, dass er jedes einzelne Spiel besuchte, in dem ich mitspielte? Aber er sagte nie etwas. Wenn er etwas sagte, dann solche Dinge wie »Du hast noch einen langen Weg vor dir«. Wenn ich zwei Tore gemacht hatte, konnte ich sicher sein von ihm zu hören: »Du hast ganz gut gespielt, aber du hättest drei oder vier Tore machen sollen.« Das war sogar noch so, als ich schon in der NHL spielte. Er sagte es bis zum Tag, an dem ich aufhörte. An jenem Abend meinte er zu mir: »Du hättest mehr als ein Tor machen müssen, zwei oder drei Tore wären auf jeden Fall drin gewesen.«

Gallup: Wer hat Ihre Karriere beeinflusst?

Ich denke, Harry Sinden als Coach und Milt Schmidt als Manager waren für meine Karriere sehr wichtig.

Gallup: Warum?

Sie haben es mir ermöglicht, meinen eigenen Stil zu entwickeln. Ich weiß nicht, warum so viele Coaches dazu nicht in der Lage sind. Je mehr ich meinem Stil treu blieb, desto besser spielte ich.

Der Nährboden, auf dem Talente wachsen

Die Geschichte von Phil Esposito unterstreicht einen wichtigen Aspekt bei der Entfaltung von Talenten: Jemand muß sie erkennen und fördern.

Dies bewahrheitet sich täglich aufs Neue, in den unterschiedlichsten Bereichen. Der Sport ist ein Paradebeispiel. Viele Sportler bezeichnen einen oder beide Elternteile als ihre größten Förderer. Diese Mütter und Väter kamen nicht nur zu den Spielen und klatschten Beifall. Wie Phil Espositos Vater hatten sie bemerkt, dass ihr Sohn oder ihre Tochter eine besondere Gabe besaß. Diese Gabe wollten sie fördern, damit sie sich entwickeln konnte. Das gilt nicht nur für Begabungen im Sport, sondern auch in allen anderen Bereichen: Musiker, Hauswirtschaftsleiter, Tänzer, Supermarktverkäufer, Sänger, Bankangestellte, Teppichbodenverleger, Schauspieler und Dachdecker bringen besondere Talente mit, die sie für ihre Aufgaben prädestinieren. Oft stammen Polizisten und Feuerwehrleute aus Familien, in denen diese Berufe eine lange und anerkannte Tradition haben. Dasselbe gilt etwa auch für Küchenchefs und viele andere Berufe. Eine wichtige Rolle spielen auch Lehrer, die Ansätze von Talenten erkennen und ihre Schüler dann in die richtige Richtung lenken.

Fast jeder Mensch hütet eine Erinnerung an eine wichtige Leistung, mit der er ganz besonders zufrieden war, weil eine wichtige Bezugsperson ihn dazu angespornt hatte und dann Zeuge des Erfolges war. Sie wollten dieser Person zeigen, was sie konnten. Diese Person erkannte Ihr Talent noch vor Ihnen und half Ihnen, Ihr Talent zu einer Stärke zu entwickeln. So wussten Sie, dass ein für Sie wichtiger Mensch etwas Wichtiges von Ihnen erwartete.

Dieser Förderer sah, wie Sie ausgezeichnete Leistungen erbrachten, was wiederum bedeutete, dass Sie selbst andere Menschen auf die Ihnen eigene

Weise beeinflussten. Diese wichtige Beziehung gab Ihnen den Anstoß, Ihre Talente zu entfalten und damit auch Verbindungen zu anderen Menschen herzustellen. (Denken Sie daran, wie häufig Oscar-Preisträger ihren Eltern dafür danken, dass sie ihnen Schauspielunterricht ermöglicht hatten, oder einem bestimmten Lehrer dafür, das er ihr Talent gefördert hatte. Ohne solche Förderer wären viele wunderbare Filme nie entstanden.)

Derselbe Prozess findet in den Unternehmen statt: Stärken werden ermittelt; die Anforderungen eines Arbeitsplatzes werden definiert; die Erwartungen einer dem Mitarbeiter wichtigen Person werden erfüllt.

Bei der Arbeit fällt dem Vorgesetzten die Aufgabe des Förderers zu. Wenn er die Talente seiner Mitarbeiter zur Entfaltung bringt, geschieht etwas Wunderbares. Die Mitarbeiter sind vollkommen gebunden, weil ihre Vorgesetzten es möglich machen.

Engagierte Mitarbeiter – ein knappes Gut

Es mag selbstverständlich erscheinen, dass die Produktivität nicht in jedem Unternehmensbereich gleich hoch ist. Weniger bekannt dürfte sein, dass das Mitarbeiterengagement *innerhalb* eines Unternehmens größere Abweichungen aufweist als *zwischen* zwei Unternehmen in derselben Branche. In jedem von uns untersuchten Unternehmen haben wir sehr gute und sehr schlechte Ergebnisse für das Mitarbeiterengagement festgestellt.

Die nachstehenden Zahlen einer erstaunlichen *Gallup*-Studie zeigen, wie sich das Mitarbeiterengagement auf der Ebene der Geschäftseinheiten auf die Produktivität auswirkt. Wir untersuchten Hunderte verschiedener Unternehmen, denen ein außergewöhnliches und beunruhigendes Merkmal gemeinsam war: Nur 20 bis 30 Prozent der Mitarbeiter engagierten sich für ihre Arbeit. Diese Unternehmen wurden also mit einem Bruchteil des möglichen Mitarbeiterengagements betrieben. Die engagiertesten Arbeitsgruppen waren auch die produktivsten. Der Rest war eher mäßig bis mittelmäßig produktiv oder schlichtweg destruktiv.

> Mitarbeiter sind nicht per se engagiert. Beschäftigte, die sich für ihre Arbeit engagieren, sind eine knappe und wertvolle Ressource.

Der unangebrachte Umweg

Viele Unternehmen betrachten die Arbeit als ein notwendiges Übel. Sie glauben, dass ihre Mitarbeiter ihre Aufgaben grundsätzlich nicht gern erledigen. Aber damit nicht genug – sie unterstellen ihnen sogar, dass sie bei der Arbeit lieber irgendwo anders wären. (Das trifft natürlich zu, wenn die Mitarbeiter sich tatsächlich nicht für ihre Arbeit engagieren. Sie sind zwar körperlich anwesend, aber geistig abwesend.)

Aber bei dieser Perspektive bleibt ein allgemeines Merkmal des menschlichen Verhaltens unberücksichtigt. »Was machen Sie?« lautet häufig die erste Frage, die Menschen einander beim Kennenlernen stellen. Unter Bekannten lautet die Frage dann meist: »Wie steht es bei der Arbeit?« Was ein Mensch beruflich tut, gilt als enorm wichtig. Viele beziehen aus ihrer Arbeit einen großen Teil ihres Selbstwertgefühls. Die Arbeit beeinflusst die Familie, die Freunde und das Umfeld sowie die Gesellschaft im Allgemeinen.

Leider haben ganze Heerscharen von Beratern und Personalexperten bei ihrer Definition des »besten Arbeitsplatzes« einen falschen Ansatz gewählt: Sie haben sich auf Negativkriterien konzentriert, die an einem guten Arbeitsplatz keinesfalls vorhanden sein dürfen und dann unterstellt, dass man sich nur an das Gegenteil halten müsse.

Vor kurzem haben wir in einer Gruppe von *Fortune-500*-Unternehmen untersucht, welche Projekte zur Verbesserung der Unternehmenskultur sie durchführten. Dabei stellte sich heraus, dass 80 Prozent der Unternehmen Untersuchungen dazu durchführten, meist in Form von Mitarbeiterbefragungen zum »Arbeitsklima« oder zur »Mitarbeitereinstellung«. Im Durchschnitt wurden 150 Fragen gestellt, deren Beantwortung über eine Stunde in Anspruch nahm. Es wurde gefragt, was die Beschäftigten von einem geplanten Parkplatz hielten, warum sie gerade für dieses Unternehmen arbeiteten oder welchen Stellenwert bestimmte Leistungsanreize, hauptsächlich in Form des Gehalts und der Nebenleistungen, für sie hatten. Aber erstaunlicherweise berichteten 60 Prozent dieser Unternehmen, dass sich ihre Kultur nach Durchführung der Umfrage verschlechtert habe. Zum einen kommunizierten Mitarbeiter und Manager seltener. Zum anderen vergrößerte sich die Kluft zwischen der oberen Managementebene und den Mitarbeitern weiter.

Dafür gab es einen einfachen Grund. Die Fragen wurden aus der Perspektive der Geschäftsleitung formuliert. Deshalb wurden diejenigen Angelegenheiten gar nicht angesprochen, die den Mitarbeitern tatsächlich auf den Nägeln brannten. Außerdem wurden nachgeordnete Ebenen in keiner Weise in die Auswertung der Antworten einbezogen, sie erhielten nicht einmal einen

Bericht darüber. Die mittleren Manager mussten zwangsläufig davon ausgehen, dass die Probleme auf höchster Ebene geklärt würden und ihre Arbeit vor Ort nichts mit der Umfrage zu tun hatte. Da sie keine praktischen Richtlinien erhielten, an denen sie sich hätten orientieren können, fühlten sie sich auch nicht veranlasst zu handeln.

Der Manager eines Supermarktes zuckte mit den Schultern:

Das Ganze ist so sinnvoll wie eine Wettervorhersage für ganz Amerika. Aber ich lebe in Boulder und brauche eine Prognose für meine Umgebung, damit ich mich darauf einstellen kann. Warum sollte ich mich um das große Bild kümmern, wenn ich daraus nicht entnehmen kann, was für mich vor Ort wichtig ist?

Aber auch der Zweck der Umfragen war gar nicht klar. Wollten sich die Unternehmen ein Bild darüber verschaffen, wie gut es um die Moral bestellt war, oder wollten sie etwa herausfinden, ob zu viele Mitarbeiter auf Konfrontationskurs waren? Selten hatte die Umfrage etwas mit dem wirklich wichtigen Thema zu tun: der Steigerung der Unternehmensleistung. Noch schlimmer: Die Umfragen sollten den Dialog ersetzen. Nicht wenige Befragte konnten sich des Gefühls nicht erwehren, dass ihr Unternehmen den Kontakt zu seinen Mitarbeitern verloren hatte und deshalb nur noch über eine offizielle Umfrage etwas über sie herausfinden konnte.

Wir beschlossen, die Arbeitsgruppen mit der höchsten und der niedrigsten Produktivität zu untersuchen, um die Unterschiede bestimmen zu können. Deshalb sahen wir uns in den unterschiedlichsten Branchen und Organisationen um, auf der Suche nach Orientierungspunkten für Manager und Mitarbeiter gleichermaßen.

Wir hatten auch den Eindruck, dass letztlich beschrieben werden sollte, durch welche Art von Unternehmenskultur sich Toptalente angezogen fühlten und welche Bedingungen sich schädlich auswirkten.

Aus diesem Mammutunterfangen gingen schließlich zwölf Fragen hervor, zusammengefasst im so genannten Q^{12}-Index*, die den Beschäftigten in den oben erwähnten Hunderten von Unternehmen gestellt wurden.

Nun liegen die Ergebnisse vor. Wenn die zwölf in den Q^{12}-Fragen angesprochenen Bedingungen erfüllt sind, verfügt ein Unternehmen über ausgezeichnete Führungskräfte und produktive Arbeitsplätze.

---

*Gallup® und Q^{12TM} sind Warenzeichen der *Gallup Organisazion*, Princeton, New Jersey. Die zwölf Punkte sind durch Copyright der *Gallup Organization*, 1992 - 1999 geschützt. Alle Rechte vorbehalten.

Das Missverständnis mit der Unternehmenskultur

Wieder einmal muss ein Mythos entzaubert werden: Eine Unternehmenskultur ist *kein* eingrenzbares System, auch wenn uns dies Dutzende von Konzernlenkern gern einreden möchten. In Wahrheit handelt es sich um ein facettenreiches Phänomen, das so viele Identitäten und Unterschiede besitzt wie es Manager und Arbeitsgruppen gibt. Tatsache ist vielmehr: Jeder Manager und jede Arbeitsgruppe hat eine eigene Kultur. Stellen Sie es sich so vor: Das *Lincoln Center for the Performing Arts* in New York City ist eine Einrichtung, die Oper, Ballett, modernen Tanz, Musiktheater, Symphonieorchester, Solokünstler und vieles andere mehr beherbergt.

Jede dieser Abteilungen stellt eine kulturelle Einheit für sich dar, mit spezialisierten Arbeitsgruppen unter der Leitung der unterschiedlichsten Menschen. Jede Abteilung legt an ihre Mitarbeiter eigene Kriterien an, weil diese besondere Talente haben. Letztlich jedoch verfolgt jede Abteilung dasselbe Ziel: möglichst brillante Vorstellungen zu geben, um ein möglichst großes Publikum zu erreichen, die Menschen emotional zu berühren und sie zu einem erneuten Besuch anzuregen.

Deshalb ist es reine Zeitverschwendung zu versuchen, einem Unternehmen eine Kultur zu diktieren. Innerhalb einer jeden Arbeitsgruppe allerdings stellt die Kultur das Bindemittel dar, das die Mitarbeiter zusammenhält und dafür sorgt, dass ihre Bemühungen perfekt ineinander greifen. Genau dies ist das Erfolgsgeheimnis der besten Unternehmen: Sie funktionieren reibungslos, indem sie die vorhandenen Ressourcen maximieren. Es geht nicht darum, härter zu arbeiten – sondern klüger. Die Unternehmenskultur bestimmt sich letztlich daran, wie in einer Firma die Aussagen bewertet werden.

Wen muss man wirklich fragen?

Die umfangreichste je von Gallup durchgeführte Studie über die Einstellungen und Verhaltensweisen herausragender Mitarbeiter und Teams führte zu zwei zentralen Schlussfolgerungen. Zum einen wurden zwölf Bedingungen formuliert, die das Geschäftsergebnis jeder einzelnen Unternehmenseinheit beeinflussen. Zum anderen wurde bewiesen, dass die Verantwortung für diese Bedingungen und für den Erfolg bei den Führungskräften und Mitarbeitern in den einzelnen Arbeitsgruppen liegt – also nicht beim Gesamtunternehmen. Diese erstaunlichen Ergebnisse stellen das gesamte bisherige Konzept der Unternehmensführung auf den Kopf, weil die zwölf Bedingungen darauf basieren, was *den Mitarbeitern* wichtig ist.

Bislang war es generell so, dass es in den Unternehmen keinen hohen Stellenwert hatte, welche Gefühle die Mitarbeiter ihrer Arbeit, dem Arbeitsplatz und den Kunden entgegenbrachten. Das Hauptaugenmerk galt stattdessen Themen wie Produktivität, Kostensenkung, Rentabilität und Wachstum. Wir konnten in unserer Studie jedoch nachweisen, dass zwischen der Erfüllung der Q^{12}-Bedingungen und den Kriterien wie Produktivität, Kostensenkung, Sicherheit, Fluktuation, Rentabilität und Wachstum ein enger Zusammenhang besteht.

Noch interessanter ist, dass der Q^{12}-Index, anders als die meisten Methoden zur Beschreibung der Unternehmensleistung, die aktuellen Leistungen in Bezug zur voraussichtlichen Entwicklung setzt.

Fortschrittliche Unternehmen akzeptieren deshalb, dass alles, was für ihre Mitarbeiter gut ist, auch ihnen nützt. Die altbekannte Methode, Mitarbeiter zurechtzubiegen, bis sie ihren Aufgaben gewachsen sind, wird durch ein neues und sehr einfaches Modell ersetzt: Der einzelne Mitarbeiter wird gezielt für Aufgaben eingesetzt, die sich für ihn eignen. Damit erfüllt er gleichzeitig die zentralen Geschäftsziele des Unternehmens, das ihn eingestellt hat. Diese Wechselwirkung lässt sich in in allen Arten von Unternehmen beobachten, unabhängig von ihrer Größe und Branche. Grundsätzlich stellt der Q^{12}-Index ein globales System mit einer Sprache dar, die jeder versteht.

Mit dem Einsatz der Q^{12}-Methode lassen sich dauerhafte und nachhaltige Ergebnisse erzielen – anders als mit den bisher bekannten Versuchen, die Mitarbeiter zu »motivieren« und ihre »Moral« zu heben.

Der wichtigste Aspekt ist jedoch der, dass die Q^{12}-Methode das potenzielle Engagement der Mitarbeiter zur Entfaltung bringt. Sie steht damit in völligem Gegensatz zu den bisherigen Gepflogenheiten: Bisher betrachteten die Unternehmen das Engagement ihrer Mitarbeiter als etwas, das sie mit Geld oder anderen Anreizen kaufen konnten. Aber nun ist klar geworden, dass das Mitarbeiterengagement nicht nur eine Frage des Verstandes, sondern auch der Gefühle ist. Damit sind wir wieder beim Thema der Emotionen, der »weichen Faktoren« in der Wirtschaft.

Nachdem Sie nun wissen, welche Bedeutung die Talente und Stärken einzelner Mitarbeiter im Unternehmen haben, stellt sich die nächste Frage: Was können Sie tun, damit sich Ihre Beschäftigten an ihrem Arbeitsplatz, in ihrem Team und in ihrer Arbeitsumgebung optimal entfalten?

Zwölf Voraussetzungen für einen ausgezeichneten Arbeitsplatz

Der Q^{12}-Index definiert die Bedingungen, die an einem ausgezeichneten Arbeitsplatz erfüllt sind.

1. Ich weiß, was bei der Arbeit von mir erwartet wird.

Ohne klar definierte Erwartungen können auch Fortschritte nicht beurteilt und bewertet werden. Viele Manager definieren zwar Ziele, begehen aber oft den Fehler, sich dabei zu verzetteln. Sie beschreiben sämtliche ihrer Meinung nach zu befolgenden Schritte und scheinen irgendwann ihre Mitarbeiter mit Robotern zu verwechseln. Die Mitarbeiter empfangen eine Botschaft, die sie ungefähr so verstehen: »Geben Sie Ihren Verstand beim Pförtner ab, erledigen Sie Ihren Job, wie ich es sage, und Sie werden den Erwartungen hier voll und ganz entsprechen.«

Solche Pauschalrezepte gehen jedoch völlig an der Tatsache vorbei, dass jeder Mitarbeiter einen individuellen Stil am Arbeitsplatz entfaltet. Noch schlimmer ist, dass manche Vorgesetzten glauben, die Rollenerwartungen seien in der Arbeitsplatzbeschreibung enthalten – während ihnen die scheinbar unwichtigen Details völlig entgehen.

Als ich in einer großen und bekannten Anwaltskanzlei für die Kantine der Führungskräfte eingestellt wurde, schien die Arbeitsplatzbeschreibung perfekt zu mir zu passen: zwei Jahre Erfahrung als Kellner, freundliches Wesen, Bereitschaft, eine Uniform zu tragen – das Übliche eben. Ich hatte in den vorangegangenen Jahren in Restaurants, Diners, Cafés und Coffee Shops gearbeitet, in denen immer viel los war und hohe Umsätze erzielt wurden. Man sagte mir, dass ich viele Menschen bedienen müsse, womit ich auch kein Problem hatte. Trotzdem war mir nicht ganz klar, was ich zu erwarten hatte. Meine zwischenmenschlichen Fähigkeiten wurden mir als Aufdringlichkeit ausgelegt. Man erwartete von mir, dass ich Gedanken lesen und vorausahnen könne, was die Gäste wollten, noch bevor sie darum baten. Natürlich konnte ich all das lernen, aber ich wusste es eben nicht von Anfang an. Außerdem sagte man mir nach meiner Einstellung, dass ich bei Cocktailpartys Hors d'Oeuvres reichen müsse, was ich nur ungern tue. Im Wesentlichen sollte ich mich so weit wie möglich im Hintergrund halten und meine Arbeit erledigen. Aber ich konnte »meine« Arbeit eben nicht auf »meine« Weise erledigen, so wie es mir Spaß macht: Ich unterhalte mich mit den Gästen gern über die Speisekarte oder mit meinen Kollegen über die Laune des Chefs, und ich gebe den Gästen auch gern Empfehlungen für die Bestellung. Es wäre besser gewesen, wenn man mir von Anfang an klarere Informationen gegeben hätte.

2. Ich habe die notwendigen Materialien und Arbeitsmittel, um meine Arbeit richtig zu machen.

Mehr als alles andere benötigt heute jeder Beschäftigte die richtigen Informationen, will er seine Arbeit gut machen. Während der Mangel am notwendigen Handwerkszeug jede Aufgabe zu einer Übung in Sachen Frustrationstoleranz verwandeln kann, verhindert das Fehlen aktueller Informationen, dass Aufgaben überhaupt erledigt werden. In den weniger effektiven Arbeitsgruppen kontrollieren die Manager die Ressourcen und Informationen, weil sie ihre Macht und Autorität verteidigen wollen. Ganz anders in einem produktiven Arbeitsumfeld: Hier herrscht eine große Offenheit, die nicht bedeutet, dass wahllos Informationen verstreut werden, sondern dass offen über die benötigten und tatsächlich verfügbaren Ressourcen gesprochen wird.

Bei meiner Einstellung als Assistent des Public Relations Directors einer Elektronikfirma bekam ich das, was alle anderen auch hatten: Tisch und Stuhl, Computer, Tastatur und Telefon. Darüber hinaus erhielt ich einen Ordner mit den Presseerklärungen des vergangenen Jahres, damit ich mir ein Bild darüber machen konnte, wie sie geschrieben waren und welche Botschaften sie enthielten. Ich wurde in Meetings geschickt, um zu lernen, wie über die Zukunft des Unternehmens beschlossen wurde. Ich erhielt sogar dieselben E-Mails wie mein Vorgesetzter, damit ich täglich auf dem aktuellen Stand war. So war ich in der Lage, Fragen schnell und korrekt zu beantworten. Außerdem gewann ich den Eindruck, dass meine Arbeit wichtig war.

3. Ich habe bei der Arbeit jeden Tag die Gelegenheit, das zu tun, was ich am besten kann.

Unabhängig von der offiziellen Unternehmenslinie, von den Rollenanforderungen oder den Vorschriften eines Betriebs – letztlich tun die Menschen das, was sie am besten können. Aber wenn das, was sie am besten können, an ihrem Arbeitsplatz gar nicht gefragt ist, verpuffen ihre Talente. In erfolgreichen Unternehmen wird produktive Arbeit geleistet, weil die Begabungen der Mitarbeiter gezielt eingesetzt werden. Die *Gallup*-Studien deuten darauf hin, dass es sich bei den Talenten und Fähigkeiten um wirkungsvolle, wiederkehrende und unveränderbare Muster handelt. Talente können nicht wie Lichtschalter an- oder ausgeknipst werden.

Ich wurde aufgrund meiner organisatorischen Fähigkeiten von einer Reiseagentur als Büroleiterin eingestellt. Aber am meisten Spaß machte es mir, mit den Angestellten über die Reisen zu sprechen, die sie für unsere Kunden zusammenstellten, und ich erzählte immer gern von meinen Reisen und Erlebnissen. Wenn ich einen Ort, der mich interessierte, noch nicht selbst besucht hatte, las ich so viel wie möglich darüber und informierte mich im Internet. Eines Tages wurde ich gefragt, ob ich mir vorstellen könne, Anrufe als Vermittlerin entgegenzunehmen – also mit den Kunden über ihre Reisewünsche zu sprechen und ihnen Feedback und Vorschläge zu unterbreiten. Schließlich wurde eine neue Stelle für mich geschaffen: Ich baute Kontakte zu potenziellen Kundenkreisen auf und stellte ihnen die Reiseagentur und ihr Angebot vor, alles untermalt durch meine eigenen Erfahrungen. Es ist der beste Job, den ich je hatte.

4. Ich habe in den letzten sieben Tagen für gute Arbeit Anerkennung oder Lob erhalten.

Wer seine Mitarbeiter anerkennen will, muss exzellente Leistungen hervorheben und loben. Auf diese Weise werden sie zu neuen Spitzenleistungen angespornt. Die Anerkennung, die geäußert wird, sollte immer konkret mit dem erwünschten Ergebnis und mit den entsprechenden Stärken verknüpft werden. Ein Mitarbeiter, der Anerkennung erhält, sieht sich auf seinem Weg bestätigt und bemüht sich weiterhin um Fortschritte.

Ich arbeite für eine nationale Buchhaltungsfirma, die Niederlassungen in vielen Städten hat. Mir gefällt das, was ich tue, wenngleich ich mich immer für einen unter vielen hielt. Aber vor etwa einem Jahr fing ein neuer Manager in unserem Büro an, der einige interessante Veränderungen vorgenommen hat. Die überzeugendste war für mich die, dass er einzelne Leistungen hervorhob. Dabei äußerte er nicht wahllos Lob, weil sich das für einen guten Manager so »gehörte«. Wenn ihm beispielsweise eine wirklich komplizierte Steuererklärung auffiel, rief er den zuständigen Buchhalter zu sich und sagte ihm, wie gut er seine Arbeit gemacht habe. Als er mich das erste Mal zu sich rief, befürchtete ich einen Fehler gemacht zu haben und er spürte meine Besorgnis. Er sagte mir sofort, dass er mir für eine bestimmte Arbeit danken wolle, die ich gut gemacht habe. Ich war sehr stolz. Seitdem habe ich nicht nur meine Fähigkeiten weiter ausgebaut, sondern ich werde auch dafür anerkannt. Wenn man keine Beschwerden hört, geht man einfach davon aus, dass alles in Ordnung ist. Aber es ist etwas ganz anderes, ausdrücklich gelobt zu werden. Plötzlich weiß man, dass man dem Unternehmen einen Wert bringt. Es geht nichts über diese Art der persönlichen Anerkennung.

5. Mein Vorgesetzter/meine Vorgesetzte oder eine andere Person bei der Arbeit interessiert sich für mich als Mensch.

Mitarbeiter verlassen keine Unternehmen, sondern sie verlassen Manager und Vorgesetzte, von denen sie sich weder als Menschen noch als Arbeitskräfte geschätzt fühlen. Deshalb überrascht es nicht, dass die meisten Mitarbeiter auf die Frage, ob sie geführt werden möchten, mit einem klaren

»Nein« antworten. Aber wenn ein Mitarbeiter auch nur eine positive Erfahrung mit einem kompetenten Manager gemacht hat, urteilt er ganz anders. Der menschliche Faktor ist entscheidend.

Ein Veteran in der Werbebranche, der schon seit 20 Jahren im Geschäft war und Millionen von Verbrauchern angesprochen hatte, erzählte:

Ich habe schon unter Managern gearbeitet, die mir den Beruf zur Hölle gemacht haben. Einmal habe ich eine gut dotierte Stelle gekündigt, weil mein Vorgesetzter einfach zu weit ging. Mein Vater, der in einer anderen Stadt lebte, erlitt einen schweren Herzinfarkt und ich ließ alles stehen und liegen, um sofort zu ihm zu fliegen und ihm mit meiner Mutter und Schwester beizustehen. Der Manager verfolgte mich mit seinen Anrufen und wollte wissen, wann ich zurückkäme. Dann schickte er mir einen Auftrag, den ich über Nacht erledigen sollte – im Krankenhaus! Das brachte das Fass zum Überlaufen. Ich schickte ihm den Auftrag mit dem Vermerk »Ich kündige« zurück. Als ich einen neuen Job suchte, achtete ich natürlich besonders darauf, nicht wieder einen solchen Vorgesetzten zu erwischen. Nach etwa einem Jahr in einer neuen Stelle, die mir sehr gut gefiel, wurde meine Mutter ernsthaft krank. »Oh nein«, dachte ich, »jetzt geht es wieder los.« Aber dieses Mal war es ganz anders: Mein Vorgesetzter forderte mich auf, das nächste Flugzeug zu nehmen – auf Firmenkosten. Er sagte mir, ich solle mir keine Sorgen machen, mein Job sei auch bei meiner Rückkehr noch da. Das ist fünf Jahre her. Ich hätte nie gedacht, dass der Begriff »Management« noch einmal einen so positiven Klang für mich bekommen könnte.

6. Bei der Arbeit gibt es jemanden, der mich in meiner Entwicklung fördert.

Viele Menschen möchten das, was sie tun, noch verbessern. Das Streben danach, sich weiterzuentwickeln, Herausforderungen zu überwinden und sich an die Spitze zu setzen, ist Bestandteil der menschlichen Natur. Leider klammern sich viele Unternehmen dennoch an Richtlinien, mit denen sie genau das Gegenteil bei den Mitarbeitern bewirken. Das liegt daran, dass sie sich nicht auf die Förderung ihrer Fähigkeiten, sondern auf die Beseitigung ihrer Schwächen konzentrieren. Aber damit widmen sie ihre Aufmerksamkeit den Bereichen, in denen ein Mitarbeiter ohnehin nie Spitzenleistungen bringen wird, anstatt ihn in den Bereichen zu fördern, in denen er die besten Voraussetzungen mitbringen würde. Der Versuch, Mitarbeiter ohne Rücksicht auf ihre Talente zurechtzubiegen, ist demoralisierend und kontraproduktiv.

Natürlich sind Veränderungen und der Erwerb neuer Fähigkeiten grundsätzlich sinnvolle Mittel zur Leistungssteigerung. Aber noch einmal: Der Schuss kann schnell nach hinten losgehen, wenn dabei die spezifischen Talente und Fähigkeiten nicht berücksichtigt werden, die die einzelnen Mitarbeiter mitbringen.

In den vergangenen 40 Jahren wurde ein weiterer Faktor in das Repertoire der Managementinstrumente aufgenommen – die Beförderung. Zwar würde kaum jemand eine Beförderung mit den damit einhergehenden Annehmlichkeiten eines höheren Einkommens, besserer Nebenleistungen und eines neuen Titels ablehnen, aber man darf eine große Gefahr nicht übersehen: Viele Mitarbeiter fühlen sich in einer neuen Position, in der ihre Stärken nicht mehr gefragt sind, keineswegs wohl.

Nach acht Jahren als Arzneimittelvertreter habe ich nicht mehr damit gerechnet, dass mich noch jemand nach meiner Einstellung zur Arbeit befragen würde. Umso erstaunter war ich, als ein neuer Manager mit mir über meine Weiterentwicklung und meine möglichen Beiträge zum Unternehmenserfolg sprechen wollte. Mit meinen jahrelangen Berufserfahrungen habe ich zwar durchaus Ideen, wie man vieles verbessern könnte, aber bisher wollte mir niemand zuhören. Im Wesentlichen hatte man mir immer gesagt: »Machen Sie es so, wie es immer funktioniert hat. Wenn Ihre Zahlen irgendwann steigen, werden Sie befördert.« Aber eine Beförderung ist nicht das Wichtigste für mich. Es geht mir darum, mich weiterzuentwickeln und dafür belohnt zu werden. Nun habe ich zum ersten Mal das Gefühl, mich bei der Arbeit auf meine eigene Art und Weise weiterentwickeln zu können. Es ist eine sehr gute Erfahrung.

7. Bei der Arbeit scheinen meine Meinungen zu zählen.

Neue Ideen sind von unschätzbarem Wert. Jedes Unternehmen sucht neue Ideen, weil sie zu Wettbewerbsvorteilen führen können. Aber häufig übersehen sie dabei völlig die Vorschläge ihrer Mitarbeiter. Erfolgreiche Unternehmen wissen, dass dies ein teurer Fehler ist. Deshalb ermutigen sie alle Beschäftigten, unabhängig von der hierarchischen Ebene, ihre Ideen zu äußern. Damit wächst bei den Beschäftigten auch das Gefühl, ernst genommen zu werden. Davon ermutigt, entwickeln sie immer neue Ideen, um einen aktiven Beitrag zum Unternehmenserfolg zu leisten.

Ein neu eingestellter Mitarbeiter eines Speiseeisherstellers berichtete:

Ich hatte eine meiner Meinung nach hervorragende Idee, nämlich die Kunden zu fragen, welche neuen Eissorten sie sich wünschten. Da wir selbst gar nicht im Einzelhandel tätig waren, hielt ich einen Wettbewerb für eine gute Idee. Als Preis für den besten Vorschlag sollte ein Jahr Eiscreme umsonst ausgeschrieben werden. Ich erzählte die ganze Sache meinem Vorgesetzten, der mich in ein Marketingmeeting mitnahm, wo ich meine Idee vorstellen sollte. Ich war einerseits nervös, beruhigte mich aber auch mit dem Gedanken: »Hier werde ich ernst genommen.« Alle Anwesenden hörten mir zu – und sie setzten meinen Vorschlag um. Heute äußern viel mehr Kollegen, mit denen ich zusammenarbeite, ihre Ideen. Sie haben keine Angst, sich lächerlich zu machen. Auch wenn Vorschläge nicht umgesetzt werden – was natürlich vorkommt –, erfahren sie wenigstens die Gründe für die Ablehnung.

8. Die Ziele und die Unternehmensphilosophie meiner Firma geben mir das Gefühl, dass meine Arbeit wichtig ist.

Die meisten Menschen möchten gern Teil eines umfassenden Ganzen sein. Dieses Gefühl kann weder gekauft noch bezahlt werden und stellt eine Art *emotionaler Vergütung* dar. Mitarbeiter, die wissen, dass ihre Arbeit wichtig ist, gehen viel eher an die Grenzen ihrer Leistungsfähigkeit. Ihr Unternehmen repräsentiert die Werte der Mitarbeiter und umgekehrt. Alle ziehen am selben Strang. Natürlich ist es attraktiver, an einem Auftrag mitzuwirken, der weitreichende Veränderungen bewirkt, als einfach nur eine Aufgabe zu erfüllen.

Das ist auch der Grund, warum in den meisten Unternehmen die so beliebte Aussage über den Unternehmenszweck – die »Mission« – so elend scheiterte. Wie sollte es auch anders sein? Jeder Mensch beurteilt ähnliche Situationen nach seinen Prioritäten. Es gibt keinen Unternehmenszweck, der für jeden Mitarbeiter dasselbe bedeuten könnte. Letztlich muss jeder für sich beurteilen, ob seine Sichtweise mit derjenigen des Unternehmens vereinbar ist. Nur so kann man herausfinden, ob es sinnvoll ist, für ein Unternehmen zu arbeiten.

Ein Verkäufer in einem Geschäft für Haushaltszubehör erklärte:

Man hat mir mehr als einmal gesagt, dass ich eine naive Einstellung zu meiner Arbeit habe. Ich möchte gern glauben, dass ein Unternehmen etwas bewirken und das Leben vieler Menschen wirklich verbessern kann. Ich habe im Lauf der Jahre viele Stellen gehabt, in Tante-Emma-Läden ebenso wie in Großunternehmen. Nirgendwo habe ich mich richtig wohl gefühlt, weil ich mich nie mit dem Unternehmenszweck identifizieren konnte. Ich habe kein Problem damit, Geld zu verdienen – so naiv bin ich auch wieder nicht –, aber ich kann auch nicht alles unterschreiben, was ein Unternehmen tut, nur weil es mich bezahlt. An meinem jetzigen Arbeitsplatz sehe ich, dass ich mit meiner Arbeit den Menschen helfen kann. Mein Vorgesetzter zeigt mir Briefe und E-Mails von zufriedenen Kunden, denen wir geholfen haben, sich ein gemütliches Zuhause zu schaffen. Das verschafft mir echte Befriedigung.

9. Meine Kollegen/meine Kolleginnen haben einen inneren Antrieb, Arbeit von hoher Qualität zu leisten.

Die Frage, ob sie bestrebt sind, Arbeit von hoher Qualität zu leisten, bejahen fast alle Mitarbeiter. Das ist zu erwarten. Warum sollten sie auch schlechte Arbeit leisten wollen? Aber münzt man die Frage auf ihre Kollegen, ist die

Antwort nicht mehr so eindeutig. Mitarbeiter möchten, dass ihre Kollegen ihr Qualitätsstreben teilen. Dies hat mit der Rolle der Emotionen und Anerkennung zu tun. Es ist unmöglich, einen Mitarbeiter in ein Team zu schicken und von ihm zu erwarten, dass er alles akzeptiert, was darin gesagt wird. Aber er wird sich schnell zu einem aktiven Teammitglied entwickeln, wenn er bemerkt, dass er zum eigenen Erfolg und zum Erfolg des Teams beiträgt, wenn er das übergreifende Ziel akzeptiert. Teams können nur dann gute Arbeit leisten, wenn sich ihre Mitglieder mit einem gemeinsamen Ziel identifizieren.

Manchmal können auftretende Probleme den Teamgeist sogar stärken. Gute Mitarbeite, betrachten Probleme als Chance, um ihre Gruppe enger zusammenzuschweißen. Das Team überwindet nicht nur Krisen, sondern korrigiert auch fehlerhafte Prozesse, um zukünftige Probleme zu vermeiden. Deshalb sollten sich Mitarbeiter als Teil eines Unternehmens betrachten, das ihnen die Chance gibt, Spitzenleistungen zu zeigen.

Der Sicherheitschef eines großen Hotels, in dem viele Tagungen und Großveranstaltungen stattfanden, erzählte:

Ich betrachte meine Arbeit im Sicherheitsteam des Hotels als unglaublich wichtig, heute mehr denn je. Die Teamarbeit spielt dabei eine herausragende Rolle. Wir müssen einander vertrauen und uns blind aufeinander verlassen können. Es muss eine starke Bindung zwischen uns geben, denn wir müssen wissen, dass wir einander unterstützen, egal was passiert. Jedes einzelne Mitglied im Sicherheitsdienst empfindet das genau wie ich. Aber dieses Gefühl hätte ich nie erzwingen können. Die Mitglieder des Teams müssen daran glauben, dass ihre Arbeit wichtig ist, sonst sind sie am falschen Platz. Das weiß ich aus Erfahrung. Deshalb muss jeder Kandidat für unser Team in einer Probezeit zeigen, wer er ist und wie er sich fühlt. Dies ist die einzige Methode, um zu entscheiden, ob jemand zu uns passt oder nicht – anders ausgedrückt, ob er seinen Fähigkeiten entsprechend bestmögliche Arbeit leisten wird.

10. Ich habe einen sehr guten Freund/eine sehr gute Freundin innerhalb der Firma.

Häufig beurteilen Unternehmer Freundschaften am Arbeitsplatz eher negativ, ganz zu schweigen von »besten« Freunden. Freunde am Arbeitsplatz, so die landläufige Befürchtung, sind unkonzentriert, reden zu viel über Privates und verlieren darüber die Unternehmensinteressen aus den Augen.

Aber das trifft keineswegs zu, wie die folgenden Zahlen zeigen: Mitarbeiter, die einen sehr guten Freund in der Firma haben, engagieren sich mit einer 54 Prozent höheren Wahrscheinlichkeit für ihre Arbeit. Sie berichten weit häufiger als andere, dass:

- sie in der vergangenen Woche für ihre Arbeit gelobt oder anerkannt wurden (43 Prozent häufiger als der Durchschnitt);
- jemand sie bei der Arbeit in ihrer Entwicklung unterstützt hat (37 Prozent häufiger als der Durchschnitt);
- sie einen Kollegen haben, der einen inneren Antrieb hat, Arbeit von hoher Qualität zu leisten (35 Prozent häufiger als der Durchschnitt);
- in den vergangenen sechs Monaten jemand mit ihnen über ihre Fortschritte gesprochen hat (28 Prozent mehr als der Durchschnitt);
- die Ziele ihres Unternehmens ihnen das Gefühl geben, dass ihre Arbeit wichtig ist (27 Prozent mehr als der Durchschnitt);
- ihre Meinungen zählen (27 Prozent mehr als der Durchschnitt);
- sie jeden Tag die Gelegenheit haben, das zu tun, was sie am besten können (21 Prozent mehr als der Durchschnitt).

Erstaunlicherweise findet man gute Freunde nicht selten gerade in den produktivsten Arbeitsgruppen. Das Wissen, dass man am Arbeitsplatz auf gegenseitige Hilfe angewiesen ist, trägt enorm zur Vertrauensbildung bei.

Natürlich bedeutet eine gute Freundschaft am Arbeitsplatz nicht, dass die anderen Kollegen ausgeschlossen würden. Im Gegenteil – das emotionale Band der Unterstützung, wie es für eine Freundschaft typisch ist, wirkt sich sehr positiv auf die Kollegen aus. Menschen mit einem besten Freund am Arbeitsplatz verarbeiten außerdem Stress viel besser, weil sie wissen, dass sie ihn innerhalb ihrer Gruppe zum Ausdruck bringen können, ohne dafür abgestraft oder verachtet zu werden.

Heute ist dies wichtiger denn je. In einer Zeit schneller Veränderungen, in der Umstrukturierungen und Fusionen an der Tagesordnung sind, kann ein guter Freund am Arbeitsplatz viel dazu beitragen, dem damit einhergehenden Anpassungsdruck gewachsen zu sein. Das liegt daran, dass gute, aufrichtige Freundschaften es erleichtern zu lernen, Rückmeldungen zu erhalten, Fortschritte zu bewerten und emotionale Beziehungen zu knüpfen.

Eine Moderedakteurin erinnerte sich:

Joan, die Werbeleiterin, und ich lernten uns im Konferenzraum kennen, etwa zwei Wochen, nachdem wir bei der Zeitschrift angefangen hatten. Ich bewunderte ihr Armband und wir kamen sofort ins Gespräch. Wir entdeckten, dass wir vieles gemeinsam hatten und trafen uns deshalb auch außerhalb der Arbeit. Wenn eine von uns Ärger hatte, konnte sie bei der anderen Dampf ablassen. Wir lachten viel – und wir arbeiteten viel, weil wir immer viele Ideen für die Arbeit der anderen hatten. In den nächsten Jahren durchlitten wir beide einige Krisen im Privatleben. Da war es außerordentlich hilfreich, dass wir aufeinander zählen konnten. Dann erhielt meine Freundin ein einmaliges Stellenangebot bei einem anderen Magazin in einer anderen Stadt. Es war einfach zu gut um es abzulehnen, und sie nahm es an. Ich blieb noch eine Zeit lang, aber es wurde nie mehr so wie es einmal war und schließlich kündigte auch ich.

11. In den letzten sechs Monaten hat jemand in der Firma mit mir über meine Fortschritte gesprochen.

Wenn Mitarbeiter gute Arbeit leisten, sollte man ihnen das sagen. Wenn man mit den Mitarbeitern alle sechs Monate über erfreuliche Leistungen spricht, können sie ihre Stärken besser beurteilen und sie weiter ausbauen. Solche regelmäßigen Rückmeldungen sind ein hervorragender Anreiz zu weiteren Leistungssteigerungen. Ein Kaufhausangestellter erzählte:

Bei meinem ersten Beurteilungsgespräch nach sechs Monaten erlebte ich eine Überraschung. Ich hatte mit dem üblichen Verfahren, das ich für reine Zeitverschwendung halte, gerechnet: »Sie machen dieses ganz gut ... aber an jenem hapert es noch.«Wie sich herausstellte, hatte ein Kollege beobachtet, dass ich den Kunden gern etwas über ihr Produkt sage, wenn sie sich für den Kauf entschieden haben. Ich sage: »Das ist aber ein schönes Modell« oder »Was für eine tolle Farbe«. Auf jeden Fall meine ich es auch immer so. Meist erwidern die Kunde darauf etwas und wir führen ein Minigespräch. Jedenfalls hatte mein Kollege weiterhin beobachtet, dass die Kunden nach einem solchen kurzen Dialog das Kaufhaus selten auf dem kürzesten Weg verließen. Stattdessen stöberten sie noch ein bisschen und kauften manchmal noch etwas. Er erzählte dies meinem Vorgesetzten, der mich dann im Beurteilungsgespräch dafür lobte. Ich konnte gar nicht glauben, dass mich erstens jemand beachtete und etwas Positives über mich berichtete und dass ich zweitens für etwas gelobt wurde, was mir als Selbstverständlichkeit erschien. So sehr ich meine Arbeit bis dahin mochte, jetzt genieße ich sie noch viel mehr.

12. Während des letzten Jahres hatte ich bei der Arbeit die Gelegenheit, Neues zu lernen und mich weiterzuentwickeln.

Im Abstand von einem Jahr sollte sich ein Mitarbeiter die Frage stellen: »Mache ich meine Arbeit besser oder schlechter?« und »Was habe ich gelernt, was ich zur Verbesserung meiner Leistungen verwenden könnte?«

Der Lernprozess muss dabei gezielt verfolgt werden, um vorhandene Stärken auszubauen. Ansonsten trägt er nicht zum persönlichen und beruflichen Wachstum des Mitarbeiters bei. Gezielte Lernbemühungen führen zu einer emotionalen Reaktion: Engagement.

In der heutigen Arbeitswelt kann man die Produktivität steigern, indem man klüger arbeitet. Deshalb fördern erfolgreiche Unternehmen das auf den Stärken basierende Lernen. Aus andauernden und unterstützten Lernprozessen wiederum gehen Innovationen hervor. Der menschliche Geist erschließt sich immer neue Wege, um unbekanntes Terrain zu erkunden, auf dem neue Kunden warten.

Ein Verwaltungsassistent in einer Immobilienfirma sagte uns:

Über das vergangene Jahr – und ich arbeite schon vier Jahre hier – kann ich etwas sehr Positives sagen. Ich habe in dieser Zeit nämlich so viel gelernt wie in meinem ersten Jahr. Ich lerne gern, aber erst jetzt sehe ich, wie dieses Wissen so eingesetzt werden kann, dass es meine Arbeit leichter, effektiver und zeitsparender macht. Ich habe das Gefühl, dass ich jedes Jahr Fortschritte mache und vorankomme. Ich kann mir nicht vorstellen, hier wegzugehen: Es ist der erste Arbeitsplatz, an dem ich das Gefühl habe, dass ich mich wirklich weiterentwickeln kann.

Die richtige Abfolge der Q^{12}-Fragen

Erfolgreiche Manager halten sich aus gutem Grund an die Abfolge der Q^{12}-Fragen: Sie bilden eine Art Brücke, die sich vom Unternehmen in die Außenwelt spannt.

Das Fundament dieser Brücke bilden die Bedingungen, die mit den Fragen eins und zwei ermittelt werden. Es handelt sich um die wichtigsten Anliegen der Mitarbeiter – was von ihnen erwartet wird und ob sie die geeigneten Werkzeuge dafür erhalten.

Die Verstrebungen, die für das Bauwerk benötigt werden, sind mit den Bedingungen drei, vier, fünf und sechs gegeben: Die Talente müssen zu den Aufgaben passen und anerkannt werden, da sich die Brücke sonst als instabil erweist.

Die Bedingungen sieben, acht, neun und zehn stellen die Hängeseile dar, die dafür sorgen, dass die einzelnen Bauteile miteinander verbunden werden. Jedes von ihnen ist wichtig, kann seine Funktion aber nicht allein erfüllen. Wenn die Brücke optimal belastet werden soll, ist Teamarbeit erforderlich.

Sind die Bedingungen elf und zwölf erfüllt, kann die Brücke uneingeschränkt genutzt werden. Informationen werden über sie ausgetauscht und Produkte und Dienstleistungen finden ihren Weg zu den Kunden. Unter hoher Belastung wird die Brücke schwanken, aber nicht einstürzen, weil ihre Bestandteile die maximal mögliche Leistung erbringen.

Diese neue Brücke, ein starkes, verlässliches Bauwerk, führt zwei bislang getrennte Einheiten zusammen: Unternehmen und Kunden.

Engagierte Mitarbeiter haben eine positive Einstellung zu ihrer Arbeit und zu sich selbst

Wenn Sie ein produktives, positives Team aufbauen wollen, sind Sie mit Q^{12} auf dem richtigen Weg. Vergessen Sie die alten Regeln, die so anfangen: »Ich möchte ...!« Fragen Sie stattdessen die Beschäftigten: »Was möchten Sie?« Auf diese Weise entwickeln Sie das Mitarbeiterengagement, einen der wichtigsten Meilensteine des *Gallup*-Pfads.

Erfolgreiche Unternehmen tun Folgendes:

- Sie erfüllen die Q^{12}-Bedingungen, weil sie wissen, dass die Mitarbeiter dann eine emotionale Beziehung zum Arbeitsplatz aufbauen, die sich direkt auf ihr Engagement auswirkt.
- Sie halten es für eine Aufgabe der Vorgesetzten, die Q^{12}-Bedingungen zu erfüllen, weil sie jeden unterstellten Mitarbeiter betreffen.
- Sie fassen die emotionalen Reaktionen der Mitarbeiter auf Q12 folgendermaßen zusammen:

> »Vermitteln Sie mir Ihre Erwartungen.«
> »Geben Sie mir die nötigen Werkzeuge.«
> »Lernen Sie mich kennen.«
> »Helfen Sie mir, meinen Wert zu erkennen.«
> »Kümmern Sie sich um mich.«
> »Helfen Sie mir dabei, mich weiterzuentwickeln.«
> »Hören Sie mir zu.«
> »Helfen Sie mir, meine Bedeutung zu erkennen.«
> »Helfen Sie mir, mich stolz zu fühlen.«
> »Helfen Sie mir, gegenseitiges Vertrauen aufzubauen.«
> »Helfen Sie mir, meine Beiträge zu beurteilen.«
> »Stellen Sie Ansprüche an mich.«

Wenn Sie anerkennen, was der Q^{12}-Index in Ihrem Unternehmen
bewirken kann, haben Sie den vierten Schritt
auf dem *Gallup*-Pfad getan.

Kapitel 5
Wie fördert man das Mitarbeiterengagement?

Beziehungen schmieden

Nach den Aufgaben eines Managers befragt, rollt Peter, Mitglied der Geschäftsleitung eines Glasherstellers, nur mit den Augen. Dann erläutert er, mit einiger Verachtung in der Stimme:

Ich kann Ihnen nur sagen, dass sich jeder für einen guten Manager hält. Leider hat kaum jemand eine Ahnung davon, wie man Menschen führt. Die meisten glauben, es gehe um ein höheres Gehalt, ein größeres Büro, einen eindrucksvolleren Titel – und natürlich das Recht, andere herumzukommandieren. Wir müssen aufhören, Beförderungen als Belohnungen zu verteilen. Viel sinnvoller wäre es, die wirklich fähigen Führungskräfte zu belohnen. Offen gesagt: Ich kenne Fälle, in denen eine Beförderung sowohl dem frisch gebackenen Manager geschadet hat – weil die neuen Aufgaben ihn überforderten und nichts mit seinen eigentlichen Stärken zu tun hatten – wie auch seinen Mitarbeitern. Ich frage mich wirklich, ob wir Manager noch brauchen.

In gewisser Weise hat Peter Recht. In vielen Unternehmen spielen die Manager nicht mehr die dominierende Rolle wie in der Vergangenheit – und manchmal behindern sie tatsächlich die Beweglichkeit und Flexibilität. Wenn die Mitarbeiter sich im Rahmen ihres Teams selbst motivieren und selbstständig arbeiten, warum benötigen sie dann noch einen Manager? Kein Unternehmen kann es sich leisten, eine Armee von teuren Managern zu beschäftigen, die lediglich Akten wälzen und anderen über die Schulter sehen.

Aber wer so argumentiert, übersieht ein wesentliches Merkmal erfolgreicher Unternehmen: Sie sehen es als wichtigste Aufgabe ihrer Manager, den Mitarbeitern ihrer Teams zu ermöglichen, ihr Potenzial zu entfalten. Kein System, kein Prozess und kein noch so selbstständiges Team – so modern oder fehlerlos es auch sein mag – kann einen guten Manager ersetzen. Das liegt daran, dass gute Manager emotionale Beziehungen zwischen den Mitarbeitern ihrer Arbeitsgruppen, zwischen Mitarbeitern und Kunden und zwischen Mitarbeitern und ihren Unternehmen herstellen können. Sie sind sozusagen Gefühlstechniker, die Reaktionen anstoßen und dann zusehen, wie sie ihre Wirkung entfalten.

Die Mitarbeiter anzusprechen und sie bei der Entfaltung ihrer spezifischen Fähigkeiten zu unterstützen, ist die wichtigste Aufgabe überhaupt – und sie kann nur wahrgenommen werden, wenn man jeden Mitarbeiter einzeln anspricht. Genau das tun die Manager in erfolgreichen Unternehmen.

Engagierte Mitarbeiter besetzen Stellen, an denen sie ihre individuellen Stärken täglich unter Beweis stellen müssen. Es ist nicht abwegig, das Mitarbeiterengagement mit einem optimal funktionierenden Auto zu vergleichen: Wenn der richtige Gang gewählt wird, fährt es mit maximaler Produktivität und Effizienz.

Die Messung der zwölf Bedingungen, die an produktiven Arbeitsplätzen mit engagierten Mitarbeitern erfüllt sind – der Q^{12}-Index – gibt Auskunft darüber, ob die Rädchen des Getriebes in den einzelnen Bereichen tatsächlich optimal ineinander greifen.

Wenn sich herausstellt, dass es im Getriebe knirscht und somit keine optimale Leistung möglich ist, liegt es am Manager, die Sandkörnchen zu finden und zu entfernen. Ergibt dagegen die Q^{12}-Messung ein gutes Resultat, bemüht er sich darum, die günstigen Bedingungen langfristig zu wahren.

Man könnte es auch anders ausdrücken: Ein kompetenter Vorgesetzter wählt gezielt die besten Autos für jedes Rennen aus, sorgt dafür, dass sie effizient funktionieren und – das ist am wichtigsten – tritt dann in den Hintergrund, während das Rennen ausgetragen wird.

Gute Manager möchten erreichen, dass die Mitarbeiter eine positive Spannung erleben. Diese sollten im Idealfall einen »Kick« verspüren, wenn sie mit einer klaren Zielvorgabe ins Rennen geschickt werden.

Gute Führungskräfte setzen verschiedene neue Methoden ein, um mit bestimmten Situationen umzugehen. Sie finden immer einen Weg, um möglichst viele der angestrebten Ergebnisse zu beurteilen und zu messen. Sollte dies schwierig sein, beratschlagen sie gemeinsam mit den Mitarbeitern und fragen sie, wie sie gerne beurteilt werden möchten. Schließlich sollten die Mitglieder ihres Teams hinter den Messkriterien stehen, die für sie gelten. Davon lassen sie sich auch nicht durch das häufig geäußerte Argument abbringen: »Der Erfolg meiner Arbeit lässt sich nicht messen.« Wenn selbst der Erfolg des Präsidenten der Vereinigten Staaten von Amerika gemessen werden kann, dann müsste dies auch mit den Aufgaben der Mitarbeiter eines Teams möglich sein. Wenn der Erfolg einer Aufgabe tatsächlich nicht gemessen werden kann, sollte die Aufgabe neu definiert werden.

Gute Manager gibt es in jedem Unternehmen, weltweit. Problematisch ist nur, dass im Durchschnitt lediglich jeder zehnte Manager (und nur jeder zweite Mitarbeiter) sein Potenzial intuitiv entfaltet. Die erfolgreichen Unternehmen zeichnen sich dadurch aus, dass sie die Talente unter ihrem Dach so ausschöpfen, wie sie von der Natur angelegt wurden.

Kompetente Manager erreichen dies, indem sie »gewöhnliche« Mitarbeiter in engagierte Spitzenkräfte verwandeln. Sie verstehen sich darauf, den emotionalen »Schalter« anzuknipsen, der ein Talent im richtigen Licht erscheinen lässt. Deshalb verlieren sie auch nie die Anforderungen der Rolle, die Stärken des Einzelnen und die beabsichtigten Ergebnisse aus dem Blick.

Die vier Schlüsselkompetenzen guter Manager

Gute Manager können vier Dinge besonders gut:

1. Bei der Auswahl von Mitarbeitern berücksichtigen sie nicht nur Kriterien wie Erfahrung, Intelligenz oder Zielstrebigkeit, sondern vor allem deren Talente.
2. Bei der Definition von Leistungserwartungen geben sie die richtigen Ziele vor, nicht aber die Schritte auf dem Weg dorthin.
3. Bei der Motivation ihrer Mitarbeiter konzentrieren sie sich auf Stärken, nicht auf Schwächen.
4. Bei der Weiterentwicklung ihrer Mitarbeiter achten sie darauf, Talente und Rollen optimal zu kombinieren. Sie setzen den Q^{12}-Index als Instrument ein, um ihre Mitarbeiter besser zu verstehen und die richtigen Aufgaben für sie zu finden.

Ressourcen durch Q^{12} messbar machen

Jeder gute Vorgesetzte weiß, inwieweit seine einzelnen Mitarbeiter die zwölf Q^{12}-Bedingungen erfüllen. Wenn er vier Schlüsselkompetenzen einsetzt, um die Leistungen seiner Mitarbeiter zu maximieren, entstehen die zwölf Bedingungen fast automatisch. Er weiß, dass Talente einen Nährboden benötigen, um sich zu entfalten.

1. Die richtigen Erwartungen aufbauen

Der Ausgangspunkt des Mitarbeiterengagements sind die Erwartungen, die an die Beschäftigten gestellt werden. Diese lassen sich auf zwei Fragen reduzieren: »Weiß ich, welche Resultate heute von mir erwartet werden?« und »Weiß ich, ob ich die vorgegebenen Resultate heute erreicht habe?«

Häufig sind Manager ganz darauf fixiert, die »richtigen« Schritte einer Aufgabe zu definieren – anstatt darauf, ganz unterschiedliche Menschen mit unterschiedlichen Vorgehensweisen so zu lenken, dass sie produktive Arbeit leisten. Die besten Vorgesetzten erklären, dass sie zunächst die gewünschten Ergebnisse definieren, es dann aber den Mitarbeitern überlassen, auf welchem Weg sie diese erzielen. So kann jeder Mitarbeiter seinen eigenen »Weg des geringsten Widerstandes« finden. Bei dieser Methode werden die Unterschiede im Stil und Rhythmus der Mitarbeiter akzeptiert und diese haben eine echte Chance, ihre Talente zu entfalten und sich weiterzuentwickeln. Nicht zuletzt trägt diese Methode auch dazu bei, dass die Mitarbeiter sich daran gewöhnen, mehr Verantwortung zu übernehmen.

Ein hervorragender Manager beschreibt dies folgendermaßen:

Ich habe einmal in einem Unterhaltungskonzern gearbeitet, dessen Arbeitsplatzbeschreibungen praktisch in Stein gemeißelt waren. Es war, als würde ein Autokäufer eine Anzeige aufgeben und darin ein Fahrzeug mit vier Rädern suchen. Okay, jedes Auto hat vier Räder, also rollt es auch. Aber wie sieht es mit Geschwindigkeit, Sicherheit, Leistung, Benzinverbrauch und Design aus? Arbeitsplatzbeschreibungen sind Listen von Anforderungen, die nichts mit den Geschäftsergebnissen zu tun haben. Sie enthalten Regeln darüber, wie diese Anforderungen zu erfüllen sind, aber sie sind völlig ungeeignet, um die Stärken einzelner Mitarbeiter auszuschöpfen. Außerdem unterscheiden sie nicht zwischen guten, schlechten oder durchschnittlichen Leistungen. Letztlich sind es Standardsätze, die dazu führen, dass man nur mittelmäßige Ergebnisse erwartet. Ich habe immer wieder die Erfahrung gemacht, dass Spitzenleistungen in Arbeitsplatzbeschreibungen einfach nicht vorgesehen sind.

2. Das notwendige Werkzeug zur Verfügung stellen

Wo Fähigkeiten und Werkzeuge nicht aufeinander abgestimmt werden, kann das den Einzelnen, das Unternehmen oder auch beide teuer zu stehen kommen. So sind viele Unternehmen beherzt ins Computerzeitalter eingetreten und haben etwa ihre Verkäufer mit Laptops ausgestattet, damit sie ihre Zeit besser nutzen, die Kundenkonten verwalten und mit dem Innendienst kommunizieren konnten. Aber häufig haperte es an Fähigkeiten zum Umgang mit den Geräten oder gar überhaupt am Interesse daran, sie einzusetzen.

Üblicherweise erfolgt dann der Ruf nach Schulungen: Die Verkäufer werden in Kurse schickt, um den Umgang mit der modernen Technologie zu erlernen. Manche beherrschen ihren Laptop danach tatsächlich und setzen ihr Wissen im Alltag ein, aber der Rest gibt sich mit einigen Grundlagen zufrieden und spielt ansonsten lieber Solitär oder surft im Internet. Die Investition des Unternehmens in die Schulungen wird sich also kaum auszahlen.

Ein von uns befragter Manager, etwa 50 Jahre alt, hatte für dieses verbreitete Problem einmal eine ungewöhnliche Lösung gefunden. Er hatte ein Meeting angesetzt und sich darin zu seiner Computerphobie bekannt:

Ich weiß, dass man von uns erwartet, die Dinger zu lieben, aber ich hasse sie. Mich interessiert auch das ganze Drumherum nicht, wie etwa die Palm Pilots. Aber wir müssen sie nun einmal alle benutzen. Deshalb möchte ich folgende Aktion vorschlagen: »Bringen Sie Ihren Sohn oder Ihre Tochter mit zur Arbeit, damit er oder sie Ihnen den Umgang mit dem Computer zeigt.« Wenn das jemand von Ihnen komisch finden sollte, möchte ich Ihnen Folgendes sagen: Meine elfjährige Tochter ist mir im Umgang mit Computern weit überlegen. Sie würde es mir gerne beibringen. Und wissen Sie was? Ich bin so weit, dass ich das für sinnvoll halte. Auf diese Weise lernen die Kinder auch etwas über unsere Arbeit, und darüber können wir dann wieder zu Hause reden.

Manchmal wird der Begriff des »Arbeitswerkzeugs« auch überstrapaziert. Einerseits kann man leicht beurteilen, ob jemand einen neuen Schreibtischstuhl benötigt. Andererseits verlieren die alten Statussymbole – etwa wohlklingende Titel – in den heutigen nichthierarchischen, flacheren Unternehmen an Bedeutung. Informationen sind nicht mehr im Besitz einzelner Privilegierter, sondern werden allen Mitarbeitern zugänglich gemacht, und der Status eher am Gehalt und an der Leistung und weniger an bestimmten Positionen festgemacht. Deshalb suchen die Mitarbeiter nach neuen Symbolen, an denen man ihre Bedeutung ablesen kann. Diese Funktion erfüllen heute etwa Möbel, hochwertiges Arbeitsmaterial oder technische Geräte. So kommt es vor, dass einem Manager ein Antrag auf den Kauf eines Konferenztisches auf den Schreibtisch flattert und seine Nachfragen beim Mitarbeiter dann ergeben: »Julie hat auch einen solchen Tisch in ihrem Büro stehen, und ich halte mich für ebenso wichtig wie sie.« Manchmal spielt auch die Beziehungskomponente eine Rolle. Wenn es immer weniger Prestigesymbole gibt, muss die Beziehung zum Vorgesetzten eben manchmal getestet werden: »Wie sehr schätzt der Manager mich und meine Arbeit? Wie viel Anerkennung bekomme ich von ihm?«

Die besten Führungskräfte kennen diese Zusammenhänge. Sie formulieren Kriterien und überlassen die Entscheidung dann ihren Mitarbeitern, nachdem sie die folgende Frage beantwortet haben: »Inwieweit trägt die Neuanschaffung dazu bei, Ihre eigene Leistung zu verbessern, die Unternehmensleistung zu steigern oder den Kunden mehr Leistung zu bieten?« Auf diese Weise wird die Perspektive der Mitarbeiter erweitert, Ergebniserwartungen werden deutlicher formuliert und die Kommunikation zwischen Mitarbeitern und Vorgesetzten wird gefördert. Gleichzeitig befreit sich der Manager von seiner »Elternrolle«, weil er den Mitarbeitern mehr Verantwortung überträgt.

Ein Manager erinnerte sich:

Ich wusste, dass es Carla um mehr Aufmerksamkeit ging, als sie mich um ein besseres Büro bat. Damals mussten viele Mitarbeiter wegen Renovierungsarbeiten umziehen und sie sagte mir, ihr stehe ein schöneres Büro mit mehr Fenstern zu, weil sie im vergangenen Jahr mehr Jobs in unserer Arbeitsvermittlungsagentur vermittelt habe als jeder andere. Ich wusste, dass sie schon mehr Geld verdiente als ihre Kollegen, aber über diese Bitte war ich doch überrascht. Carla war nicht der fordernde Typ. Schließlich sagte sie mir, ihr Erfolg werde vom Unternehmen nicht so anerkannt, dass es für alle sichtbar sei. Sie wollte ein äußeres Zeichen der Anerkennung, und das konnte sie nur über mich erreichen. Als ich fragte, inwiefern ein größeres Büro ihre Leistung verbessern werde, war sie verblüfft. »Es macht sicher einen guten Eindruck auf die Bewerbungskandidaten, wenn ich ein schönes Büro habe. Aber, um ehrlich zu sein, es ändert ja nichts an den Jobs, in die ich sie vermittle«, räumte sie ein. »Ein schöneres Büro wäre gut für mein Ego, aber es wird wohl den Umsatz nicht steigern. Aber wissen Sie, was mir helfen würde? Ein bequemerer Stuhl, damit ich im Gespräch mit den Kunden nicht immer so hin- und herrutsche.« Damit war ich einverstanden und Carla suchte sich einen Stuhl nach ihrem Geschmack aus.

3. Talente zum Auswahlkriterium machen

Die besten Manager erkennen die für jede Rolle erforderlichen spezifischen Talente. Sie würden nie sagen: »Manche Aufgaben sind so leicht, dass sie gar kein Talent erfordern.« Sie berichten uns immer wieder, dass ihre Spitzenkräfte – in jeder Rolle – spezifische Muster in ihrem Denken, Fühlen und

Verhalten an den Tag legen. So sind exzellente Empfangsangestellte in Hotels in der Lage, schon in den ersten sieben Sekunden einer Interaktion Vertrauen zu den Gästen aufzubauen. Ausgezeichnete Telefonmitarbeiter und Verkäufer besitzen ein »drittes Ohr« – die Fähigkeit, ein emotionales Band zu ihrem Gegenüber zu knüpfen, ob am Telefon oder im persönlichen Gespräch. Fähige Buchhalter erkennen Muster in Zahlen und »hören« die Geschichte, die sie erzählen.

Gute Vorgesetzte glauben, dass Spitzenleistungen immer anerkannt werden sollten, auch in scheinbar anspruchslosen Positionen. Sie sehen ihre Aufgabe darin, die für jede Rolle erforderlichen Talente zu definieren und dann die geeignete Person dafür auszuwählen. Auf diese Weise haben die Mitarbeiter die Chance, täglich das zu tun, was sie am besten können.

Die Methoden der Manager mögen vielleicht unterschiedlich sein, doch in der Regel erstellen sie zunächst ein Mitarbeiterprofil mit den einzelnen Stärken und holen Feedback über ihre wichtigsten Talente ein. Dann verschaffen sie sich gemeinsam mit dem Mitarbeiter einen Überblick über seine Talente, seinen aktuellen Wissensstand und seine Fähigkeiten. Sie setzen einen Dialog in Gang, der nicht mehr abreißt. Kompetente Führungskräfte wissen, dass es darauf ankommt, tragfähige Beziehungen zu jedem einzelnen Mitarbeiter zu schaffen.

Im Verlauf des Gesprächs erkundigen sich die Manager vielleicht nach den Lieblingsbeschäftigungen der Mitarbeiter oder nach Aktivitäten, die sie besonders schnell erlernt haben und die ihnen besondere Befriedigung verschaffen. Wichtig ist auch die Frage, was sie besonders an ihrer Arbeit interessiert und für welche Aspekte sie sich besonders einsetzen. Diesen Fragen liegt die Annahme zugrunde, dass Mitarbeiter, die eine der zwölf Fragen verneinen, möglicherweise glauben, die erforderlichen Fähigkeiten oder das Wissen nicht zu besitzen. Vielleicht verneinen sie sie auch deshalb, weil sie nicht das Gefühl haben, dass sie in ihrem Aufgabenbereich ihre spezifischen Talente entfalten können.

Gute Vorgesetzte stellen sich die folgenden Fragen besonders häufig:

- Sind die Rollen richtig definiert? Wenn nicht, passen sie die Aufgaben an die Talente des Mitarbeiters an, anstatt die Mitarbeiter solange zu verbiegen, bis sie in ein Standardkorsett passen.
- Sind mit der Rolle zu viele Richtlinien und Verfahren verbunden? Gute Manager versuchen, Rollen anhand der erwünschten Ergebnisse zu definieren und keine Universalmethoden vorzugeben.
- Müssen Rollen näher erläutert werden? Ein guter Vorgesetzter hält seinen Mitarbeitern einen Spiegel vor und gibt ihnen Rückmeldungen zu ihrer

Leistung. Paradoxerweise sind sich die Mitarbeiter mancher Stärken gar nicht bewusst. Erst durch die Beziehung zum Manager können sie ihre Stärken besser einschätzen und Selbstvertrauen gewinnen.

• Wird die Aufgabe genügend geschätzt? Gibt es Aufgabenbereiche, die niemand gern übernimmt, weil das Unternehmen ihnen keinen echten Wert beizumessen scheint? In einem solchen Fall misst ein guter Vorgesetzter die Leistungen der einzelnen Mitarbeiter und rückt die Rolle stärker ins Rampenlicht. Er stellt sicher, dass Spitzenleistungen immer gewürdigt werden – egal in welcher Rolle.

Ein Manager in einer Investment-Firma sagte einmal:

Jake wurde als letzter von etlichen neuen Mitarbeitern im Postraum eingestellt. Er war ordentlich, zuverlässig und freundlich, konnte sich aber bald des Eindrucks nicht erwehren, dass seine Arbeit nicht für wichtig gehalten wurde. Viele beachteten ihn gar nicht, wenn er kam, und ein »Dankeschön« fiel nur gelegentlich. Es dauerte nicht lange und er fing an, schlampig zu arbeiten, Briefe nicht rechtzeitig auszuhändigen und Kurierpakete nicht sofort weiterzuleiten. Ich wusste, dass ich das gedankenlose Verhalten vieler Mitarbeiter nicht verteidigen konnte, glaubte aber, bei Jake und seiner Sichtweise etwas verändern zu können.

Eines Tages begleitete ich ihn bei seinem Rundgang mit der Post und erklärte ihm, welche Unterlagen für wen bestimmt waren, und warum das so war. Ich sagte ihm auch, was die versiegelten Umschläge enthielten, nämlich vertrauliche Finanzinformationen über Kunden. Ich erzählte ihm, dass viele seiner Vorgänger ihre Arbeit nicht gut gemacht hätten, weil sie Unterlagen verloren und Pakete verlegt hatten. Das Unternehmen war darauf angewiesen, dass Jake seine Arbeit gut machte – auch wenn manche Mitarbeiter die Nase zu hoch trugen, um dies anzuerkennen.

Jake erwiderte damals nichts, aber seine Leistung verbesserte sich wieder. Eines Tages händigte er mir auf seiner Runde einen versiegelten Umschlag aus. Darin stand: »Sie haben Recht. Danke, dass Sie meine Arbeit anerkennen. Jake.«

4. Auf Stärken konzentrieren

Gute Manager wissen, dass gute wie schlechte Leistungen zur Kenntnis genommen werden müssen. Schlechte Leistungen zur Sprache zu bringen ist in ihren Augen viel sinnvoller als sie einfach zu übergehen. Wenn sie Anerkennung ausdrücken, achten sie darauf, dass sie positiver Natur ist, unmittelbar an den Mitarbeiter gerichtet und zeitnah zur Leistung geäußert wird. Sie erläutern genau, welche Verhaltensweisen sie lobenswert finden und gehen dabei direkt auf den Mitarbeiter ein. In vielen Unternehmen gibt es formelle Anerkennungsprogramme, die jedoch nur von begrenzter Effektivität sind. Häufig gelingt es mit diesen Programmen nicht, den Mitarbeitern eine klare Vorstellung davon zu vermitteln, was genau anerkannt wird – ob Gewinne, Wachstum oder ein anderer Aspekt.

Gemeinhin glaubt man, dass Lob nur von Vorgesetzten und Managern geäußert wird. Unsere Untersuchungen haben jedoch ergeben, dass auch die Anerkennung von Kollegen und Kunden eine wichtige Rolle spielt. Kollegen kennen die Feinheiten eines Aufgabenbereichs oft besonders gut und wenn sie ein Kompliment für eine außergewöhnliche Leistung äußern, gilt dies als Besonderheit.

Wie oft sollte man loben? Als Faustregel gilt, dass Mitarbeiter einmal in der Woche Anerkennung erfahren sollten. Häufiges Lob ist wichtig, weil es sich positiv auswirkt und den Mitarbeiter in seinem Verhalten weiter bestärkt.

Welches ist die beste Methode, um Lob auszusprechen? Gute Führungskräfte wissen, dass hinter jedem Lob tatsächlich Bewunderung stecken sollte – aber auch, dass bestimmte Regeln für ein Lob gelten. Komplimente müssen an Ergebnisse geknüpft sein und können durchaus auch mehrmals im Verlauf einer Woche ausgesprochen werden. Sie müssen auf den Einzelnen zugeschnitten und aufrichtig sein und dürfen nur dann ausgesprochen werden, wenn sie verdient sind. Es nützt niemandem etwas, ohne wirklichen Grund gelobt zu werden.

Das Wort Anerkennung gewann eine völlig neue Bedeutung für mich, als ich die Verantwortung für sechs sehr erfahrene Verkäufer übernahm. In unserem Hightech-Unternehmen hatte nie ein Zweifel daran bestanden, wie wichtig gute Verkäufer waren. Aber als ich meine neue Stelle antrat, war ich doch angenehm überrascht, welche Talente und technischen Kompetenzen die Verkäufer besaßen und welche Beziehungen sie geschmiedet hatten. Zunächst begleitete ich die Verkäufer, wenn sie Kunden und potenzielle Kunden besuchten. Nach jedem Besuch hielten wir eine Nachbesprechung ab, und da ich ein positiv denkender Mensch bin – vielleicht schon zu positiv -, hob ich immer auch die Stärken jedes Verkäufers hervor. Aber das Ganze beruhte auf Gegenseitigkeit, wie ich zu meiner Überraschung feststellte. Die Verkäufer sagten mir bald nach jedem Besuch, an welchen Stellen ich mich besonders hilfreich verhalten hatte. Ich wusste zunächst gar nicht, wie ich damit umgehen sollte. Aber ihre Anerkennung machte mir schließlich klar, welche Rolle ich spielen sollte – nämlich, ihnen und ihren Kunden Nutzen zu bringen, nicht umgekehrt. Das hatte man mir in keiner meiner Managementschulungen beigebracht. Es ging darum, ihren Wert für das Unternehmen zu maximieren. Durch ihre unmittelbare Anerkennung machten sie mir klar, worin meine Rolle bestand. Diese Lektion habe ich nie wieder vergessen.

5. Auf Mitarbeiter individuell eingehen

An einem produktiven Arbeitsplatz fühlen sich die Menschen sicher genug, um zu experimentieren, Fehler zu machen, sich neuen Herausforderungen zu stellen, Informationen weiterzugeben und sich gegenseitig zu unterstützen. Die Mitarbeiter stehen ihren Vorgesetzten und dem Unternehmen grundsätzlich wohlwollend gegenüber. All dies ist jedoch ausgeschlossen, wenn der einzelne Mitarbeiter das Gefühl hat, dass man sich nicht um ihn kümmert. Beziehungen sind das Bindemittel am Arbeitsplatz. Der Manager gibt nur den richtigen Ton vor.

Finden gute Manager es abwegig, sich um Menschen zu kümmern, die sie eines Tages vielleicht wieder entlassen müssen? Keineswegs. Sich um ihre Mitarbeiter zu kümmern bedeutet für sie, »jeden Menschen zum Erfolg zu befähigen«. Sie wissen, das es Zeiten geben wird, in denen sie sich von ihnen trennen müssen, weil sie ihnen nicht mehr die richtigen Aufgaben anbieten können. Nicht selten tun sie den Mitarbeitern damit letztlich sogar einen Gefallen. Das mag zum Zeitpunkt der Entlassung nicht deutlich sein, aber es ist ihnen ein Trost zu wissen, dass die Mitarbeiter andere Rollen finden werden, die langfristig besser zu ihnen passen.

Hervorragende Manager und Vorgesetzte kümmen sich aufrichtig um ihre Mitarbeiter und behandeln sie als Individuen. Sie empfinden es als echte Befriedigung zu beobachten, wie sich ihre Mitarbeiter weiterentwickeln – selbst wenn sie eines Tages von ihnen überholt werden.

Außerdem wird die Art und Weise, wie Mitarbeiter ihr Unternehmen wahrnehmen, durch die Erfahrungen mit ihren direkten Vorgesetzten gefiltert.

Wenn Vorgesetzte sich um ihre Mitarbeiter kümmern, bedeutet dies natürlich nicht unbedingt, dass sie nun mit ihnen essen gehen, sie nach Hause einladen oder in ihr Privatleben einweihen müssen. Dieser Stil liegt nur manchen, während andere ihn völlig ablehnen. Den guten Managern ist jedoch gemeinsam, dass sie jedem Mitarbeiter vermitteln können, wie sehr ihnen deren Erfolg am Herzen liegt. Für sie geht es um eine Investition, nicht um Anbiederung. Es geht darum, sich um jeden Einzelnen zu kümmern.

Gute Manager absolvieren keine starre Abfolge von »Schritten«, um Beziehungen aufzubauen. Sie wissen, dass man Beziehungen nicht erzwingen kann. Es gibt jedoch durchaus Mittel, mit denen man das richtige Klima für vertrauensvolle Beziehungen schaffen kann. Sie geben folgende Ratschläge:

- Bleiben Sie immer ehrlich. Wenn Sie sich nichts aus Ihren Mitarbeitern machen, sollten Sie erst gar nicht versuchen, ihnen etwas anderes vorzutäuschen. Entweder sollten Sie einen Partner suchen, dem die Mitarbeiter wichtiger sind, oder Sie sollten sich aus dem Management verabschieden.

- Sagen Sie es ihnen. Wenn Sie eine geeignete Gelegenheit abpassen und ihrem eigenen Stil treu bleiben, kann es sehr wirkungsvoll sein, jedem einzelnen Ihrer direkten Untergebenen klar und deutlich zu sagen: »Ihr Erfolg ist mir wichtig.« Gehen Sie nicht davon aus, dass sie das wissen.
- Gehen Sie individuell auf Ihre Mitarbeiter ein. Wer sich verstanden fühlt, entwickelt starke positive Gefühle. Stellen Sie Ihren Mitarbeitern einige Fragen dazu, wo sie ihre Stärken sehen, welche Erwartungen sie haben, welche Form der Anerkennung sie vorziehen und wie oft sie ihre Fortschritte besprechen möchten. Lernen Sie Ihre Mitarbeiter kennen.
- Seien Sie berechenbar. Sie müssen nicht jeden Mitarbeiter gleich behandeln, aber für den einzelnen Mitarbeiter sollte Ihr Verhalten insoweit berechenbar sein, als Sie ihn nach seiner Leistung beurteilen und versuchen, ihn zum Erfolg anzuspornen. Kontrollieren Sie die Einhaltung von Verpflichtungen, weil Konsistenz zu Vertrauen führt, und Vertrauen ist die Grundlage dafür, individuell auf Mitarbeiter einzugehen.

Ein Freund von mir ist so wie ich Vorgesetzter von etwa zwölf Mitarbeitern in einer Fabrik. Bei ihm werden Kühlschrankteile hergestellt, bei mir sind es Mikrochips. Wir haben einen völlig unterschiedlichen »Stil« – aber unsere Teams sind sehr erfolgreich. Mein Freund veranstaltet für sein Team im Juni ein großes Picknick und im Dezember eine noch größere Weihnachtsparty. Seine Mitarbeiter kommen gern, weil sie sich bei ihm wie zu Hause fühlen. Sie bringen ihre Kinder mit, denen mein Freund witzige Kleinigkeiten schenkt, und machen Erinnerungsfotos. Mit seinem offenen und zugänglichen Wesen vermittelt er den Mitarbeitern das Gefühl, geschätzt zu werden und wichtig zu sein. Ich bin jedoch ganz anders. Ich könnte ebenso wenig einen Mitarbeiter ins Restaurant einladen wie ich mir Flügel anlegen und fliegen könnte. Ich trenne strikt zwischen Beruflichem und Privatem. Aber das bedeutet keineswegs, dass ich meine Mitarbeiter nicht schätze. Ich bringe durchaus viel über ihre Persönlichkeit in Erfahrung. Manche mögen es, wenn man ihnen auf die Schulter klopft. Andere reagieren auf ein Lächeln und eine aufmunternde Handbewegung. Andere ziehen es vor, wenn man sie unter vier Augen anspricht, während ihre Kollegen es genießen, vor einem Publikum gelobt zu werden. Wie auch immer ich ihnen sage, dass sie mir wichtig sind – sie wissen, dass ich es so meine. Unsere Beziehung ist nicht weniger eng als die meines Freundes zu seinen Mitarbeitern.

6. Talente und Aufgaben müssen zusammenpassen

Die besten Manager fördern die Entwicklung der Mitglieder ihres Teams auf folgende Weise:

- Sie helfen den Mitarbeitern, zwischen Naturtalenten, die sich nicht antrainieren lassen, sowie Fähigkeiten («Wie?«) und Wissen (Fakten oder Erfahrungen), die erworben werden können, zu unterscheiden.
- Sie finden neue Formen der Anerkennung und helfen den Mitarbeitern, ihre Stärken auszubauen, auch wenn das bedeutet, die bisherige Entlohnungs- und Belohnungspolitik auf den Kopf zu stellen.
- Sie geben ihren Mitarbeitern Gelegenheit, sich in neuen Rollen auszuprobieren. In den meisten Unternehmen wird es den Mitarbeitern sehr schwer gemacht, die eigene Karriere in die Hand zu nehmen. Wenn sie neue Rollen ausprobieren und dabei scheitern, werden sie nicht für ihren Mut und ihre Eigeninitiative bewundert, sondern als »Versager« etikettiert. Gute Vorgesetzte vermeiden dieses Problem, indem sie mit ihren Mitarbeitern »Probephasen« vereinbaren, nach deren Ablauf der Erfolg des Experiments besprochen wird. Wenn eine der beiden Seiten den Eindruck hat, dass die neue Rolle nicht zu den Fähigkeiten des Mitarbeiters passt, kann er an seinen alten Arbeitsplatz zurückkehren, ohne das Gesicht zu verlieren. Und obwohl es schwierig sein kann, diese Testphasen zu koordinieren (meist stellt sich die Frage, wer die Arbeit des Mitarbeiters in der Testphase übernimmt und was geschieht, wenn der Mitarbeiter zurückkehrt), finden gute Manager immer einen Weg.

Der Manager eines Datenbankunternehmens erzählte:

Eine Angestellte, die in meiner Abteilung Dateneinträge vornimmt, setzte ihre Messlatte immer höher. Zunächst hatte sie sich das Ziel gesetzt, eine halbe Million Einträge monatlich zu schaffen. Das gelang ihr auch. Dann versuchte sie es mit einer Million und schaffte es ebenfalls. Schließlich lag sie bei 3,4 Millionen Einträgen pro Monat – bei sinkender Fehlerquote. Wissen Sie, was sie mir sagte? »Immer wenn ich die Latte höher setze, kann ich mich selbst ein bisschen besser definieren.«

Die »lebenslange Einsetzbarkeit« hat das Konzept der »lebenslangen Beschäftigung« abgelöst. Gute Manager handeln entsprechend und versuchen, ihre Mitarbeiter lebenslang weiterzuentwickeln – ob sie beim Unternehmen bleiben oder nicht. Darum geht es letztlich beim Wachstum – dafür zu sorgen, dass der Wert der Mitarbeiter zunimmt.

7. Die Mitarbeiter zu Wort kommen lassen

Nichts ist demoralisierender für Mitarbeiter als nicht gefragt zu werden, wenn wichtige Entscheidungen anstehen, die ihre Arbeit direkt berühren.

Gute Führungskräfte wissen, dass Mitarbeiter sich unwichtig und unbedeutend fühlen, wenn man ihnen Entscheidungen einfach aufoktroyiert.

Warum glauben Mitarbeiter, dass ihre Meinung nicht zählt? Es gibt zwei Gründe:

1. Ihre Meinungen werden nicht von der richtigen Person gehört. Nicht immer ist der Vorgesetzte der beste Ansprechpartner. Manchmal möchten die Beschäftigten vielleicht lieber mit dem Vorgesetzten ihres Managers oder mit Mitarbeitern aus einer anderen Abteilung sprechen, manchmal auch mit ihren Kollegen. Entscheidend ist, dass sie das richtige Publikum finden. Gute Manager fragen ihre Mitarbeiter immer, wen sie für die Richtigen halten.
2. Der Vorgesetzte muss den Mitarbeitern nicht unbedingt zustimmen, aber er bittet sie immer um ihre Meinung. Außerdem sind kompetente Manager ehrlich. Wenn eine Entscheidung schon getroffen wurde, erläutern sie die Gründe dafür. Damit fördern sie nicht nur den Dialog, sondern auch den Respekt. Das ist ein weiterer Grund dafür, warum gute Manager niemals achtlos über die Meinung ihrer Mitarbeiter hinweggehen. Dies wäre der schnellste Weg zu Mittelmäßigkeit, Frustration und Misstrauen.

Der Manager eines Krankenhauslabors erzählte:

Ich musste einmal eine sehr emotionsgeladene Situation klären. Meiner Gruppe gehören zehn Mitarbeiter an, und sie waren sich uneinig, wie sie die Rangfolge festlegen sollten. Manche meinten, dass nur die Dauer der Zugehörigkeit zu unserem Team zählen dürfe, während andere die gesamten bisherigen Berufserfahrungen einbeziehen wollten. Alle gemeinsam fanden, dass ich diese Entscheidung nicht allein treffen sollte. Ich sollte sie dem Chef vorlegen, womit ich auch einverstanden war. Ich legte meine Meinung dar – dass nämlich die gesamten Berufserfahrungen einbezogen werden sollten –, verstand aber auch die Sorge der Mitarbeiter, die schon lange bei uns waren und befürchteten, andere erhielten nun ein höheres Gehalt. Letztlich wurde die Entscheidung allen mitgeteilt und erläutert. Manche beschwerten sich, aber sie akzeptierten die Entscheidung, weil ihre Gefühle respektiert worden waren.

8. Mitarbeitern helfen, einen Sinn in der Arbeit zu finden

Gute Manager betrachten es auch als ihre Aufgabe, den Zweck und die Ziele des Unternehmens ins richtige Licht zu rücken. Sie erklären dies jedem Mitarbeiter in einer Form, mit der er etwas anfangen kann. Auf diese Weise können alle Mitarbeiter eine Verbindung zwischen den Unternehmenswerten und den eigenen Werten herstellen. Dabei gehen die Vorgesetzten so vor:

- Sie erklären die Unternehmensziele. Unternehmen verwenden verschiedene Begriffe für ihre Ziele, etwa »Mission«, »Vision« und »Kernwerte«. Immer aber geht es um die Schlüsselfrage: »Was ist für das Unternehmen wichtig?« Ein Unternehmen mag den Gewinn, den Kundenservice, die Kreativität oder auch alle drei Faktoren für wichtig erachten. Der Manager ist aufgefordert, diese Gedanken in einer Sprache zu vermitteln, die jeder Mitarbeiter versteht.
- Sie helfen den Mitarbeitern, eine Beziehung zwischen ihren eigenen Werten und denen des Unternehmens herzustellen. Mitarbeiter gewichten Werte unterschiedlich. Während die einen den Wettbewerb für sehr wichtig halten, achten andere mehr auf den Service und für wieder andere steht die technische Kompetenz im Mittelpunkt. In jedem Fall ist es Aufgabe des Managers, den Unternehmenszweck zur Rolle des Mitarbeiters in Beziehung zu setzen. Natürlich kann dies nur gelingen, wenn die Führungskraft weiß, was jedem Teammitglied wichtig ist. Kompetente Manager lernen dies, indem sie fragen und beobachten. Gleichzeitig gewährleisten sie, dass die »Strategie« nie mit dem »Zweck« verwechselt wird. Der Zweck bringt ein Unternehmen zum Pulsieren, indem die Ziele definiert und verbreitet werden, während die Strategie eine Antwort auf die Frage liefert: »Was müssen wir tun, um unsere Ziele zu erreichen?« Die Führungskräfte erklären, inwiefern neue Strategien den Unternehmenszweck voranbringen. Sie helfen Einzelnen, ihre Rollen und Werte mit dem Gesamtzweck des Unternehmens in Beziehung zu setzen.

Der Manager in der Public-Relations-Abteilung eines Pharmaunternehmens erzählte:

Einer meiner Mitarbeiter, ein junger Mann, der seit etwa einem halben Jahr bei uns war, kam eines Tages zu mir und sagte: »Ich wünschte, ich wüsste, was ich hier mache.« Das erstaunte mich sehr, da er seine Arbeit – tägliche Information unserer Mitarbeiter über den Status neuer Arzneimittel per E-Mail – sehr gut erledigte. Als ich ihn bat, seine Bemerkung näher zu erläutern, antwortete er: »Ich erkenne nicht, inwieweit meine Arbeit etwas beiträgt. Ich verstehe, was all die Forscher tun und ich weiß, dass das Unternehmen den Wert des Lebens hoch schätzt. Aber wo komme ich ins Spiel?« Ich erklärte ihm, dass er durch seinen kreativen Beitrag etwas bewirke: Er war in der Lage, wissenschaftliche Informationen aufzubereiten, sodass auch Menschen sie verstehen konnten, die nicht den ganzen Tag hinter Mikroskopen verbrachten. Er verwandelte schwer verdauliche technische Informationen in interessante Häppchen. Auf diese Weise eröffnete er Laien ohne medizinische Vorbildung – wie auch mir – einen Zugang zur Forschung. Als ich ihm sagte, dass die Wissenschaftler seine Arbeit nie tun könnten, weil ihre Kreativität in eine ganz andere Richtung zielte, begann er zu verstehen, was ich meinte. Manchmal sind Dinge, die einem selbstverständlich erscheinen, dem Mitarbeiter nicht klar. Tun Sie sich selbst und Ihrem Mitarbeiter einen Gefallen: Sagen Sie ihm, wie sein Beitrag in das große Bild passt.

9. Wir ziehen alle an einem Strang

Gute Führungskräfte erklären, was genau sie unter »Qualität« verstehen und verständigen sich mit Mitarbeitern und Kunden über diese Sichtweise. Jedes Mitglied eines Teams muss auch wissen, was sich die Kunden unter »Qualität« vorstellen, und sich mit dieser Vorstellung identifizieren. Wichtig ist natürlich auch, wie das Unternehmen die Qualität misst. Verstehen die Mitarbeiter, was mit »ausgezeichneten Leistungen« gemeint wird, und sind sie damit einverstanden? Wenn nicht, sollten Sie schleunigst herausfinden, woran das liegt.

Gute Manager halten es für wichtig, dass sich ihre Mitarbeiter der Qualität verpflichtet fühlen. Ein solches Engagement für die Qualität setzt aber voraus, dass jeder Einzelne im Team eine für ihn geeignete Rolle innehat.

In den besten Teams herrscht ein gemeinsames Verständnis dessen, welchen Wert jede Aufgabe hat. Sie arbeiten im Bewusstsein, dass jedes Teammitglied die Aufgaben wahrnimmt, die seinen Fähigkeiten am besten entsprechen. Wenn Mitarbeiter ein fehlendes Engagement für die Qualität erkennen lassen, liegt es vielleicht daran, dass sie ihre Stärken an ihrem Arbeitsplatz nicht einbringen können. Es ist Aufgabe des Managers, sie aus diesem Dilemma zu befreien.

Aus diesem Grund misslingt es vielen Unternehmen leider auch, ihr Qualitätsengagement angemessen zu vermitteln. Sie definieren »Qualität« als »Abwesenheit von Mängeln oder Fehlern« und zwingen die Mitarbeiter dazu, Fehler oder Probleme möglichst nicht zuzugeben und schnell unter den Teppich zu kehren. Aber gute Manager wissen, dass jeder Mensch Fehler macht und dass man aus Fehlern lernen sollte – anstatt sie zu verleugnen. Sie definieren »Qualität« als einen »Prozess, den Beschäftigte anwenden, um Probleme zu erkennen und Lösungen dafür zu finden«. Dabei lernen die Mitarbeiter eine wichtige Lektion: Das Kundenengagement wird oft stärker, wenn sie die Verantwortung für ein Problem übernehmen und einen Lösungsansatz anbieten. Sie betrachten Qualitätsprobleme als Anstoß dazu, Produkte weiter zu verbessern, um dadurch die Kundenbindung wieder zu stärken.

Ein weiteres Problem bezüglich des Einsatzes für die Qualität besteht darin, dass die Zusammenarbeit zwischen den Abteilungen nicht funktioniert.

Häufig klagen Mitarbeiter, dass ihren Kollegen die Qualität gleichgültig sei und andere Abteilungen ihnen die erforderliche Unterstützung verweigerten. Gute Manager versuchen in solchen Fällen, die Probleme einzugrenzen und zur Diskussion zu stellen. Sie versuchen, Vertreter der beteiligten Abteilungen an einen Tisch zu bekommen, damit sie ihre Probleme gemeinsam lösen. Das ist nie leicht, aber die Beschäftigten erwarten zu Recht, dass ihre Vorgesetzten solche Probleme aufgreifen.

Der Leiter eines Krankenhauslabors berichtete:

Es gab dauernd Probleme zwischen den Abteilungen des Krankenhauses. Meine Mitarbeiter bemängelten, dass die Kollegen einer anderen Abteilung nicht so effizient arbeiteten, wie es möglich wäre. Das kam diesen zu Ohren und es gab eine große Auseinandersetzung. Als ich jeden meiner Mitarbeiter einzeln nach den Problemen fragte, erhielt ich von jedem eine etwas andere Auskunft. Der eine klagte über Unpünktlichkeit, der andere über Schlampigkeit. Ein dritter sagte, dass wichtige Informationen zurückgehalten würden. Aber alle Beschwerden wirkten sich auf die Qualität der Patientenbetreuung aus. Ich führte mit dem Leiter der anderen Abteilung ein Gespräch und erfuhr, dass seine Mitarbeiter ihm mit genau denselben Beschwerden über meine Leute in den Ohren lagen. Die Lösung konnte nur lauten, dass alle sich an einen Tisch setzten, um den Konflikt zu entschärfen. Wie sich herausstellte, versuchten die Abteilungen miteinander zu konkurrieren, anstatt sich zu unterstützen. Sie hatten das große Bild aus den Augen verloren: Sie sollten eigentlich Krankheiten bekämpfen, nicht ihre Kollegen. Als wir diesen Schwerpunkt wieder zurechtgerückt hatten, wurde die Atmosphäre sehr viel besser.

10. Mitarbeiter können sich aufeinander verlassen

Für gute Manager sind die Mitarbeiter dann am produktivsten, wenn diese kooperieren, wenn sie ihre Kräfte bündeln und wenn sie keine Zeit damit verschwenden müssen, sich gegen mögliche Angriffe oder Intrigen abzusichern. Sie verstehen das Bedürfnis ihrer Mitarbeiter, den Menschen in ihrer Umgebung vertrauen zu können.

Freundschaft ist das Tor zum Vertrauen. Aus diesem Grund ermutigen gute Manager ihre Mitarbeiter, Freundschaften am Arbeitsplatz aufzubauen und zu pflegen. Solche Beziehungen festigen das allgemeine Vertrauen im Team – und dies wiederum steigert die Produktivität.

Gute Führungskräfte wissen, dass Freundschaften am Arbeitsplatz ein Bindemittel sind, das die Arbeitsgruppe zusammenhält. Manchmal entscheidet sogar allein dieses Kriterium darüber, ob ein Mitarbeiter ein Unternehmen verlässt oder ihm treu bleibt.

Was können Manager aber tun, um Freundschaften am Arbeitsplatz zu fördern? Sie können zwar nichts erzwingen, aber immerhin eine Kultur pflegen, die Freundschaften förderlich ist. Dazu gehört etwa alles, was sich außerhalb der Firma abspielt: gemeinsame Nutzung von Autos oder Bildung von Fahrgemeinschaften, Angelausflüge, Kegelabende, gemeinsamer Besuch von Vorträgen oder Kursen. Was es auch ist – entscheidend sind die gemeinsamen Interessen. Deshalb achten gute Manager auch darauf, dass ihre Mitarbeiter Zeit und Gelegenheit haben, sich kennen zu lernen und gemeinsame Interessen zu finden. Sie führen etwa Gesprächsrunden durch, bei denen jeder Mitarbeiter die Gelegenheit erhält, über seine privaten Interessen, Hobbys, Pläne und Ziele zu sprechen.

Der Abteilungsleiter eines Möbelgeschäftes erzählte:

Als Jeff [hier] zu arbeiten anfing, schien er eher ein verschlossener Mensch zu sein. Er hatte es zunächst recht schwer bei uns, weil wir anderen uns schon gut kannten. Deshalb gingen wir ab und zu gemeinsam essen, und bei einer solchen Gelegenheit erwähnte ein Kollege sein Interesse an Fußball. Jeff ging sofort darauf ein und erzählte von seiner Zeit in der Fußballmannschaft am College. Bald danach besuchten die beiden gemeinsam ein Spiel und danach fachsimpelten sie bei der Arbeit regelmäßig über Teams und Tabellenstände. Sie hatten eine eigene Sprache, in der sie sich über internationale Spieler und alle möglichen anderen Informationen austauschten. Das Faszinierende daran war aber, dass sich Jeffs Verhalten änderte. Er zeigte mehr Motivation und Begeisterung und ging insgesamt mehr aus sich heraus. Vor Feierabend verglichen er und sein Freund immer ihre Umsätze. Beide konnten ihre Zahlen steigern. Interessant, nicht wahr?

Man sollte sich eine Arbeitsgruppe nach der anderen vornehmen, will man die Stärken der Mitarbeiter maximal fördern. Je mehr kompetente Manager ein Unternehmen hat, desto größer sind seine Wachstums- und Erfolgschancen. Aber wer legt die Bedingungen fest, unter denen solche Manager arbeiten? Wer definiert das Spielfeld, das sie anzieht und in dem sie sich weiterentwickeln können? Der Ausgangspunkt liegt bei der Unternehmensführung. Die wichtigsten Entscheidungsträger definieren Spielregeln und Schwerpunkte des Unternehmens sowie die allgemeinen Bedingungen, die für die Arbeit von Teams gelten. Aber wie können Manager diese eher allgemeinen Vorgaben in ihrem Alltag umsetzen? Dazu wären eine eigene Diskussion und vielleicht sogar ein eigenes Buch erforderlich. Um die Diskussion zumindest anzustoßen, hat Gallup eine Liste* von Sondierungsfragen entwickelt, die eine Beschäftigung mit den zahlreichen Facetten der Führerschaft erleichtern soll.

* Copyright © 2002 *The Gallup Organization*

Diese Fragen sollen das menschliche Potenzial, das sich direkt auf den Unternehmenserfolg auswirkt, in den Mittelpunkt der Aufmerksamkeit rücken. Sie werden so gestellt, dass man zu ihrer Beantwortung einen klaren Standpunkt einnehmen und bewusst Schwerpunkte formulieren muss. Diese Fragen sollten im Rahmen von Klausurtagungen des Managements, Planungsbesprechungen und sonstigen Meetings gestellt werden.

Die Fragen beziehen sich auf vier allgemeine Bereiche des *Gallup Path Management*: Führung, Finanzen, Strategie und Arbeitsplatz. Der Zusatz »runder Tisch« hinter den Fragen bedeutet, dass sämtliche Teilnehmer antworten müssen. Ansonsten werden die einzelnen Fragen von einzelnen Mitarbeitern beantwortet.

Der folgende Auszug aus dem Fragenkatalog, nach Kategorien geordnet, soll einen Eindruck über die hundert Fragen verschaffen. Die vollständige Liste finden Sie in englischer Sprache auf der Website des *Gallup Management Journal* (http://www.gallupjournal.com) auf der Seite »Follow this Path«.

Führung

- Auf welche Talente oder Eigenschaften verzichten Sie keinesfalls, wenn Sie einen Mitarbeiter für Ihr Team auswählen?
- Welche Anforderungen muss ein neuer Mitarbeiter unbedingt erfüllen?
- Wie stimmen Sie die Erwartungen der einzelnen Mitarbeiter auf die Strategie des Unternehmens/Teams ab?

Finanzen

- Bitten Sie jeden Anwesenden, seine Definition von »wohlhabend« aufzuschreiben.
- Bitten Sie die Anwesenden um ihre Meinung zum Thema *Aktienoptionen* und fragen Sie, ob sie die zugrunde liegende Idee verstehen?

Strategie

- Ich kann mir eine Welt ohne (Name einer Person) nicht vorstellen.

- Bitte nennen Sie drei Kollegen (nicht am Tisch), denen wir begreiflich machen müssen, dass Emotionen nicht vom Arbeitsplatz verbannt werden dürfen. (Runder Tisch)
- Wie viel Zeit haben Sie im vergangenen Jahr für das persönliche Gespräch mit Kunden aufgewandt?
- Möchten Sie mehr oder weniger Zeit dafür aufwenden?
- In welcher Eigenschaft?
- Wie viel Zeit sollten wir als Mitglieder der Geschäftsführung mit Kunden verbringen?
- Wie intensiv sollten wir unsere Kunden in die Produktentwicklung einbeziehen – mehr oder weniger als derzeit?

Arbeitsplatz

Erwartungen
- Inwiefern fördern Sie durch Ihre Erwartungen die Leistungen Ihrer Mitarbeiter?
- Wie konsequent verfolgen Sie die Einhaltung Ihrer Erwartungen?
- Wann setzen Sie die Messlatte höher?

Chancen

- Wählen Sie drei Mitarbeiter aus und sagen Sie ihnen, wo ihre Stärken liegen.

11. Beurteilen, was bisher erreicht wurde

Alle Mitarbeiter benötigen Rückmeldungen darüber, ob und wie sie sich weiterentwickelt haben. Sie möchten eine Bestätigung dafür, dass sie einen wichtigen Beitrag im Team geleistet haben, am liebsten in sichtbarer oder greifbarer Form. Gute Manager verstehen sich darauf, motivierendes Feedback zu geben und betrachten es als wichtigen Bestandteil ihrer Aufgaben, den Mitarbeitern ihre Fortschritte vor Augen zu führen. Dazu verlassen sie sich nicht auf die jährlichen Leistungsbeurteilungsgespräche, sondern sie halten auch zwischendurch ständig Ausschau nach Gelegenheiten, auch kleine Fortschritte zu loben. Guten Managern ist das in Fleisch und Blut übergegangen. Unsere Studie hat gezeigt, dass es so viele Möglichkeiten des Feedbacks gibt wie Manager. Jeder eignet sich den Stil an, der am besten zu ihm passt. Die folgenden einfachen Methoden sind unter den besten Managern besonders häufig vorzufinden:

- Regelmäßige Vier-Augen-Gespräche. Natürlich kommt es immer wieder zu spontanen Rückmeldungen – auf dem Flur oder im Auto auf dem Rückweg von einer Besprechung –, aber wirkungsvoller ist ein strukturiertes Feedback. Viele Manager ziehen eine Form der Beurteilung vor, die als Vorlage für alle Mitarbeiter dient und nur noch auf die jeweiligen Arbeitsumstände abgestimmt wird. Die Rückmeldungen beziehen sich auf den Fortschritt des Einzelnen und auf seine persönlichen Stärken.
- Erfolge festhalten. Gute Manager nehmen Erfolge zur Kenntnis und teilen dies den Mitarbeitern mit. Es handelt sich um eine Kombination aus Feedback und Anerkennung, die sehr zeitnah erfolgt – wie ein Schnappschuss, der zeigt, was die Person zum entsprechenden Zeitpunkt getan hat.
- Mitarbeiter auffordern, ihre Lernerfolge selbst zu überwachen. Ein sehr wirkungsvolles Instrument ausgezeichneter Manager besteht darin, die Mitarbeiter aufzufordern, ihre Lernerfolge und anderen Fortschritte aufzuzeichnen. Das kann schlicht auf einem Blatt Papier erfolgen, oder auch in einem strukturierten »Leistungstagebuch« – was immer besser zu einem Unternehmens- oder Führungsstil passt. Entscheidend ist, dass alle Mitarbeiter dazu motiviert werden, ihre Fortschritte zu überwachen, um sich verantwortlich für sie zu fühlen.
- »Entdeckungsfahrt« zu Jahresbeginn. Dabei werden die Mitarbeiter gefragt, welche individuellen Ziele sie verfolgen, wie sie diese messen, welche Stärken sie haben und wie sie diese voraussichtlich einsetzen werden. In vierteljährlichen Abständen folgen dann kürzere, zukunftsorientierte Entwicklungsgespräche. Darin erkundigen sich die Vorgesetzten nach dem Schwerpunkt, den ihre Mitarbeiter im nächsten Vierteljahr setzen wollen und nach den entsprechenden Strategien. Sie fragen ihre Mitarbeiter immer, welche Hilfe sie benötigen, um ihre Ziele zu erreichen. Jede Leistungsbeurteilung beginnt daher mit der Definition von Ergebnissen.

Nach der Auswertung dieser Gespräche kann ein guter Manager folgende Fragen zu jedem seiner Mitarbeiter beantworten:

- Was gefällt ihnen an ihren derzeitigen Aufgaben am besten?
- Was hat ihnen an ihren bisherigen Aufgaben am besten gefallen?
- Was hat sie gerade an diesem Unternehmen angezogen? Was hält sie dort?

- Welche Talente, Fähigkeiten und Kenntnisse bringen sie mit?
- Welche Ziele verfolgen sie in ihren derzeitigen Positionen?
- Wie oft möchten sie ihre Fortschritte besprechen?
- Sagen sie ihnen von alleine, wie sie sich fühlen, oder muss man sie fragen?
- Welche persönlichen Ziele oder Verpflichtungen haben sie?
- Welches war das bisher schönste Lob oder die schönste Anerkennung für sie?
- Welches waren die produktivsten Beziehungen, die sie mit einem Manager hatten? Was war daran so besonders?

Ein Manager bei einem Autohändler erzählte:

Einige Mitarbeiter meines Teams begannen aus eigenem Antrieb, »Berichte« zu erstellen: Sie führen monatlich Buch darüber, wie viele Interessenten uns besuchen, wie viele Autos sie verkaufen und so weiter. Dann beurteilen sie das jeweils vergangene Halbjahr und analysieren ihre Leistung. Sie haben mir erzählt, dass sie dabei erfahren, was sie schon gut beherrschen, woran sie noch arbeiten müssen und was sie noch lernen möchten. Außerdem fühlen sie sich bestätigt, wenn sie schwarz auf weiß sehen, wie viel sie in kurzer Zeit geleistet haben.

12. Unternehmen lernen durch ihre Mitarbeiter

Jeder Mensch versteht etwas anderes unter der Chance, Neues zu lernen. Manche denken an Schulungen und Seminare, andere an Beförderungen und neue Verantwortungsbereiche, wieder andere an besondere Projekte oder Sonderaufgaben. Für die Manager ist es wichtig zu wissen, wie ihre einzelnen Mitarbeiter zu dieser Frage stehen. Sie müssen in Erfahrung bringen, was jeder ihrer von ihnen unter einer »Chance« versteht.

Gute Manager wissen, dass Lernen sich nicht darin erschöpft, sich Unterrichtswissen anzueignen. Mitarbeiter können auch dazulernen, wenn sie an der Abschlussbesprechung nach Vollendung eines Projekts teilnehmen. Es kann sich als eine sehr lehrreiche Übung entpuppen, wenn sie zusammenfassen, was nach ihrer Erinnerung gut oder schlecht gelaufen ist.

Mitarbeiter können auch von ihren Kollegen lernen, die sich in bestimmten Bereichen besonders gut auskennen. Eine weitere Möglichkeit ist es, interne Präsentationen durchzuführen oder Mentoren zu suchen, mit denen sie sich monatlich treffen. Auch die Lektüre eines empfohlenen Buches oder das Aufschreiben neuer Ideen sind Dinge, die zum Lernen gehören.

Gute Manager wissen, dass die Verantwortung für das Lernen und die Weiterentwicklung nicht allein bei ihnen liegt. Sie haben erkannt, dass sie eigentlich niemandem etwas beibringen können. Ihr Part besteht lediglich darin, die richtigen Voraussetzungen dafür zu schaffen, dass ihre Mitarbeiter dazulernen können. Vorgesetzte betrachten es als ihre Aufgabe, eine Palette von Chancen anzubieten. Dann ist es aber Sache der Mitarbeiter, daraus eine Auswahl zu treffen – und ihre Fortschritte dann zu überwachen.

Um sie bei diesem Prozess zu unterstützen, bemühen sich ausgezeichnete Manager immer wieder darum, die Stärken, Talente und Fähigkeiten der einzelnen Mitarbeiter kennen zu lernen. Sie finden heraus, warum ihre Mitarbeiter sich gerade für ihre jeweilige Stelle interessiert haben, was sie dort hält, welche Art von Beziehungen sie benötigen, um produktive Arbeit zu leisten, welche Art der Anerkennung sie vorziehen und welche Laufbahn sie sich im Unternehmen vorstellen.

Gute Führungskräfte geben sich, ebenso wie gute Mitarbeiter, mit dem *Status quo* nie völlig zufrieden: Sie sind bestrebt, immer wieder neue, noch effektivere Arbeitsmethoden zu finden.

Der Marketingleiter einer gemeinnützigen Organisation erzählte:

Eine meiner Mitarbeiterinnen kam nach einem besonders anstrengenden Projekt zu mir. Sie hatte eine voll ausgebuchte Jahreskonferenz mit internationalen Gästen organisiert. Sie hatte die Anmeldungen bearbeitet, war für den Einsatz unserer Displays und Materialien verantwortlich gewesen und hatte mehrere Einzelveranstaltungen organisiert, was besonders kompliziert gewesen war, weil viele Gäste auch an den Präsentationen anderer Organisationen teilnehmen wollten. Sie sagte mir, dass sie durch den Umgang mit den internationalen Gästen enorm viel gelernt habe. »Ich musste wirklich genau zuhören, was die Leute sagten«, berichtete sie, »und das nicht nur wegen der Sprache. Ich habe kulturelle Unterschiede erkannt und musste sie berücksichtigen, wenn ich den Gästen gerecht werden wollte. Letztlich geht es immer nur darum, den richtigen Dingen Aufmerksamkeit zu schenken.«

Q^{12} funktioniert

Der Chef einer Großbank äußerte sich zur Q^{12}-Methode folgendermaßen:

Als wir diesen Prozess (Q^{12}) begannen, betrachteten wir ihn als ein Ziel, so wie man etwa das Ziel verfolgt, einer der 100 besten Arbeitgeber zu werden. Aber nachdem wir den Zusammenhang mit den Geschäftsergebnissen erkannten, verwandelte es sich in eine Geschäftsphilosophie. Ob wir damit ein konkretes Leistungsziel erreichen, war nur noch von nachrangiger Bedeutung. Unser Hauptziel lautet nun, das Richtige zu tun. Und es ist das Richtige, weil es wirtschaftlich sinnvoll ist.

Der folgende Ausschnitt stammt aus einem Gespräch mit diesem Manager, der die Verantwortung für über 100 sehr erfolgreiche Teams mit über 3.000 Mitarbeitern trägt.

Gallup: Wie gelingt es Ihren besten Managern, ein solches Engagement bei ihren Mitarbeitern zu wecken und aufrechtzuerhalten?

Sie hören genau zu und achten darauf, was für jeden Einzelnen wichtig ist. Dieses Wissen verwenden sie wiederum dazu, sie zu neuen Spitzenleistungen anzutreiben, womit sie die Bindung verstärken und das Engagement weiter steigern. Außerdem achten sie darauf, dass ihren Teams Mitarbeiter angehören, die keine Einzelkämpfernaturen sind, sondern Vertrauen aufbauen und sogar lebenslange Freundschaften entwickeln.

Machen Sie es den erfolgreichen Managern nach

Wenn Sie ausgezeichnete Mitarbeiter wollen, tun Sie das, was die besten Führungskräfte tun: Gewinnen Sie ihr Engagement. Reagieren Sie auf ihre emotionalen Bedürfnisse und bauen Sie eine Atmosphäre des Vertrauens auf, in der sie ihre Talente entfalten können. Wenn sich Ihre Mitarbeiter von Ihnen unterstützt fühlen, können sie ihren eigentlichen Aufgaben mehr Zeit widmen und brauchen sich weniger damit zu befassen, die eigene Haut zu retten. Mitarbeiter, die sich Ihres Vertrauens sicher sind, wollen noch bessere Leistungen für Sie erbringen. Deshalb sollten Sie:

- sich auf die Stärken der Mitarbeiter und nicht auf ihre Schwächen konzentrieren;
- die Mitarbeiter verpflichten, vereinbarte Ziele zu erreichen – nach ihren eigenen Methoden, die zu ihren Stärken passen;
- anerkennen, das der Erfolg der Q^{12}-Methode in hohem Maß vom Manager abhängig ist;
- Stärken weiterentwickeln;
- die Leistung und nicht die Person beurteilen;
- versuchen, das zur Entfaltung zu bringen, was die Natur einem Mitarbeiter schon mitgegeben hat, anstatt ihm etwas ganz anderes aufzuzwingen.

Wenn Sie anerkennen, was es bedeutet, engagierte Mitarbeiter zu gewinnen und an das Unternehmen zu binden, haben Sie den fünften Schritt auf dem *Gallup*-Pfad getan.

Kapitel 6
»Emotional Economy« – Teil I

«Mein Unternehmen begann vor einigen Jahren, die weichen Faktoren in der Wirtschaft als wichtige Indikatoren für Wachstum und Rentabilität zu verwenden«, erzählte der Chef eines führenden Einzelhändlers in den Vereinigten Staaten. Er gehörte zu den vielen Menschen, die für dieses Buch interviewt wurden und die Existenz einer »Emotional Economy« bestätigten.

Gallup: Wie sind Sie mit dem Gedanken des Mitarbeiter- und Kundenengagements in Berührung gekommen?

Wie Sie sich denken können, war ich sehr skeptisch – um nicht zu sagen ablehnend –, als ich das erste Mal davon hörte. Ich hielt nichts von »weichen Zahlen«, denn meiner Erfahrung zufolge hatte bisher keine Mitarbeiterbefragung brauchbare Informationen ergeben, die in die Entscheidungsfindung hätten einfließen können. Jedes Mal erhielten wir neue Hiobsbotschaften, aber nie ergaben sich Hinweise darauf, wie man die echten Probleme unseres Unternehmens angehen konnte. Vieles hatte damit zu tun, dass wir keine Kriterien besaßen, an denen wir uns hätten messen und mit anderen Unternehmen vergleichen können.

Gallup: Warum haben Sie sich für den *Gallup*-Pfad interessiert?

Zunächst fiel mir auf, dass das Ganze auf einer sehr robusten Datenbank beruhte, sodass wir eine zuverlässige Skala hatten, an der wir uns selbst einordnen konnten. Mir gefiel aber auch die lokale Perspektive auf der Ebene einzelner Arbeitsgruppen. Es war für mich eine Erleichterung zu erkennen, dass die Personalthemen nicht unüberwindbar waren, sondern sich auf der Teamebene in Einzelthemen gliedern ließen, die dann auch effektiv beherrschbar waren. Es war wie ein Schalter, der in meinem Kopf umgelegt wurde. In diesem Augenblick beschloss ich, der Sache eine Chance zu geben.

Gallup: Was haben Sie aus dieser ersten Erfahrung gelernt?

Etwas, das ich nie vergessen werde: Ich sah, dass wir uns insofern nicht von anderen Unternehmen unterschieden, als unsere Arbeitsgruppen die besten und die schlechtesten Kulturen repräsentierten. Ich hatte das Gefühl, dass genau hier eine Chance lag. Dann beeindruckte mich auch der Zusammenhang zwischen den guten und schlechten Kulturen sowie den Finanzergebnissen. Es gab eindeutige Zeichen dafür, dass diese Teamkulturen mit dem Gewinn, dem Wachstum und letztlich dem Jahresergebnis unseres Unternehmens verknüpft waren. Von da an fühlte ich mich verpflichtet, diese Messkriterien zu untersuchen.

Gallup: Wie haben Sie das Verfahren angewandt?

Als ich feststellte, dass die Teams mit den besten Q^{12}-Ergebnissen auch die rentabelsten waren, sagte ich mir: »Vielleicht ist diese Methode genau die richtige, um unsere ewigen Schwierigkeiten zu lösen.« Also versuchten wir, die Teams mit durchschnittlichen und niedrigen Leistungen an die Bedingungen heranzuführen, die unsere besten Teams auszeichneten. Ich hatte schon immer das Gefühl gehabt, dass in diesen Teams etwas Besonderes im Gange war, aber jetzt hatte ich glasklare Daten dafür. Nun konnten wir die richtigen Leistungserwartungen formulieren.

Gallup: Um welche Erwartungen handelt es sich dabei?

Erstens übertragen wir unseren Managern die Verantwortung dafür, die Q^{12}-Ergebnisse ihrer Arbeitsgruppen zu kontrollieren und zu verbessern. Zweitens erwarten wir von den Beschäftigten auf allen Ebenen, dass sie ebenfalls versuchen, einen Beitrag zur Verbesserung dieser Ergebnisse zu leisten. Bei uns klappt das gut. Wir verwenden alle dieselbe Sprache – vom CEO bis zum Teilzeitsachbearbeiter. Wie haben vor, innerhalb von fünf Jahren zu den besten 25 Prozent in der weltweiten Datenbank zu gehören.

Gallup: Welche Anreize haben Sie, sich ein so ehrgeiziges Ziel zu setzen?

Es gibt nur einen Anreiz für mich – und das ist die Finanzlage unseres Unternehmens. Ich glaube wirklich an das Q^{12}-Verfahren. Ihm habe ich es zu verdanken, dass das Unternehmen schon im ersten Jahr, in dem ich es ausprobiert habe, 250 Millionen Dollar einsparen konnte. Dieser Betrag wirkte sich direkt auf das Ergebnis aus. Seitdem hält dieser Trend an. Das ist der eigentliche Motor, der mich antreibt.

Der Beweis liegt vor

Immer wieder weisen Hunderte unabhängiger *Gallup*-Studien, die Dutzende von Unternehmen in Dutzenden von Branchen repräsentieren, auf eine Konstante in den sonst so veränderlichen wirtschaftlichen Gegebenheiten eines Unternehmens hin: Es gibt einen direkten kausalen Zusammenhang zwischen den zwölf Bedingungen des Arbeitsplatzes und praktisch jeder wichtigen Ergebniskategorie. Dies gilt für Branchen weltweit, unabhängig von ihrer Größe oder Funktion.

Geschäftseinheiten mit hohen Q^{12}-Werten erzielen durchgängig höhere Erträge als Einheiten mit niedrigen Punktezahlen.

Dafür gibt es einen Grund: Die zwölf Bedingungen haben eine statistisch bedeutsame Auswirkung auf die Produktivität, Arbeitssicherheit, Mitarbeiterbindung und Rentabilität eines Unternehmens. Die Meta-Analyse von 2002 hat gezeigt, dass sich die zwölf Bedingungen statistisch bedeutsam auf diese Faktoren auswirken. Geschäftseinheiten in der oberen Hälfte des Mitarbeiterengagements (gegenüber Einheiten in der unteren Hälfte) zeigen im Durchschnitt

- 86 Prozent bessere Kundenergebniszahlen
- 70 Prozent bessere Ergebnisse bei der Senkung der Fluktuation
- 70 Prozent bessere Ergebnisse bei der Produktivität
- 44 Prozent bessere Ergebnisse bei der Rentabilität
- 78 Prozent bessere Ergebnisse bei der Sicherheit

Die Studien haben aber ein noch beeindruckenderes Ergebnis: Innerhalb der Unternehmen gibt es eine erstaunliche Bandbreite des Engagements und Desengagements. Diese Bandbreite wird durch die Präsenz engagierter, nicht engagierter und sich verweigernder Mitarbeiter verursacht. Gemeinsam bilden diese Gruppen den »Index des Engagements«.

Der Index des Engagements

Als wir diesen Index im Jahr 2000 entwickelten, wollten wir damit zunächst nur den Anteil der beschäftigten Bevölkerung ermitteln, die ihrer Arbeit kein Interesse entgegenbrachte – sozusagen »emotional arbeitslos« war.

Wir gingen von dem Gedanken aus, dass ein Unternehmen immer im Spannungsfeld von zwei Kräften liegt: der positiven Kraft des Engagements und der negativen des Desengagements. Daraus würde eigentlich folgen, dass es in jedem Arbeitsumfeld ständig zu immensen Spannungen kommen müsste. Aber als wir die Kombination der Punktezahlen bei den zwölf Bedingungen näher analysierten, ergaben sich drei – nicht zwei – klar getrennte Mitarbeitergruppen. Bitte beachten Sie, dass es sich weder um psychologische Profile noch um Definitionen zum Zweck einer Theoriebildung handelt. Vielmehr ergeben sie sich aus sich gegenseitig ausschließenden Kombinationen von Punktezahlen in den zwölf Bedingungen. Die Konsequenzen sind deutlich: Das emotionale Engagement jeder Gruppe beeinflusst die Geschäftsergebnisse auf ihre eigene, klar unterscheidbare Weise.

Der engagierte Mitarbeiter

Für die Gruppe der engagierten Mitarbeiter gilt, dass sie bei allen in die Studie einbezogenen wichtigen Erfolgskennziffern – Produktivität, Kundenbindung, niedrige Fluktuation, Arbeitssicherheit, Rentabilität und Wachstum – die besten Ergebnisse erzielte. Die *Gallup*-Studien haben bestätigt, dass diese Mitarbeiter tatsächlich an der Schaffung von Gewinn und Kundenengagement im gesamten Unternehmen Anteil haben. Gemeinsam stellen diese Mitarbeiter eine wirtschaftliche Kraft dar, welche die Geschäftsentwicklung wesentlich vorantreibt.

Das Profil engagierter Mitarbeiter

- Sie nutzen ihre Talente täglich.
- Sie erbringen dauerhaft hohe Leistungen.
- Sie sind aufgeschlossen für Neues und immer bestrebt, die Effizienz zu steigern.
- Sie bauen zielstrebig Beziehungen auf, die auf gegenseitiger Unterstützung beruhen.

- Sie kennen die Erwartungen genau, die an sie gerichtet werden.
- Sie empfinden eine emotionale Verpflichtung gegenüber ihrer Arbeit.
- Sie sind bereit, die Messlatte immer höher zu setzen.
- Sie haben ein hohes Energiereservoir und Begeisterungspotenzial.
- Sie suchen sich immer neue Betätigungsfelder.
- Sie entwickeln ihre Fähigkeiten weiter und bauen darauf auf.
- Sie setzen sich für ihr Unternehmen, ihre Arbeitsgruppe und ihre Rolle ein.

Mögliches Problem: Engagierte Mitarbeiter könnten einen Punkt der Selbstzufriedenheit erreichen, an dem sie aufhören, ihre Grenzen immer wieder neu auszuloten.

Genau dies war der Fall bei Ana, Sachbearbeiterin bei einer Krankenversicherung. Nach fünf Jahren ständiger Leistungssteigerungen bewegte sich nichts mehr. Ihre Arbeit wurde nicht schlechter, aber auch nicht mehr besser. Ihre Vorgesetzte erkundigte sich bei ihr, ob es mögliche Hindernisse gebe. »Ich habe das Gefühl, dass jetzt keine Steigerung mehr möglich ist«, antwortete Ana. »Ich wollte immer Spitzenleistungen bringen, und das tue ich auch.« Aber auf die Frage ihrer Vorgesetzten, ob ihr die Arbeit noch genauso Spaß mache wie bisher, zuckte Ana mit den Schultern. »Nein, eigentlich nicht, aber kann man das nach fünf Jahren noch erwarten?« Dann fragte ihre Vorgesetzte, was sie als Nächstes gern erreichen wollte. Ana überlegte kurz und antwortete: »Ich würde mich gern in eine anspruchsvollere Computeranwendung einarbeiten. Vor einigen Jahren hätte ich mir das nicht zugetraut, aber ich glaube, jetzt bin ich bereit dafür.«

Ana hatte das Glück, eine Vorgesetzte zu haben, die ihr den Weg zur nächsten Leistungsebene frei machte. Dies war nur möglich, weil zwischen den beiden eine emotionale Beziehung bestand.

Die Aufgaben der Vorgesetzten von engagierten Mitarbeitern

- Sie machen ihnen ihre spezifischen Stärken bewusst. Dazu liefern sie ihnen häufige Rückmeldungen darüber, wie diese Stärken gerade eingesetzt werden.
- Sie »machen den Weg frei«, damit der Mitarbeiter ohne unnötige Ablenkungen das tun kann, was er am besten kann.
- Sie bauen eine Beziehung auf, die dem Mitarbeiter wichtig ist. Sie schaffen Vertrauen, indem sie zeigen, dass ihnen der Erfolg des Mitarbeiters am Herzen liegt.

- Sie führen die Mitarbeiter an die Grenzen ihrer jeweiligen Stärken.
- Sie konzentrieren sich auf vorhandene Fähigkeiten und Kenntnisse, um Talente in Stärken zu verwandeln.
- Sie übertragen den Mitarbeitern die Verantwortung für ihre Leistungen und Ergebnisse. Sie schlagen Strategien vor, wie sie diese Ergebnisse erreichen können und äußern Anerkennung für Etappensiege.

Der weniger engagierte Mitarbeiter

Die Gruppe der nicht engagierten Mitarbeiter unterscheidet sich in zweierlei Hinsicht von der Gruppe der engagierten: Zum einen ist ihr Einfluss auf die Geschäftsergebnisse schwächer, zum anderen weist ihr Engagement gewisse Lücken auf, was dazu führt, dass ihr Verhalten als Gruppe weniger vorhersagbar ist. Manche unterstützen vielleicht die Unternehmenswerte und -ziele, sind sich aber über die an sie gerichteten Erwartungen nicht ganz klar. Andere setzen ihre Talente noch nicht gezielt ein, während es bei wieder anderen vielleicht nur daran hapert, dass sie keine tragfähige Beziehung zu ihrem Vorgesetzten haben.

Das Profil des nicht engagierten Mitarbeiters lässt sich kaum verallgemeinern und reflektiert weder das Profil einer ganzen Gruppe noch eines Unternehmens. Die langfristige Beobachtung des Engagements durch *Gallup*-Studien zeigt aber sehr ermutigende Tendenzen. Sie zeigt nämlich, dass sich ein großer Anteil der nicht engagierten Mitarbeiter in einer Übergangsphase befindet. Sie warten nur auf eine Gelegenheit, sich voll zu engagieren.

Das Profil weniger engagierter Mitarbeiter

- Sie erfüllen die wesentlichen Anforderungen, die an sie gerichtet werden.
- Sie haben nicht den nötigen Überblick oder zu wenig Selbstbewusstsein.
- Sie versuchen, Risiken aus dem Weg zu gehen.
- Sie entwickeln keinen echten Ehrgeiz.
- Sie fühlen sich vielleicht dem Unternehmen verpflichtet, aber nicht immer ihrer Rolle oder Arbeitsgruppe.
- Sie halten mit ihrer Kritik und Ablehnung nicht hinter dem Berg.

Mögliches Problem: Die nicht engagierten Mitarbeiter könnten die Messlatte senken, sodass mittelmäßige Leistungen als akzeptabel gelten.

Cliff arbeitete als Bankangestellter am Schalter und fiel dort weder positiv noch negativ auf: Er leistete sich keine größeren Fehler, keine Kundenbeschwerden, keine Schlampigkeit, arbeitete aber auch nicht mehr als notwendig. Seine Kollegen sahen in ihm einen recht guten Kollegen: Er erledigte seine Arbeit und passte sich an. Aber er meldete sich nie freiwillig, wenn Aufgaben außer der Reihe erledigt werden mussten. Auch Vorschläge, wie man etwa die Wartezeiten für die Kunden verkürzen oder neue Kunden gewinnen konnte, waren von ihm nicht zu erwarten.

Schließlich bat der Bankdirektor Cliff zu einem Gespräch, in dem er sich nach seiner Arbeit erkundigte. »Warum? Gibt es ein Problem?«, fragte Cliff sofort zurück. Erst als der Bankdirektor ihm versicherte, dass es keinen Grund zur Beschwerde gab, entspannte er sich ein wenig. Auf die folgende Frage, wie er sich in seiner Rolle sehe, reagierte Cliff völlig verständnislos. »Ich bin ein Schalterangestellter«, sagte er. »Was soll ich denn sonst sein?« Sein Gegenüber wies ihn darauf hin, dass jeder Schalterangestellte die Bank repräsentiere und deshalb auch den Auftrag habe, den Kunden das Gefühl zu vermitteln, optimal betreut zu werden. Immerhin war die Konkurrenz in der Gegend sehr groß. »Das weiß ich«, erwiderte Cliff. »Aber was kann ich tun? Es liegt mir einfach nicht, mit den Kunden zu plaudern, wenn ich Buchungen vornehme und Schecks einlöse. Das war noch nie so.« Auf die Frage, was ihm denn wirklich liege, antwortete Cliff: »Ich frage jeden Tag die Hypothekenzinsen ab, nicht nur unsere, sondern auch die anderer Banken. Solche Informationen und Entwicklungen finde ich sehr interessant. Sie beeinflussen wichtige Entscheidungen, etwa in Familien. Man kann ihre konkreten Auswirkungen sehen, verstehen Sie?«

Der Bankdirektor machte Cliff daraufhin den Vorschlag, probeweise einige Monate in der Hypothekenberatung zu arbeiten. Cliff war sofort einverstanden – und zwei Jahre später der beste Mitarbeiter in der Hypothekenabteilung.

Der Bankdirektor suchte und fand den emotionalen Bezug, den Cliff brauchte, um zu Spitzenform aufzulaufen. Er hatte einen nicht engagierten in einen engagierten Mitarbeiter verwandelt.

Die Aufgaben der Vorgesetzten von weniger engagierten Mitarbeitern

- Sie überprüfen die Erwartungen an die einzelnen Rollen.
- Sie klären die erwünschten Ergebnisse dieser Rollen.
- Wenn nötig, ändern sie eine Rolle ab, oder sie versetzen die Mitarbeiter an andere Arbeitsplätze, die ihren Talenten mehr entgegenkommen.
- Sie setzen einen Dialog in Gang, um das Problem anzusprechen und Lösungsmöglichkeiten zu diskutieren.
- Sie messen Fortschritte, indem Sie die Leistung – niemals die Person – beurteilen.

Der Verweigerer

Die dritte Gruppe wirft echte Probleme auf. Die *Gallup*-Analysen zeigen, dass diese Gruppe den größten Anteil an Fehltagen hat, die Kosten für die Arbeitssicherheit in die Höhe treibt, eine höhere Fluktuation aufweist, eine niedrige Produktivität erzielt und die meisten Kundenabwanderungen zu verantworten hat. Insgesamt stellen diese Mitarbeiter eine eindeutig schädliche wirtschaftliche Kraft in einem Unternehmen dar. Es gibt sie auf allen Ebenen, in allen Funktionen und Teams. Verweigerer machen die großartige Arbeit ihrer engagierten Mitarbeiter wieder zunichte. Sie können das Unternehmenswachstum zum Stillstand bringen und stellen ein großes Hindernis in der Gewinnentwicklung dar. Sie sind die personifizierten Hindernisse auf dem Weg zu einem exzellenten Kundenservice.

Interessanterweise entscheiden sich die Mitarbeiter selten bewusst, ihr Engagement zu verweigern. Manche haben einfach die Erfahrung gemacht, dass ihre emotionalen Bedürfnisse nicht wahrgenommen werden, während andere besondere Talente besitzen, die aber von ihren Vorgesetzten unterdrückt werden. Das Problem besteht meist darin, dass im Durchschnitt immerhin 30 Prozent der Verweigerer vorhaben, dem Unternehmen auch in einem Jahr noch anzugehören.

Das Profil des Verweigerers

- Er reagiert gewohnheitsmäßig mit Ablehnung und Widerstand.
- Er zeigt wenig Vertrauen.

- «Ich bin okay, alle anderen nicht.«
- Er ist nicht in der Lage, Probleme zu lösen, nachdem er sie erkannt hat.
- Er fühlt sich seinem Unternehmen, seiner Arbeitsgruppe und seiner Rolle kaum verpflichtet.
- Isolation.
- Er äußert Kritik und Unzufriedenheit nicht offen, sondern reagiert sie in anderer Weise ab.

Mögliches Problem: Verweigerer möchten am liebsten nur nach Anweisung arbeiten, ohne sich Gedanken über das erwünschte Ergebnis machen zu müssen.

«Sagen Sie mir, was ich tun soll, und ich werde es tun.« Dieser Satz kennzeichnete Tads Einstellung zu seinem Vorgesetzten und zu seiner Arbeit als Verkäufer in einem Geschäft für Computerzubehör. Folglich mühte sich sein Vorgesetzter jeden Tag aufs Neue ab, ihm zu zeigen, wie die Waren am günstigsten platziert wurden und wie er die Kunden behandeln und beraten sollte.

Nun wusste Tad natürlich, dass der Umsatz wichtig war und worum es beim Verkaufen ging. Aber er hatte keinerlei Gespür für den richtigen Umgang mit den Kunden. »Sie kommen zu uns, weil sie etwas benötigen, was wir ihnen verkaufen können. Was soll ich denn sonst noch mit ihnen anstellen?«, entgegnete er seinem Chef, wenn dieser sich wieder einmal die Haare raufte.

Nachdem er sich drei Monate vergeblich bemüht hatte, Tads Einstellung zu ändern, sah sein Vorgesetzter ein, dass sein Mitarbeiter dem Geschäft mehr schadete als nutzte. Er bat Tad deshalb zu einem Gespräch. »Haben Sie das Gefühl, dass dieser Job richtig für Sie ist?«, fragte er Tad. »Denn wenn das nicht der Fall ist, sollten wir darüber nachdenken, wo Sie besser aufgehoben wären. Sie wissen sehr viel über Computer, aber Sie erwecken den Eindruck, als erwarteten Sie dieses Wissen auch bei unseren Kunden.«

«Ja, so ist es letztlich auch. Ich stoße die Leute nicht absichtlich vor den Kopf. Ich habe einfach lieber mit Computern als mit Menschen zu tun.« Daraufhin fragte ihn sein Vorgesetzter: »Würden Sie lieber in der Werkstatt arbeiten, wo Sie Software installieren und Computer reparieren?«

«Auf jeden Fall. Das wäre eine Erleichterung für mich. Dann wüsste ich abends wenigstens, was ich tagsüber geleistet habe.«

Tads Vorgesetzter hatte erkannt, dass Tad keine emotionale Verbindung zu den Kunden aufbauen konnte und half ihm dabei, eine für ihn geeignetere Rolle zu finden.

Die Aufgaben der Vorgesetzten von Verweigerern:

- Sie müssen das Problem so früh wie möglich ansprechen.
- Sie wenden sich an den Verweigerer und nicht an Dritte, wenn sie eine Lösung suchen.
- Sie sprechen das Problem ohne Umschweife an, um keine Missverständnisse aufkommen zu lassen.
- Sie unterstützen den Verweigerer dabei, seine Haltung aufzugeben und sich um eine Lösung zu bemühen.
- Sie untersuchen, inwieweit die Fähigkeiten des Verweigerers zu seinen Aufgaben passen. Dabei sind sie ehrlich mit sich selbst und dem Mitarbeiter. Sie suchen nach Aufgaben, die seinen Talenten entgegenkommen.
- Sie schaffen Vertrauen, indem sie sich mehr auf das Ergebnis als die einzelnen Schritte konzentrieren.

Im Spiegel des Index

Aufschlussreich ist auch, wie sich die Mitarbeiter selbst im Index sehen. Im *Gallup Management Journal* ist zu lesen, dass engagierte Mitarbeiter sich mit einer 15 Mal höheren Wahrscheinlichkeit als Verweigerer positiv über das Unternehmen äußern und mit einer 16 Mal höheren Wahrscheinlichkeit sagen, dass sie an ihrem derzeitigen Arbeitsplatz ihre individuellen Stärken einsetzen können. Außerdem ist es dreimal wahrscheinlicher, dass sie mit ihrem Gehalt und den Nebenleistungen einverstanden sind und ihrem Unternehmen treu bleiben wollen.

Auch zwischen dem Engagement bei der Arbeit und der Beurteilung der Lebensqualität besteht ein Zusammenhang. Engagierte Mitarbeiter sagen mit einer elfmal höheren Wahrscheinlichkeit als Verweigerer, dass sie mit ihrem derzeitigen Unternehmen als Arbeitgeber sehr zufrieden seien. Sie beurteilen ihre Lebensumstände mit einer viermal höheren Wahrscheinlichkeit als exzellent und sind mit einer doppelt so hohen Wahrscheinlichkeit sehr zufrieden mit ihrem Privatleben.

Dagegen fühlen sich die Verweigerer weniger wohl in ihrer Haut. Sie sagen mit einer neunmal höheren Wahrscheinlichkeit als engagierte Mitarbeiter, dass sie ihren Arbeitsplatz für weniger sicher als noch vor einem Jahr halten. Sie geben dreimal häufiger zu, den Stress am Arbeitsplatz in der Familie abzureagieren und haben doppelt so häufig zu wenig Zeit für Hobbys oder Freizeitvergnügungen.

Ein Unternehmen, das glaubt, dass Mitarbeiter ihre privaten Sorgen zu

Hause und ihre beruflichen Sorgen bei Feierabend im Büro lassen, tut weder sich selbst noch seinen Mitarbeitern einen Gefallen.

Weiterhin besteht ein Zusammenhang zwischen dem Engagement und der Beschäftigungsdauer. Im Durchschnitt sind in den ersten sechs Monaten einer Anstellung 38 Prozent der Mitarbeiter engagiert, 50 Prozent sind nicht engagiert und nur 12 Prozent sind Verweigerer. Aber in den darauf folgenden sechs Monaten bis drei Jahren fällt der Anteil der engagierten Mitarbeiter auf 27 Prozent, der Anteil der nicht engagierten steigt leicht auf 55 Prozent und der Anteil der Verweigerer klettert auf 18 Prozent. In den folgenden drei bis zehn Jahren pendeln sich Engagement und Desengagement bei jeweils 22 Prozent ein. Bei den Beschäftigten mit einer Firmenzugehörigkeit von über zehn Jahren fällt der Anteil der engagierten Mitarbeiter auf 20 Prozent, der Anteil der Verweigerer steigt jedoch auf 23 Prozent.

Wie die *Gallup*-Studie zeigt, hängt der Anteil der engagierten und nicht engagierten Mitarbeiter kaum von der jeweiligen Branche ab – mit einer Ausnahme: dem öffentlichen Sektor. Hier beträgt der Anteil der Verweigerer 29 Prozent.

In Dollar und Cent gemessen sind die von Verweigerern verursachten Kosten hoch. Selbst nach den sehr vorsichtigen Schätzungen unserer Studie belaufen sich die Kosten der entgangenen Produktivität durch Verweigerer durchschnittlich auf 3.400 Dollar pro 10.000 Dollar Gehalt. Bei einem Mitarbeiter mit einem Jahresgehalt von 30.000 Dollar liegen sie also schon bei 10.200 Dollar, und bei einem Jahresgehalt von 50.000 Dollar sind es 17.000 Dollar. Welche Schäden etwa auf Geschäftsleitungsebene entstehen, kann man sich ausmalen. Auf einer solchen Gehaltsstufe könnte man durch eine völlige Ausschaltung von Verweigerern mehr Einsparungen erzielen als mit sämtlichen Kostensenkungsmaßnahmen.

Die sich über mehrere Jahre erstreckende *Gallup*-Untersuchung des Mitarbeiterengagements hat ebenfalls gezeigt, dass sich Frauen im Durchschnitt und in allen Berufsgruppen stärker für ihre Arbeit engagieren. Ebenfalls hat sich herausgestellt, dass alle drei Arten des Engagements veränderbar sind, vom ersten Jahr der Einführung der Q^{12}-Methode an aber hauptsächlich eine Verschiebung von nicht engagierten zu engagierten Mitarbeitern stattfindet.

Mitarbeiterengagement: Der nationale Index

Im Oktober 2000 meldete *Gallup* erstmals den Anteil der engagierten und nicht engagierten Mitarbeiter sowie der Verweigerer in der US-Wirtschaft. Der nationale Trend deutet darauf hin, dass nur etwa ein Drittel der Beschäftigten in den Vereinigten Staaten engagiert ist, während etwa ein Fünftel zu den Verweigerern zählt.

Seit damals werden diese Zahlen in vierteljährlichen Abständen veröffentlicht (im *Gallup Management Journal* oder auf der Titelseite des *Wall Street Journal*). Sie zeigen eine Nahaufnahme, die sich auf die Wirtschaft und Wettbewerbsfähigkeit eines jeden Landes auswirkt.

Jüngsten Zahlen zufolge engagieren sich in den USA nur 30 Prozent der Beschäftigten für ihre Arbeit. Über die Hälfte – 54 Prozent – sind nicht engagiert und 16 Prozent zählen zu den Verweigerern. Es ist wichtig, das Engagement dieser drei Gruppen regelmäßig zu prüfen, weil damit eine Vergleichskennziffer vorliegt, an der sich einzelne Unternehmen, aber auch ganze Volkswirtschaften messen können, vor allem im Verhältnis zu ihren wichtigsten Handelspartnern und Konkurrenten. Außerdem kann sie dazu verwendet werden, die Auswirkungen wichtiger Ereignisse und Entwicklungen auf die Produktivität am Arbeitsplatz zu messen.

Das Nebeneinander von engagierten und nicht engagierten Mitarbeitern in ein- und derselben Organisation stellt ein globales Problem dar. Im Jahr 2001 führte *Gallup* eine vergleichende Studie zum Index des Engagements in einer Reihe von Ländern durch. Die Ergebnisse sind ernüchternd:

- In Kanada sind 24 Prozent der Mitarbeiter engagiert, 60 Prozent sind nicht engagiert, und 16 Prozent sind Verweigerer.
- In Chile sind 24 Prozent engagiert, 62 Prozent nicht engagiert und 13 Prozent Verweigerer.
- In Deutschland sind 16 Prozent engagiert, 69 Prozent nicht engagiert und 15 Prozent Verweigerer.
- In Großbritannien sind 17 Prozent engagiert, 63 Prozent nicht engagiert und 20 Prozent Verweigerer.
- In Singapur sind 6 Prozent engagiert, 76 Prozent nicht engagiert und 17 Prozent Verweigerer.
- In Japan sind 9 Prozent engagiert, 72 Prozent nicht engagiert und 19 Prozent Verweigerer.
- In Frankreich sind 9 Prozent engagiert, 63 Prozent nicht engagiert und 28 Prozent Verweigerer.

Interessanterweise liegen die deutlichsten Unterschiede zwischen den Ländern nicht im Anteil engagierter Mitarbeiter, sondern im Anteil der Verweigerer.

Mitarbeiter, die sich verweigern, kommen ein Unternehmen teuer zu stehen. Auch bei konservativster Schätzung, so hat *Gallup* errechnet, liegen die von Verweigerern verursachten Kosten für die US-Wirtschaft im Bereich von 254 bis 363 Milliarden Dollar jährlich. Dieser Betrag übersteigt sogar das Bildungs- oder Verteidigungsbudget der USA.

Dennoch floriert die US-Wirtschaft mit nur einem Bruchteil von engagierten Mitarbeitern. Man kann sich leicht ausmalen, welches Wachstum und welche Produktivitätszuwächse möglich wären, wenn die Zahl dieser Spitzenkräfte verdoppelt würde. Die erfolgreichsten Unternehmen rühmen sich, dass fast 50 Prozent ihrer Mitarbeiter sich sehr engagieren.

Im Spannungsfeld des Engagements

Stellen Engagement und Verweigerung starke und das Unternehmensergebnis bestimmende Kräfte dar, ergibt sich die spannende Frage, welche Kraft letztlich die Oberhand gewinnt. Diese Frage hat uns zu einer Studie veranlasst, in der wir den Anteil engagierter Mitarbeiter mit dem Anteil der Verweigerer verglichen haben. Glücklicherweise hat das Interesse am Thema des Mit_arbeiterengagements in den vergangenen Jahren deutlich zugenommen, sodass nun ein umfassendes Datenmaterial vorliegt, aus dem sich interessante Schlussfolgerungen ziehen lassen.

Die Entwicklung der Trends im Mitarbeiterengagement über mehrere Jahre hinweg hat unsere bisherigen Erkenntnisse gestützt. Wir konnten zuverlässige Feststellungen darüber treffen, was geschieht, wenn Unternehmen in bestimmter Weise eingreifen, hauptsächlich indem sie hervorragende Manager dafür einsetzen, bei Mitarbeitern deren spezifische Stärken mit den passenden Aufgaben zu verknüpfen. Die folgenden Trends haben wir aus unserem Datenmaterial abgeleitet.

Schon bald nach Einführung der Q^{12}-Methode beginnt die Zahl engagierter Mitarbeiter zu steigen. Manche Unternehmen beginnen mit einem niedrigen Anteil von 11 Prozent, andere vielleicht mit 35 Prozent, aber beide können innerhalb eines Jahres Steigerungen im einstelligen Bereich erzielen. Gleichzeitig sinkt der Anteil der Verweigerer – allerdings dauert dieser Prozess länger. Es gibt Fälle, in denen Unternehmen mit einem Anteil von 20 Prozent von Verweigerern anfangen und diesen dann im Lauf von fünf Jahren stetig auf eine einstellige Zahl reduzieren. In der *Gallup*-Datenbank verändert sich das Verhältnis von engagierten Mitarbeitern und Verweigerern nach Einführung der Q^{12}-Methode von 1:1 auf 11:1.

Die Zahlen verändern sich meist nur in Abhängigkeit von der Größe der Unternehmen. Am höchsten (33 Prozent der Mitarbeiter) ist das Engagement in Unternehmen mit weniger als 50 Beschäftigten und am niedrigsten (22 Prozent) in Unternehmen mit über 1.000 Beschäftigten. Ähnlich verhält es sich bei den Verweigerern: Ihr Anteil ist in Unternehmen mit unter 50 Mitarbeitern (12 Prozent) niedriger und in Unternehmen mit über 1.000 Beschäftigten am höchsten (19 Prozent).

Es gibt erstaunliche Erfolgsgeschichten:

- Ein großer US-Einzelhändler konnte den Anteil engagierterMitarbeiter im Lauf von fünf Jahren verdreifachen.
- Ein Fertigungsunternehmen konnte den Anteil engagierter Mitarbeiter in nur einem Jahr um fast das Doppelte erhöhen.
- Ein IT-Beratungsunternehmen verzeichnete innerhalb eines Jahres einen deutlichen Anstieg des Anteils engagierter Mitarbeiter (von 24 auf 36 Prozent), während der Anteil der Verweigerer um 7 Prozent sank (von 16 auf 9 Prozent).
- Ein großes Finanzunternehmen steigerte innerhalb von zwei Jahren den Anteil engagierter Mitarbeiter um ein Drittel und senkte im gleichen Zeitraum den Anteil der Verweigerer um ein Drittel.
- Einem Logistikunternehmen gelang es, den Anteil engagierter Mitarbeiter in nur zwölf Monaten um unglaubliche 11 Prozent (von 19 auf 30 Prozent) zu steigern.

Entscheidend für das Finanzergebnis ist letztlich das Verhältnis von engagierten zu nicht engagierten Mitarbeitern und insbesondere zu Verweigerern. Im folgenden Beispiel geht es um einen Krankenhausverbund, in dem nicht engagierte Mitarbeiter 1,9 Tage mehr pro Jahr fehlten als engagierte Mitarbeiter. Verweigerer fehlten sogar 4,8 Tage mehr als die engagierten. Daraus ergaben sich 6.026 Arbeitstage, die aufgrund mangelnden Engagements verloren wurden. Bei Durchschnittskosten von 154 Dollar pro Tag beliefen sich die jährlichen Kosten des Krankenhausverbundes für verlorene Arbeitstage auf 928.004 Dollar. Und das ist nur die Spitze des Eisbergs. Denn niedrige Produktivität, höhere Fluktuation, Diebstahl und Sicherheitsmängel erzeugten weitere Kosten. Nimmt man noch die versteckten, aber gleichermaßen entstehenden Kosten für ineffektive Schulungen, mit denen man eigentlich den Missständen ein Ende bereiten wollte, und die leistungsunabhängige Vergütung hinzu, dann wird deutlich, dass Verweigerer astronomische Kosten verursachen.

Das folgende Beispiel stammt ebenfalls aus dem Gesundheitswesen. Eine große Krankenhauskette fand heraus, dass ein Anstieg von 0,2 in den Q^{12}-Ergebnissen innerhalb von zwei Jahren den EBIDTA-Ertrag (Ertrag vor Zinsen, Abschreibung und Steuern) pro Aufnahme um 245,72 Dollar verbesserte. Sank dagegen das Q^{12}-Ergebnis vom ersten auf das zweite Jahr, sank auch der EBIDTA-Ertrag pro Aufnahme um durchschnittlich 192,98 Dollar. Das Unternehmen stellte weiterhin fest, dass die Q^{12}-Ergebnisse nach zwölf bis achtzehn Monaten auch bessere Patientenbeurteilungen der Krankenhausprozesse nach sich zogen.

Eine Softwarefirma mit einem Jahresumsatz von 6 Milliarden Dollar erzielte in nur einem Jahr ein ganz erstaunliches Ergebnis. Vor Einführung der Q^{12}-Methode lag der Anteil der engagierten Mitarbeiter bei 24 Prozent, der nicht engagierten Mitarbeiter bei 60 Prozent und der Verweigerer bei 16 Prozent. Die Fluktuation lag bei engagierten Mitarbeitern bei 7 Prozent, bei nicht engagierten Mitarbeitern bei 13 Prozent und bei der Gruppe der Verweigerer bei 28 Prozent. Im Lauf eines Jahres konnte der Anteil der engagierten Mitarbeiter auf 36 Prozent gesteigert und der Anteil der Verweigerer auf 9 Prozent gesenkt werden. Dieses Verhältnis von 4:1 ermöglichte es dem Unternehmen, die Fluktuation um die Hälfte zu reduzieren und nach eigenen Angaben 250 Millionen Dolllar einzusparen.

Eine neue Politik

Unternehmen wissen, dass jeder Personalwechsel teuer ist. Die vom *The Corporate Leadership Council of the Corporate Executive Board* veröffentlichten Statistiken zeigen, dass die Kosten der Fluktuation für Mitarbeiter, die direkt mit Kunden zu tun haben, das 0,41-fache des Gehalts betragen, für Fachkräfte das 1,77-fache und für Manager das 2,44-fache. Ein Unternehmen mit 10.000 Mitarbeitern spart also durch eine Senkung der Personalfluktuation um 5 Prozent 4 Millionen Dollar für Mitarbeiter mit Kundenkontakt mit einem Jahresgehalt von 20.000 Dollar, 35 Millionen Dollar für Fachkräfte mit einem Jahresgehalt von 40.000 Dollar und 97 Millionen Dollar für Manager mit einem Jahresgehalt von 80.000 Dollar.

In Anbetracht dieser Zahlen verwundert es nicht, dass die Auswirkung des Mitarbeiterengagements auf die Bindung an das Unternehmen zu den am häufigsten untersuchten Aspekten zählt.

Eine große Einzelhandelskette mit über 360 Filialen stellte fest, dass die jährliche Fluktuationsrate bei den 10 Prozent der Filialen mit den höchsten Q^{12}-Punktezahlen bei 49 Prozent lag. Diese Fluktuation kostete das Unternehmen 22,13 Millionen Dollar jährlich. Aber die 10 Prozent der Filialen mit den schlechtesten Q^{12}-Ergebnissen verzeichneten eine Fluktuation von 148 Prozent – und kosteten das Unternehmen 67,3 Millionen Dollar jährlich.

Diese Zahlen konnte die Geschäftsleitung natürlich nicht hinnehmen. Wenn das Mitarbeiterengagement eine Größe war, die nicht von der geografischen Lage, der Größe und Eingeführtheit der Filiale und anderen Variablen abhing, lautete die Frage: »Warum sollten nicht alle Filialen das Engagement erreichen, das schon in unseren besten Geschäften vorhanden ist?«

Dieses Unternehmen betrachtete den Mehraufwand von mehreren Millionen Dollar nicht als unvermeidlich, sondern als unnötig. Es begann, die Filialen mit hohen Anteilen von Verweigerern durch den Einsatz der Q^{12}-Methode konsequent zu verwandeln – und die Mühe zahlte sich aus.

Ein anderer Einzelhändler machte weitgehend dieselbe Erfahrung: Die 10 Prozent der Geschäfte mit den besten Q^{12}-Ergebnissen wiesen eine Fluktuation von 52 Prozent aus, die Kosten von 17,2 Millionen Dollar jährlich verursachte. Die 10 Prozent der Geschäfte mit den schlechtesten Q^{12}-Ergebnissen hatten eine Fluktuation von 150 Prozent, die Kosten von 53 Millionen Dollar jährlich verursachte. In diesem Unternehmen spielten auch die Beschwerdekosten eine interessante Rolle. Die 10 Prozent der Geschäfte mit den besten Q^{12}-Ergebnissen hatten Beschwerdekosten von 85,37 Dollar pro Arbeitsgruppe und Jahr. Dagegen beliefen sie sich in den 10 Prozent der Geschäfte mit den schlechtesten Q^{12}-Ergebnissen auf 42.781 Dollar.

Weitere interessante Zahlen traten zutage. Zwischen dem ersten und zweiten Jahr übertrafen die 25 Prozent der Läden mit den besten Q^{12}-Ergebnissen ihre Umsatzquoten um 4,56 Prozent, während die 25 Prozent der Geschäfte mit den niedrigsten Q^{12}-Ergebnissen sie um 0,84 Prozent verfehlten. Allein dieser Unterschied belief sich auf 120 Millionen Dollar.

Es gelang diesem Unternehmen, die große Bandbreite zwischen den Geschäften zu reduzieren. Heute verfügt es über viel mehr »beste« und viel weniger »schlechte« Filialen. Gleichzeitig konnte es die Q^{12}-Ergebnisse insgesamt verbessern. Im ersten Jahr lag die Gesamtpunktzahl genau im Durchschnitt der *Gallup*-Datenbank. Im dritten Jahr jedoch war die Punktezahl für das gesamte Unternehmen um 20 Stellen gestiegen – auf 60 von 100. Im vierten Jahr hatte es 70 erreicht. Damit zählten die Geschäftseinheiten gemeinsam zu den 30 Prozent der besten Arbeitsplätze in einer Datenbank von über 300.000 Geschäftseinheiten weltweit.

Ein Großunternehmen mit über 55.000 Mitarbeitern suchte nach Wegen, um die Sicherheit in seinen über 400 Betrieben zu verbessern. Zwischen dem ersten und zweiten Jahr kristallisierten sich einige spannende Muster des Mitarbeiterengagements heraus. In den 25 Prozent der Geschäftseinheiten mit den höchsten Q^{12}-Punktezahlen fiel die Unfallhäufigkeit um 42 Prozent, die Zahl der Fehltage aufgrund von Unfällen sank um 52 Prozent und die Versicherungsaufwendungen sanken um 42 Prozent. In den 25 Prozent der Geschäfte mit den niedrigsten Q^{12}-Ergebnissen sah es dagegen ganz anders aus. Die Unfallhäufigkeit fiel nur um 4 Prozent, die Zahl der unfallbedingten Fehltage ging nur um 2 Prozent zurück und die Versicherungskosten stiegen sogar um 2 Prozent. Der Unterschied, der allein durch das Mitarbeiterengagement bewirkt wurde, belief sich auf Hunderte Millionen Dollar.

Eine neue Perspektive

Der Trend, die wirtschaftlichen Auswirkungen des Engagements auf Gewinne und Wachstum zu messen, steht noch ganz am Anfang. Die *Gallup*-Studie wird weitergeführt, zumal es noch zahlreiche versteckte Auswirkungen gibt, die es noch aufzudecken und zu quantifizieren gilt. Unbestritten ist derzeit jedoch, dass das Mitarbeiterengagement die Geschäftsentwicklung eines Unternehmens maßgeblich beeinflusst.

Da nichts in einem Unternehmen in einem Vakuum geschieht, trägt jede Handlung eines Mitarbeiters den Stempel seines Engagements.

Die Aufgabe lautet nun, den Vorsprung derjenigen Unternehmen aufzuholen, die schon damit begonnen haben, den Anteil nicht engagierter Mitarbeiter gezielt abzubauen.

Was aber können Unternehmen tun, um das Verhältnis zwischen engagierten und nicht engagierten Mitarbeiter zu verbessern? Zunächst lautet das Motto » Groß denken und klein handeln «, denn echte Lösungen für Probleme am Arbeitsplatz findet man nur auf der Ebene des Arbeitsplatzes. Die Lösung ist im Unternehmen schon vorhanden, nämlich an den Arbeitsplätzen, an denen bei hohem Engagement ausgezeichnete Arbeit geleistet wird. Dieses Vorbild muss auf das ganze Unternehmen übertragen werden.

Darüber hinaus ist es auch an der Zeit einzusehen, dass alle Probleme im

Zusammenhang mit dem Engagement direkt damit zusammenhängen, ob Talente optimal genutzt oder ob sie übergangen werden. Ohne tragfähige Beziehungen zwischen Mitarbeitern und Vorgesetzten kann kein Engagement entstehen – wie viele Kennziffern auch gemessen werden. Dies ist die erste Lektion einer Wirtschaftslehre, die den Faktor der Emotionen berücksichtigt.

Warnzeichen, auf die Sie achten müssen

Zahlen lügen nicht. Sie müssen herausfinden, wie hoch der Anteil engagierter, nicht engagierter und sich verweigernder Mitarbeiter in Ihrem Unternehmen ist, weil von diesem Verhältnis Ihr Geschäftserfolg abhängt. Wenn sich Ihre Mitarbeiter nicht dauerhaft für ihre Arbeit und ihr Team engagieren, schöpfen sie ihr Potenzial auch nicht optimal aus.

Wer sich in einer wettbewerbsorientierten Wirtschaft durchsetzen will, muss seine Mitarbeiter als erste Verteidigungslinie betrachten. Die Mitarbeiter können Ihnen zum Erfolg verhelfen – aber auch das Genick brechen. In einem typischen Unternehmen ist es heute leider noch so, dass die meisten Mitarbeiter ihre Vorgesetzten nicht zu Begeisterungsstürmen hinreißen. Die meisten machen ihre Arbeit sogar so schlecht, dass sie dem Geschäftserfolg schaden. Wahrscheinlich kennen Sie Ihre unproduktiven Mitarbeiter. Es ist an der Zeit, sich den immensen Schaden klar zu machen, den sie verursachen, und sie in engagierte Mitarbeiter zu verwandeln. Denken Sie daran:

- *Die Mehrheit der Mitarbeiter engagiert sich nicht für ihre Arbeit.* Über 42 *Gallup*-Studien haben unabhängig voneinander ergeben, dass sich in den meisten Unternehmen etwa 75 Prozent der Beschäftigten nicht für ihre Arbeit engagieren.
- *Nicht engagierte Mitarbeiter kosten die Unternehmen jährlich hundert Millionen Dollar.* Mitarbeiter, die sich für ihre derzeitigen Aufgaben nicht engagieren, kosten die Unternehmen ganze Vermögen durch entgangene Umsätze, höhere Fluktuation, Fehltage und niedrigere Produktivität.
- *Schulungen helfen nicht.* Mit Schulungen wird der Kern des Problems nicht angesprochen. Deshalb werden Schulungen an der durchschnittlichen oder unterdurchschnittlichen Leistung nichts ändern.

- *Unternehmen schaden sich selbst.* Die miserable Arbeit der nicht engagierten Mitarbeiter zieht das Unternehm,en auf Dauer herunter und beraubt es zu vieler Chancen.
- *Das Engagement sinkt mit der Dauer der Betriebszugehörigkeit.* Die Studien zeigen, dass das Engagement im ersten Jahr eines Mitarbeiters noch am höchsten ist. Dann sinkt es allmählich im Laufe der Zeit. Die meisten » alten Hasen« sehen sehen sich als Teil eines Inventars oder haben stillschweigend die innere Kündigung eingereicht.

Wenn Sie anerkennen, wie sich die Arbeit engagierter, nicht engagierter und sich verweigernder Mitarbeiter auf den Geschäftserfolg auswirkt, haben Sie den sechsten Schritt auf dem *Gallup*-Pfad getan.

Kapitel 7
Die Tür zum Kundenengagement steht offen

Eine Beziehung wie aus dem Bilderbuch – oder »Aus den Augen, aus dem Sinn«

Wenn Katie ihre Make-up-Vorräte ergänzen muss, macht sie sich auf den Weg zu einem beliebten Kaufhaus für gehobene Ansprüche:

Es ist ja nicht so, dass es meine Kosmetiklinie, die ich schon seit Jahren verwende, nur in diesem Kaufhaus gäbe. Ich muss sogar einen Umweg machen, um dort einzukaufen. Aber ich tue das gern, weil ich dort endlich eine Verkäuferin – man nennt sie dort »Beraterin« – gefunden habe, von der ich restlos begeistert bin. Sie hat mich von der ersten Sekunde an mit ihrer Persönlichkeit überzeugt. Sie begrüßte mich mit einem Händedruck, stellte sich vor und beendete dabei gerade noch ein Gespräch mit einer anderen Kundin. Besonders angenehm an Terry fand ich, dass sie auch ein wenig über sich selbst erzählte. Sie erwähnte bedauernd, dass sie alt genug sei, um eine 25-jährige Tochter zu haben. Sie klagte ein bisschen über ihr Gewicht. Dann holte sie einfach die Produkte, die ich kaufen wollte, aus den Regalen und erkundigte sich kurz, ob ich weitere Wünsche habe – ohne mich mit Versuchen zu nerven, mir noch etwas anderes zu verkaufen. Sie erzählte mir, dass sie diese Produktlinie seit 18 Jahren vertrete und gar nicht daran denke, etwas anderes zu verkaufen. Für sie wäre das unehrlich, weil sie von den Vorzügen der Kosmetika überzeugt sei. Bevor ich mich verabschiedete, erinnerte sie mich noch daran, meine Handschuhe nicht zu vergessen. Bestimmt werde ich auch sie nicht vergessen.

Katie machte eine einmalige und individuelle Erfahrung, weil die Verkäuferin in der Kosmetikabteilung eine emotionale Verbindung zu ihr geschaffen hatte. Sie wurde eine engagierte Kundin, weil sie starke, positive Assoziationen mit der Verkäuferin, dem Kaufhaus und der Kosmetiklinie verknüpfen konnte. Zunächst ließ sie sich vielleicht durch rationale Überlegungen verleiten, das Produkt auszuprobieren, aber erst die emotionale Reaktion auf das Verhalten Terrys sorgte dafür, dass sie Stammkundin wurde.

Katie hat nun eine positive emotionale Erinnerung gespeichert.

Tim, der bei jedem Restaurantbesuch einen bekannten Softdrink bestellt, hat eine andere Geschichte zu erzählen:

Vermutlich fahre ich einfach nur auf die Kohlensäure ab, und da ich nun mal nicht jeden Tag Champagner trinken kann, entscheide ich mich eben für dieses bestimmte Getränk. Es schmeckt gut. Es ist überall erhältlich – oder fast überall. Vor kurzem ging ich mit ein paar Freunden zum Mittagessen in ein Restaurant, das meine Marke nicht führte. Also bestellte ich das Konkurrenzprodukt. Und wissen Sie was? Es ging mir ziemlich leicht runter. Wahrscheinlich bin ich meiner Marke gar nicht so treu wie ich dachte. Aus den Augen, aus dem Sinn.

Sein Freund Tony erzählte:

Mir passierte etwas Ähnliches, nur ging es bei mir um Hotels. Auf Geschäftsreisen frage ich manchmal: »Was spielt es schon für eine Rolle, wo wir übernachten?« Letztlich ist es doch nur ein Schlafplatz.

Hätten Tim oder Tony eine wirklich starke emotionale Bindung zu ihrer bevorzugten Softdrink- oder Hotelmarke, würden sie sich kaum mit den Konkurrenzmarken zufrieden geben. Aber keines der Unternehmen hatte eine emotionale Verbindung zu ihnen aufgebaut. So entgingen ihnen potenziell »engagierte« Kunden.

Weder Tim noch Tony haben eine positive Beziehung zu den Marken, die sich im emotionalen Gedächtnis ihrer Erfahrungen festgesetzt hat.

Das emotionale Gedächtnis zählt

Nach vorherrschender, über ein Jahrhundert lang geltender Meinung gingen alle Lernprozesse auf ein System zurück, nämlich das Gedächtnis, das wiederum vom Bewusstsein bestimmt wurde. Als die Wissenschaftler untersuchten, wie das Gedächtnis funktioniert, gingen sie von der Annahme aus, dass wir Informationen abrufen, die unser Verstand gespeichert hat. Heute wissen wir, dass das falsch ist. In den vergangenen 20 Jahren haben die Neurowissenschaften gezeigt, dass es mehrere Lern- und Gedächtnissysteme in unserem Gehirn gibt, und dass unser emotionaler Verstand unabhängig von unserem rationalen Verstand funktioniert. In *The Emotional Brain* geht der führende Neurowissenschaftler Joseph LeDoux auf diesen Unterschied ein, wenn er ausführt, dass wir im Alltag unter dem Begriff des »Gedächtnisses« die bewusste Erinnerung verstehen. Diese Erinnerungen können in das Gedächtnis gerufen und verbal beschrieben werden.

Aber es gibt noch eine andere Art von Gedächtnis, die sich dem Bewusstsein entzieht. Darin sind unsere Emotionen beheimatet, die unbewusste Erinnerung daran, wie wir uns bei bestimmten Gelegenheiten gefühlt haben. Nehmen Sie beispielsweise Ihre letzte Kundenbegegnung und fragen Sie sich: An welche der zahlreichen Faktoren der Begegnung erinnert sich mein Kunde und welche könnten ihn zur Wiederkehr bewegen? Natürlich spielen auch das Produkt, die Serviceprozesse und der Preis eine Rolle, aber solange Sie keine klare Vorstellung davon haben, wie sich Ihr Kunde im Gespräch mit Ihnen gefühlt hat, wissen Sie wenig darüber, was ihn zur Rückkehr veranlassen wird.

In der Praxis haben sich die Unternehmen bislang nicht um die Systeme, die unser emotionales Gedächtnis kontrollieren, gekümmert. Folglich wurden sie auch nicht zur Maximierung der Kundengewinnung und -bindung genutzt. Die Unternehmen unterstellen, dass die Kunden wissen, wie sie behandelt werden und dieses Wissen bei ihren zukünftigen Kaufabsichten verwenden. Aber das System, das ihre Reaktionen tatsächlich bestimmt, funktioniert außerhalb ihres Bewusstseins und Gedächtnisses. Das Thema, wie Unternehmen das emotionale Gedächtnis ihrer Kunden ansprechen, beeinflussen und dauerhaft prägen können, verdient also noch viel Aufmerksamkeit.

Testen Sie Ihr emotionales Gedächtnis

Lesen Sie diesen Absatz in Ruhe durch und machen Sie dann die beschriebene Übung. Schließen Sie die Augen und erinnern Sie sich an Ihren letzten Besuch eines Ihrer Lieblingsgeschäfte. Erinnern Sie sich, wie Sie den Laden betraten, die Waren ansahen, Ihre Entscheidung trafen und den Artikel dann kauften. Vielleicht haben Sie auch einen Artikel zurückgegeben – erinnern Sie sich daran, was bei der Rückgabe geschah.

Welche Gefühle beobachten Sie nun bei sich? Die Addition aller Einzelerfahrungen ergibt nicht Ihre Gesamtbewertung. Manche Dinge stechen heraus – positiv oder negativ. Auf jeden Fall wird Ihre Erfahrung emotional durch Ihre Interaktionen mit den Mitarbeitern des Geschäftes gefärbt. Wie Sie sich bei diesen Interaktionen gefühlt haben, ist entscheidend für den emotionalen Eindruck in Ihrem Gedächtnis.

Das liegt daran, dass Gefühle getrennt von rationalen Ideen oder Gedanken gespeichert werden. Sie können zwar leidenschaftslos an einen Laden denken, aber Sie können sich unmöglich von den Emotionen distanzieren, die Sie gegenüber den meisten von Ihnen besuchten Läden entwickelt haben. Jede Erfahrung ist mit emotionaler Energie behaftet. Und Gefühle sind Änderungen unterworfen – je nachdem, wie sich die persönlichen Beziehungen entwickeln, die Ihre bisherigen Erinnerungen verstärken oder verblassen lassen.

Rationale Entscheidungen stellen eindeutig nur einen – meist untergeordneten – Bestandteil der Verbraucherentscheidungen dar. Viel wichtiger ist die emotionale Beziehung der Kunden zu den Menschen, die die fraglichen Produkte oder Dienste repräsentieren.

Am Scheideweg

Auch heute noch betrachten es viele Unternehmen als oberstes Ziel, neue Kunden zu gewinnen. Erfolgreiche Unternehmen orientieren sich dagegen schon längst an anderen Vorstellungen. Sie kümmern sich auch dann noch um ihre Kunden, wenn sie schon gewonnen wurden. Sie wissen, dass die Kundenakquisition nur die erste Etappe ist – nicht das Endziel. Entscheidend ist es die Kunden zu binden – jeden Einzelnen von ihnen. Erfolgreiche Unternehmen wissen, dass sie im Durchschnitt 80 Prozent ihres Wachstumspotenzials mit den vorhandenen Kunden und nur 20 Prozent mit neuen realisieren können. Es gibt schon seit Anfang der 90er Jahre zahlreiche Daten, die dies belegen. Anstatt sich also nur darauf zu konzentrieren, neue Nachfrage zu schaffen oder bestimmte Bedürfnisse zu erfüllen, lautet ihr Ziel, Neukunden zu gewinnen und vorhandene Kunden optimal zu betreuen und an sich zu binden.

Leider stehen die erfolgreichen Unternehmen allein an diesem Scheideweg.

Viele Firmen haben ihrer Geschäftsentwicklung nachhaltig geschadet, weil sie noch immer völlig falschen Vorstellungen darüber anhängen, was ihren Kunden wichtig ist, welche Vorlieben sie haben und wie sie ihre Kaufentscheidungen treffen. Aber damit nicht genug: Die meisten Unternehmen versäumen es, die Stärke der emotionalen Verbindung zu ihren Kunden zu messen und zu überwachen. Dabei ist gerade diese Verbindung von zentraler Bedeutung, denn sie stellt den Grundstein einer dauerhaften Beziehung dar.

Die Kombination dieser Faktoren hat dazu geführt, dass die Unternehmen einen sehr verengten Blickwinkel haben, wenn es um Kundenbeziehungen geht. In ihren traditionellen Methoden zur Verbesserung ihrer Produkte und Prozesse kommen Emotionen praktisch nicht vor. Deshalb haben auch ihre Programme zur »Beziehungsverbesserung« absolut nichts dazu beigetragen, den Akzent dahin zu verlagern, wohin er gehört: auf das emotionale Engagement der Kunden.

Der Gedanke, dass Kunden Entscheidungen treffen, die ausschließlich auf ihrem bewussten und rationalen Denken beruhen, geht auf eine jahrhundertealte Hypothese zurück, nach der Denken und Handeln des Verbrauchers gleichgesetzt wurden. Zu Beginn des zwanzigsten Jahrhunderts versuchten Ökonomen, die Kundenentscheidungen zu erklären, indem sie subjektive Elemente (Geschmäcker und Vorlieben) in objektive Beobachtungen (Kaufentscheidungen) »übersetzten«. Daraus ergab sich eine nur scheinbar elegante Theorie, die auch heute noch in vielen Köpfen herumgeistert – die Theorie der »offenbarten Präferenzen«.

Dieser Theorie zufolge spiegelt das Kundenverhalten die Nutzenangebote der verschiedenen auf dem Markt verfügbaren Optionen. Deshalb »trifft« jeder Kunde »eine Entscheidung«, indem er diejenige Option auswählt, die er für die beste hält.

Leider birgt diese schöne Theorie zwei große Probleme. Erstens erklärt sie die mentalen und emotionalen Prozesse nicht, die im Verlauf einer Kaufentscheidung ablaufen. Neurowissenschaftliche Erkenntnisse zeigen, dass es – unter Berücksichtigung der Leistungsgrenzen des menschlichen Gehirns – nicht auf die Entscheidung selbst ankommt, sondern auf die Augenblicke, in denen die Alternativen abgewogen werden. Diese Augenblicke werden wesentlich von Gefühlen und Emotionen beeinflusst, beruhen also nicht allein auf rationalen Gedankengängen.

Kunden haben immer auch ein Gefühlsleben und treffen viele Entscheidungen, um emotionale Wünsche und nicht nur ihre rationalen Bedürfnisse zu befriedigen. So wird ein Paar, das seinen Hochzeitstag feiern will, nur Restaurants mit einer entsprechenden Atmosphäre in die engere

Wahl ziehen. Oder ein Bahnkunde kauft sein Ticket lieber am Bahnhof als elektronisch, weil er den Bahnmitarbeiter persönlich kennt. Er weiß, dass dieser alle seine Fragen beantwortet und er mit seiner Hilfe garantiert zur richtigen Zeit in den richtigen Zug steigt.

Das zweite Problem besteht darin, dass unterstellt wird, Verbraucher seien in der Lage, alle möglichen Kombinationen zu erkennen und zu bewerten und zielsicher diejenige auszuwählen, die einen komplexen »Wertealgorithmus« maximiert. Aber die zahlreichen mit dieser Annahme verbundenen Unwägbarkeiten machen es fast unmöglich zu verstehen, wie Kunden Entscheidungen treffen. Für die meisten Kunden steht nämlich nicht nur der höchstmögliche rationale Nutzen im Vordergrund. Ebenso oft ziehen sie Optionen vor, die ihre wichtigsten emotionalen Erwartungen erfüllen.

Unter operativen Gesichtspunkten haben Unternehmen versagt, weil sie nicht in der Lage waren, einen zuverlässigen Zusammenhang zwischen den von ihnen ermittelten Kundenkennziffern und den eigentlichen Unternehmenszielen – den Geschäftsergebnissen – herzustellen. Denken Sie an die Messkriterien der »Kundenzufriedenheit«, die Unternehmen zur Bewertung der Kundenerfahrungen verwenden. Einige Unternehmen fordern dazu auf, »die Kundenerwartungen jedes Mal zu übertreffen«, ohne sich bewusst zu sein, dass jede Erwartung nur einmal übertroffen werden kann. Jeder Spitzenservice wird beim nächsten Mal schon als selbstverständlich vorausgesetzt. Aber den meisten Unternehmen fällt es schon schwer genug, ihren Service ein einziges Mal zu verbessern! Unzufriedene Kunden werden ohnehin kaum wiederkommen – aber auch zufriedene Kunden sind äußerst unzuverlässig. Selbst wenn sie verkünden, dass sie dem Unternehmen treu bleiben wollen, landen sie vielleicht doch beim Konkurrenten.

Kennen Sie Ihre Kunden wirklich?

Solange Sie noch nicht wissen, welche Emotionen Ihre Kunden zum Wiederholungskauf anregen – und folglich auch nicht, wie Ihre Mitarbeiter diese Emotionen wecken können –, müssen Sie sich noch viel genauer als bisher mit Ihren Kunden beschäftigten.

Da viele Unternehmen immer noch annehmen, dass die Kunden ihre Entscheidungen nach rationalen Kriterien fällen, konzentrieren sie sich auf die »beeinflussbaren Faktoren« (kürzere Wartezeiten, saubere Uniformen, ausreichend Eis im Softdrink). Leider hat sich gezeigt, dass diese eine untergeordnete Rolle dabei spielen, ein dauerhaftes Kundenengagement zu schaffen.

Auch mit den bisher üblichen Maßnahmen zur Kundenbindung erweisen Unternehmen sich selbst und ihren Kunden einen Bärendienst. Sie verlassen sich fast ausschließlich auf Einzelaktionen, die in isolierten Abteilungen geplant und ausgeführt werden. Diese Abteilungen – Marketing, Werbung, Produktentwicklung, Vertrieb, Abläufe und Callcenter – bilden zwar ab, wie ein Unternehmen seine Geschäfte führt, haben aber meist wenig mit den Prioritäten der Kunden zu tun.

Denn oft begeht man den Fehler, für die Kundenbindungsprogramme nur einen Berührungspunkt zu berücksichtigen – wie eine Bank, die annimmt, dass Freundlichkeit einzig und allein daran zu erkennen sei, dass ein Angestellter am Schalter seine Kunden namentlich anspricht.

Noch schlimmer ist es, wenn Unternehmen der Versuchung erliegen, pauschale Verhaltensweisen vorzuschreiben, um Verhaltensweisen im Umgang mit Kunden zu standardisieren. »Bitte entschuldigen Sie mögliche Unannehmlichkeiten, aber derzeit haben wir keine Möglichkeit, Ihr Problem zu lösen«, ist ein klassisches Beispiel dafür. Letztlich sind dies Techniken, die früher einmal dazu dienten, Fließbänder zu optimieren.

Aber am besorgniserregendsten ist die Tatsache, dass die meisten Kundenbindungsprogramme die daran beteiligten Mitarbeiter nicht einbeziehen. Dabei entscheidet sich oft gerade bei ihnen, ob sie die Kunden emotional binden und ihr Engagement gewinnen können.

Viele Maßnahmen zur Kundenbindung zielen auch schlicht in die falsche Richtung. Dazu zählen etwa folgende:

- Die Rolle der Werbung als effektivste Methode der emotionalen Ansprache wird weit überschätzt.
- Das CRM oder Kundenmanagement, in dessen Mittelpunkt die Aufzeichnung und Auswertung von Kundendaten durch Software steht, wird falsch verstanden. Das CRM ist eine sehr technologielastige Methode, mit der selten vorhergesagt werden kann, ob Kunden zurückkehren. Das eigentliche Problem liegt darin, dass mit der schieren Masse von Kundeninformationen noch nichts gewonnen ist. Ein Unternehmen, das eine CRM-Lösung einsetzt, ist nicht automatisch kundenorientiert. Außerdem können die Datenbanken auch leicht von Konkurrenten kopiert werden.

- Einzelaktionen – also etwa Vergünstigungen als Ausgleich für schlechte Erfahrungen. Ein häufiges Beispiel ist etwa das Angebot eines Erster-Klasse-Flugs, wenn es beim letzten Flug Probleme gab.
- Preissenkungen, die zwar Kunden anziehen, aber in keiner Weise ihre Rückkehr gewährleisten, außer wenn die Konkurrenten nicht nachziehen.
- Verschiedene Programme zur Messung der Kundenzufriedenheit. Die Zufriedenheit ist nicht mit echtem Kundenengagement gleichzusetzen, wie allzu viele Unternehmen mittlerweile feststellen mussten.

In den meisten Unternehmen liegt der Schwerpunkt immer noch auf einzelnen Prozessen (etwa beschleunigtes Einchecken in Hotels), die wenig oder keine echte Mitwirkung der Mitarbeiter erfordern. Wichtig ist in diesem Zusammenhang auch die Erkenntnis, dass weniger Fehler im Kundenservice nicht automatisch zu einem höheren Engagement führen. Natürlich sind Fehler schädlich, weil sie das Vertrauen als eine der emotionalen Grundlagen einer Kundenbeziehung unterhöhlen, aber zum Engagement gehört mehr.

Im Umgang mit Beschwerden und Problemen liegt jedoch eine große Chance, weil sie zwischenmenschliche Interaktionen nach sich ziehen, in denen sich die Unternehmensrichtlinien spiegeln.

Reden allein hilft nicht

Nur in Ausnahmefällen gelingt es, allein durch Produkte und die Werbung ein emotionales Engagement hervorzurufen. Welche Werbekampagnen sind Ihnen im Gedächtnis geblieben? Es sind fast immer solche, die das Versprechen einer emotionalen Verbindung enthalten.

- »We bring good things to life.«
- »Like a rock.«
- »The Big Apple.«
- »Have it your way.«
- »We are sports.«
- »The real thing.«
- »We have a gift for giving.«
- »Where do you want to go today?«
- »We're all connected.«
- «Reach out and touch someone.«

Diese Werbeslogans waren in einer Zeit entstanden, als der Wettbewerb noch nicht so hart war, dass man mit Produkten oder Marken keine emotionalen Bindungen mehr schaffen konnte. Denn heute hat fast jedes Unternehmen die Möglichkeit, herausragende Produkte herzustellen und großangelegte Werbekampagnen durchzuführen, in welchem Medium auch immer. Es funktioniert nicht mehr, sich durch die Einzigartigkeit seines Produkts oder durch ein üppiges Werbebudget von der Konkurrenz abzuheben. Deshalb wird es zunehmend schwierig, Marken so zu differenzieren, wie es nötig wäre, um eine enge Kundenbindung zu schaffen. Die traditionellen Marketingkomponenten – Produkt, Distribution, Werbung und Preis – gleichen sich immer mehr an. Und während die emotionalen Versprechen noch echte Werte bereithalten, trifft das auf diese Komponenten schon lange nicht mehr zu.

Die Werbung steht heute vor dem Problem, dass sie emotionale Erwartungen, die auf persönlichen Kontakten basieren, erfüllen muss. Vielfach beruht die emotionale Bindung zwischen einer Marke und dem Kunden letztlich auf den Interaktionen zwischen dem Kunden und den Vertretern des Markenherstellers – sei es in einem Geschäft, bei einem Händler oder auch am Telefon.

Ein paar wenige erfolgreiche Unternehmen haben das begriffen. Sie nutzen die unbegrenzte Macht des Mitarbeiterengagements. Ihre Mitarbeiter reichen den Kunden die Hand und ermöglichen es ihnen, langfristige Beziehungen zum Unternehmen aufzubauen, die sich als sehr rentabel erweisen. Engagierte Kunden geben mehr aus, ermöglichen höhere Gewinne und verbreiten ein positives Unternehmensimage.

Diese Erkenntnisse haben wir im Lauf des vergangenen Jahrzehnts in Geprächen mit über zehn Millionen Kunden gewonnen. Wir haben Tausende von Studien durchgeführt und sind zu einer eindeutigen Schlussfolgerung gelangt: Emotionen spielen eine entscheidende Rolle für gesunde Kundenbeziehungen.

Die *Gallup*-Studien über Kundenengagement und Kundenbindung haben bewiesen, dass ein Kundenengagement nur dann entstehen kann, wenn ein emotionales Engagement vorhanden ist.

Dieses Engagement leitet sich aus einer emotionalen Bindung ab, die exzellente Produkte und Marken voraussetzt und durch Interaktionen mit engagierten Mitarbeitern ermöglicht wird.

Das folgende Beispiel illustriert dies.

Echte Fans und Schnäppchenjäger

Geoff wartet seit Stunden geduldig mit Tausenden anderer Fans vor dem Stadion seiner Mannschaft, weil er Tickets für ein Spiel erstehen will.
Ich komme seit meiner Kindheit mit meiner Familie und Freunden in dieses Stadion. Es gehört zu meiner Geschichte, ich bin hier aufgewachsen. Den legendären Hittern bei ihren Home Runs zuzusehen, hat mich richtiggehend geprägt. Es ist eine so unglaubliche Erfahrung, eins mit den Spielern, den Trainern, dem Manager und den Massen zu sein. Sobald das Frühjahrstraining beginnt, lese ich jeden Morgen zuerst den Sportteil. Es ist mir egal, was die Tickets kosten, es lohnt sich immer.

Fans wissen, dass großartiges Baseball nichts weniger als eine emotionale Achterbahn ist. Für Fans wie Geoff, deren Team sich nicht auf eine ruhmreiche Vergangenheit oder auf nationale Superstars berufen kann, basiert die Bindung auf einer anderen Art des emotionalen Engagements.

Ich kenne natürlich auch andere Stadien, aber oft war ich entsetzt über die Ignoranz und Schlampigkeit der Leute am Schalter und über die ungepflegten Anlagen. Bei uns bemüht sich der Verein sehr um seine Fans. Ich bekomme jedes Jahr eine Weihnachtskarte, unterzeichnet von den Spielern. Ich bekomme einen Newsletter zugeschickt und E-Mails mit aktuellen Nachrichten über das Team. Ich habe das Gefühl, dass der Verein mich schätzt und sich darüber im Klaren ist, dass letztlich die Fans die Spielergehälter bezahlen – und die sind nicht niedrig. Aber ich verliere auch nie aus den Augen, wie hart diese Leute arbeiten. Sie repräsentieren unsere Stadt, und ich bin stolz auf sie.

Während Geoff sich auf das nächste Spiel freut, steht Igor vor einem Geschäft mit Haushaltsgeräten. Er hofft sehr darauf, zu den 100 glücklichen Käufern einer in dieser Zahl neu eingetroffenen modernen Waschmaschine zu zählen. Der Hersteller möchte den Unannehmlichkeiten, die seinen gebundenen Kunden durch die Mundpropaganda entstehen, ein Ende bereiten. Er führt deshalb ein Reengineeringprojekt mit dem Ziel durch, dass nur wenige Kunden bei einer Million möglicher Transaktionen mehr als zehn Minuten warten müssen. Anders ausgedrückt: Er betrachtet die »Reduzierung der Unzufriedenheit auf null« als das ultimative Ziel. Leider sind die Prozesse sehr kurzsichtig angelegt, weil sie nur funktionieren, wenn keine unvorgesehenen Ereignisse eintreten. Ohne menschliche Einbeziehung kann man aber kein Engagement gewinnen.

Einige Wochen später möchte Igor einen Kühlschrank kaufen und reiht sich wieder in die Schlange ein, in der Hoffnung, ein besonders günstiges

Markengerät zu ergattern. Allerdings handelt es sich dieses Mal um eine andere Marke.

In der Zwischenzeit steht Geoff wieder vor dem Stadion, weil sein Team die Endrunde erreicht hat. Dieses Mal hofft er, Karten für bessere Plätze zu bekommen, die natürlich teurer sind.

Weder Igor noch Geoff macht es etwas aus, sich viel Mühe zu geben, um an ihr Ziel zu kommen. Aber für den Gerätehersteller und den Verein fällt die Bilanz sehr unterschiedlich aus: Ersterer hat einen Kunden verloren, weil er dem Irrtum erlegen ist, mit einer Senkung der Wartezeiten automatisch zufriedene und damit gebundene Kunden zu gewinnen. Der Baseballverein dagegen wirbt unermüdlich um die Gunst der Fans und gewinnt ihr Engagement, weil er sich jahraus, jahrein um sie bemüht, ob das Team gewinnt oder nicht.

Kundenbindung im Supermarkt

Mrs. White und Mrs. Hunter rühmen sich ihrer sensiblen Antennen für Schnäppchen. Bevor sie sich auf den Weg zum Supermarkt machen, sichten sie die Sonderangebote in der Lokalzeitung und schneiden sie aus.

Mrs. White steuert vielleicht aufgrund der Sonderangebote zuerst *Food Mart* an und erledigt dort ihren wöchentlichen Großeinkauf. Dann fährt sie zu *Shoppers*, wo sie sonst immer ihre Einkäufe erledigt, um die Preise zu vergleichen und herauszufinden, wie viel Geld sie durch den Einkauf bei der Konkurrenz gespart hat.

Mrs. Hunter lässt sich von den Sonderangeboten von *Shoppers* überzeugen, erledigt ihren Einkauf dort und fährt dann zu *Food Mart*, um das zu tun, was Mrs. White auch getan hat.

Interessanterweise haben beide durch den Preisvergleich Geld gespart, weil sie unterschiedliche Artikel eingekauft hatten. Aber was geschieht, wenn sie dieselben Artikel benötigen?

Es ist schlichtweg unmöglich, die Preise aller Geschäfte zu vergleichen. Davon abgesehen würde es die geistigen Kapazitäten eines Albert Einstein erfordern, um die notwendigen Berechnungen anzustellen und die Alternativen zusammenzustellen, damit man die Artikel auch wirklich optimal kombiniert. Mrs. White und Mrs. Hunter lösen dieses Dilemma, indem sie sich bei einem Nachbarn oder vertrauenswürdigen Mitarbeiter im Supermarkt nach Empfehlungen erkundigen.

Trotz der Unterschiede haben Geoff, Mrs. White und Mrs. Hunter eine

Gemeinsamkeit. Sie sind engagierte Kunden, die ihre Entscheidung für oder gegen ein Unternehmen mit mehreren Faktoren begründen. Zwar spielt es eine Rolle, auf aktuelle Informationen zu reagieren, die besten Optionen herausfiltern und wahrscheinliche Vorteile erkennen zu können, aber über ihr tatsächliches Verhalten entscheidet letztlich vielleicht ein anderes Motiv.

Nicht bessere Produkte, geänderte Prozesse und niedrigere Preise waren für die drei Personen der entscheidende Anreiz zur Treue, sondern die emotional besetzten Marken und Beziehungen:

- Geoff bleibt seinem Team treu ergeben, solange dieses ihm die Identifikation mit den Spielern ermöglicht und ihm das Gefühl vermittelt, dass er wichtig ist.
- Mrs. Hunter und Mrs. White verlassen sich weiterhin auf den Rat von Menschen, denen sie auf der Suche nach dem günstigsten Einkauf ihr Vertrauen schenken.

Und was ist mit Igor? Während er seinen Schnäppchen nachjagt, wird vermutlich noch viel Zeit vergehen, bis es einem Unternehmen einmal gelingt, eine emotionale Brücke zu ihm zu schlagen.

Rational oder emotional: Auf die Kombination kommt es an

Leider versuchen die meisten Unternehmen weiterhin, allein an die Ratio zu appellieren – und nicht an Verstand und Gefühl. Sie glauben immer noch, dass das Verbraucherverhalten ausschließlich auf bewussten Überlegungen und Vernunftargumenten beruhe. Aber die jüngsten Ergebnisse in den kognitiven Neurowissenschaften widerlegen diese Annahme eindeutig. Ihnen zufolge resultiert das menschliche Verhalten aus einer Kombination von rationalem Denken und Emotionen, wobei das rationale Denken ohne Emotionen gar nicht funktioniert. Deshalb mag es zwar gelingen, das Interesse eines Verbrauchers an einem Produkt zu wecken, indem man ihn rational anspricht (wie im Fall von Igor), aber damit sind noch längst nicht die Emotionen erzeugt, die für ein echtes Engagement nötig sind.

Wie könnte es auch anders sein, wenn sich selbst bestens informierte Menschen fragen: »Welches Gefühl vermittelt mir dieses Produkt?«, »Bin ich etwas Besonderes für dieses Unternehmen?«, »Haben sich die Mitarbeiter große Mühe gegeben, meine Bedürfnisse zu erfüllen?« oder »Kennt die Firma meine individuellen Vorlieben?«

So geben Unternehmen Milliardenbeträge aus, um die Sinne der Verbraucher anzusprechen. Sie lassen sich neue Geschmacksrichtungen, ungewöhnliche Verpackungen, eingängige Melodien und Jingles und attraktive Stoffe einfallen. Mit diesen Strategien und den dazugehörigen Produktkonzepten sowie der Werbung zielen sie auf die Emotionen ebenso wie auf den Verstand ab. Aber diese konventionellen Methoden funktionieren heute nicht mehr so wie bisher. Nicht nur das: Die Emotionen, die geweckt werden müssen, damit ein Kunde ein Produkt testet, sind vielleicht andere als die, die geweckt werden müssen, damit er es regelmäßig kauft.

Unternehmen fügen sich großen Schaden zu, wenn sie weiterhin am Glauben festhalten, dass Kunden ihre Markenbeziehungen in den Spannungsfeldern der Scheinargumente »lieber mehr als weniger« oder »lieber preiswert als teuer« oder – sehr beliebt – »lieber gut als schlecht« festlegen.

Die Drehtür

Der CEO eines Finanzunternehmens der *Fortune-500*-Liste drückte die Meinung vieler anderer Konzernlenker aus, als er sagte: »Unser Ziel ist es, die jährliche Kundenabwanderungsrate um mindestens die Hälfte zu senken.«

Maßnahmen zur Kundenbindung stehen bei vielen Firmenchefs an erster Stelle, wie eine jüngste Umfrage des Forschungsinstituts *The Conference Board* ergeben hat, das als Trendbarometer in vielen Branchen große Bedeutung hat. Den Grund dafür kann man nicht oft genug wiederholen: Wenn auch nur ein geringer Anteil gewöhnlicher Kunden in loyale Kunden verwandelt wird, führt dies zu einem durchschnittlichen Anstieg des Gewinns pro Kunde von über 25 Prozent (Frederick F. Reichheld, *Der Loyalitäts-Effekt*, Campus Verlag 1997). Die Steigerungen mögen vielleicht in den einzelnen Branchen unterschiedlich hoch ausfallen, doch entscheidend ist die Erkenntnis, dass es auf den globalen Märkten nicht mehr ausreicht, neue Kunden zu gewinnen. Unternehmen müssen sich darauf konzentrieren, treue Kunden an sich zu binden, wollen sie ihr Wachstum und ihre Rentabilität im heutigen scharfen Wettbewerb sichern.

Stellen Sie sich zwei Firmen vor. Firma A weist eine Kundenbindungsrate von 80 Prozent aus, Firma B eine immer noch respektable Rate von 70 Prozent. Beide verlieren jährlich Kunden, wobei Firma A aber 10 Prozent mehr Kunden als Firma B behält. Welche langfristigen Auswirkungen hat dies für beide Firmen?

Wir unterstellen, dass diese Bindungsraten konstant sind und die beiden Unternehmen den Umsatz zehn Jahre lang in Folge um 30 Prozent steigern. Im ersten Jahr beginnt Firma A mit 100 Kunden. Sie verliert 20 Kunden, gewinnt aber 30 neue dazu, sodass sie nach einem Jahr mit 110 Kunden eine Steigerung um 10 Prozent erzielt hat. Firma B dagegen beginnt und beendet das Jahr mit denselben 100 Kunden.

In sieben Jahren hat Firma A die Zahl ihrer Kunden fast verdoppelt. Nach zehn Jahren ist die Kundenbasis um den Faktor von 2,59 gestiegen. Firma B hat immer noch dieselben 100 Kunden. Ein Unterschied von nur 10 Prozent in der Kundenbindung führt in diesem Zeitraum also zu dramatischen Ergebnisverschiebungen.In den meisten Branchen steigt die Rendite einer Kundenbeziehung mit ihrer Dauer. Oftmals geht damit auch eine Senkung der Kosten für die Betreuung loyaler Kunden einher. Im Verlauf von zehn Jahren verzeichnet Firma A also eine positive Entwicklung des Gewinns pro Kunde, mit den entsprechenden positiven Auswirkungen auf Wachstum und Ertrag. Firma B dagegen stellt fest, dass sich die Kosten der Neukundengewinnung negativ auf die Profitabilität der einzelnen Kunden auswirken, mit entsprechend schlechteren Aussichten für die weitere Geschäftsentwicklung.

Die Vorteile, die gebundene Kunden ihren Unternehmen bescheren, sind in jedem Unternehmen jeder Branche von ganz entscheidender Bedeutung. Sie kaufen nicht nur regelmäßig und tragen in einem höheren Verhältnis zur Rentabilität bei, sondern sie legen auch Verhaltensweisen an den Tag, die mit den bekannten Grundsätzen der Rechnungslegung nicht erfasst werden können. Sie geben im Lauf der Zeit mehr Geld beim Anbieter ihres Vertrauens aus, sind bereit, höhere Preise zu bezahlen, betreiben Mundpropaganda und sind tolerant, wenn es einmal zu Problemen kommt. Daneben ist die Betreuung engagierter Kunden für das Unternehmen kostengünstiger. Es ist allgemein bekannt, dass es selbst nach vorsichtigen Schätzungen fünfmal so teuer ist, neue Kunden zu gewinnen wie vorhandene zu bedienen.

Unternehmen geben Milliardenbeträge für den Versuch aus, der Konkurrenz Kunden abzuwerben. Spätestens seit die Verbraucher begannen, so gut wie jedes Produktmerkmal in Marktforschungsgruppen zu beurteilen – von der »Knusprigkeit des Frühstücksmüslis« bis zur »Viskosität des Shampoos« –, versuchten Unternehmen ihnen die Produkte auf den Leib zu schneiden. In noch jüngerer Zeit wurde es möglich, über das Internet und andere Kanäle das Kaufverhalten einzelner Kunden zu beobachten.

Mit all diesen Informationen haben Unternehmen nun versucht herauszufinden, was sie tun müssen, um gebundene Kunden zu gewinnen.

Das fünfte »P« im Marketingmodell

Viele Unternehmen versuchen immer noch, die Glieder der so genannten »Wertschöpfungskette« zusammenzufügen, um auf diese Weise starke Kundenbindungen zu schmieden. Nach dem Konzept der Wertschöpfungskette fügen sie ihren Produkten durch bestimmte Maßnahmen neue Werte oder Nutzenangebote hinzu und erzielen auf diese Weise überlegene Wettbewerbsvorteile. Damit soll es ihnen dann gelingen, so glaubte man zumindest jahrzehntelang, sich von ihren Konkurrenten abzuheben.

Gallup wollte feststellen, ob das Konzept der Wertschöpfungskette auch heute noch zutrifft und führte zu diesem Zweck eine umfangreiche Studie durch. Darin sollte ermittelt werden, inwieweit fünf zentrale Geschäftsmotoren oder Marketinginstrumente dazu beitragen konnten, beim Kunden die Absicht eines Wiederholungskaufs in sechs verschiedenen Branchen zu wecken. Dazu zählten auch die traditionellen »vier P« im Marketing: Produkt, Distribution, Werbung und Preis (Product, Placement, Promotion, Price). Ein fünftes P für »People« oder Menschen stand für die Interaktionen zwischen Firmenvertretern und Kunden.

Im Rahmen der Studie wurden aktuelle und ehemalige Kunden identifiziert, nach ihren Reaktionen auf die einzelnen Marketingbemühungen und den Service befragt und zu ihrer Absicht eines Wiederholungskaufs befragt.

Es stellte sich heraus, dass die Mitarbeiter des Unternehmens, mit denen die Kunden in Berührung kommen, die Marke nicht nur repräsentieren, sondern sogar mit ihr gleichgesetzt werden.

Das »fünfte P« spielte für die Differenzierung eine größere Rolle als jedes der anderen vier Instrumente. Die Kunden sind also sensibel geworden für Unterschiede in den Kompetenzen der Mitarbeiter, die ihnen die Marken anbieten und verkaufen.

Drei Ferngesprächsanbieter, die an der Studie teilnahmen, illustrieren die obige Aussage. Die Kunden der Unternehmen A, B und C, welche den entsprechenden Servicemitarbeitern schlechte Noten erteilten, sagten mit einer um jeweils 6,6, 5,7 und 2,5 Mal höheren Wahrscheinlichkeit, dass sie den Anbieter demnächst wechseln wollten. Als es um die Bewertung der Qualität des technischen Service ging, sagten die Kunden der Unternehmen A und C, die über einen schlechten Service klagten, nur mit einer um 1,9 und 2,4 Mal höheren Wahrscheinlichkeit, dass sie den Anbieter wechseln wollten. Folglich wären diese Telefongesellschaften besser beraten, Geld in die Verbesserung der Kundenbeziehung zu stecken als in die Verbesserung der technischen Qualität.

In derselben Studie wird der Einfluss des »fünften P« bei den Kunden einer Fast-Food-Kette nachgewiesen. Der Hauptgrund für die Rückkehr der Stammkunden und Gelegenheitskunden ist erstaunlich. Sie nennen nämlich nicht den Geschmack der Speisen, sondern die Qualität der Interaktionen mit dem Servicepersonal. Diejenigen Gäste, die dem Personal hervorragende Noten geben, kehren mit einer etwa fünf Mal höheren Wahrscheinlichkeit in ein bestimmtes Restaurant zurück. Auch die beste Werbekampagne kann da nicht mehr mithalten: Sie könnte nur etwa die Hälfte dieses Engagements hervorrufen.

Engagierte Kunden sind es wert, dass man Zeit und andere Ressourcen in sie investiert. Die emotionale Anerkennung ihrer Bedürfnisse zahlt sich um ein Vielfaches wieder aus.

Sind die Kunden auch morgen noch treu?

Ja – und nein. Zuerst die schlechte Nachricht: Die Hinweise mehren sich, dass Kunden zur Abwanderung tendieren, wenn sie keine sinnvolle emotionale Beziehung zu einer Marke oder einem Unternehmen haben. Kunden werden also nicht als gebundene Kunden geboren. Und nun die gute Nachricht: Kunden ziehen es vor, eine einmal aufgebaute emotionale Bindung auch fortzusetzen. Diese Erkenntnisse stammen aus einer breiten Palette von Studien über Kunden in Branchen auf der ganzen Welt. Das folgende Beispiel ist sogar einer Branche entnommen, bei der man annehmen würde, dass menschliche Interaktionen gar keine Rolle spielen.

Der Marketingchef eines der weltweit größten Softdrinkunternehmen wollte herausfinden, warum die Kunden zurückkehrten und veranlasste zu diesem Zweck verschiedene Marktforschungsaktivitäten. Dabei stieß er unter anderem auf das Problem, dass die Markenmanager ganz falsche Vorstellungen von der Treue ihrer Kunden hatten. Schließlich waren sie es gewohnt, dass ihre Marke ständig die weltweit größte Softdrinkmarke genannt wurde.

Quartal für Quartal flatterten den Managern Berichte über den Marktanteil ihrer Topmarke in der Softdrinkkategorie auf den Schreibtisch. Der
Anteil lag immer um 50 bis 55 Prozent. Die geringen Abweichungen über
lange Zeiträume ließen sie annehmen, dass es sich immer um dieselben gebundenen Kunden handelte.

Aber der Marketingchef gab sich mit dieser Annahme nicht zufrieden. Er
wusste, dass in einer so unbeständigen Kategorie noch andere Dinge eine
Rolle spielen mussten. Deshalb fragte er die Softdrinkkäufer zunächst nach
ihrem tatsächlichen Konsum. Es stellte sich heraus, dass die gebundenen
Kunden nur etwa 40 Prozent zum Marktanteil beitrugen. Bei den anderen 60
Prozent handelte es sich um Verbraucher, die auch andere Marken tranken.
(Als Folge dieser ärgerlichen Entdeckung wurden die Methoden zur Messung
von Marktdaten und zur Markenführung entsorgt und durch neue ersetzt.)

Aber der Marketingmanager war noch nicht zufrieden. Er fragte sich:
»Was bewirkt, abgesehen vom Geschmack, von der Werbung, einer attrakti-
ven Verpackung und einer hervorragenden Distribution, dass die Kunden der
Marke treu bleiben?« Dies war eine wichtige Frage, wenn man bedenkt, dass
das Unternehmen es bisher als wichtigstes Marketingziel betrachtet hatte,
»die größtmögliche Nachfrage« zu schaffen und nicht »die höchstmögliche
Markenloyalität«.

Interessanterweise fand der Marketingleiter heraus, dass sein Unternehmen bisher Wiederholungskäufe als das Ergebnis der »intrinsischen und
extrinsischen Vorteile« betrachtet hatte (bequeme Euphemismen für »Produktmerkmale« und »Markenimage«). Sein Gefühl sagte ihm aber, dass der
Kohlensäuregehält, die Distribution, die Kühlung und ein attraktives Dosen-
design die Rückkehr der Kunden keineswegs gewährleisteten. Schließlich
machte er eine Entdeckung, die vielleicht mehr wert war als das Rezept für den
Softdrink.

Er stellte fest, dass das Markenimage und die Produktmerkmale gute Indikatoren dafür waren, ob jemand das Produkt ausprobieren würde, mittelmäßige Indikatoren für einen gelegentlichen Wiederholungskauf und sehr
schlechte Indikatoren für die Kundenloyalität. Als er jedoch fragte: »In welchen Situationen ist die Loyalität für unser Produkt und unsere Marke am
stärksten?«, war die Antwort ebenso einfach wie überraschend.

Er stellte fest, dass der höchste Verbrauch und die stärkste Markentreue
dann vorhanden waren, wenn die Verbraucher den Softdrink zu Hause beim
Essen in Gesellschaft ihrer Familie und Freunde tranken.

Er stellte auch fest, dass die Hausfrauen die Hauptkäuferinnen waren. Sie
kauften die Marke wegen ihrer starken emotionalen Assoziationen: Jahr-

zehntelang war der Softdrink als Getränk dargestellt worden, das man bei Familienfeiern und besonderen Gelegenheiten trank (Geburtstage, Silversterfeiern, Parties und so weiter). Eine weitere Gruppe von Wiederholungskäufern waren diejenigen, die gerne gemeinsame Mahlzeiten einnahmen und von ihrem Lebensgefühl her stolz auf sich und ihre Erfolge waren. Kurz: Er stellte fest, dass die gebundenen Verbraucher eine emotionale Bindung zur Marke besaßen.

Währenddessen gab das Unternehmen weltweit Milliarden Dollar für den Versuch aus, Treue durch noch mehr Werbung, eine verbesserte Distribution und häufigere Kühlung zu erkaufen. Aber kaum etwas wurde darin investiert, persönliche Beziehungen, die über alle Nachahmerprodukte und Preiskriege erhaben gewesen wären, zum Bestandteil des Geschäftsmodells zu machen.

Letztlich entdeckte dieser Manager, dass sein Produkt und die Marke zwar positive Gefühle erzeugten, das bisherige Erfolgsmodell jedoch ausgedient hatte: Das traditionelle Marketing funktionierte nicht mehr. Das Unternehmen musste sich neu definieren (als umfassendes Getränkeunternehmen) und seine Produktlinie um spannende Marken für alle Gelegenheiten erweitern. Aber vor allem anderen musste es neu definieren, wie es eine emotionale Bindung zu seinen Kunden schuf. Dazu gehörte es, die menschlichen Aspekte der Distribution und Werbung, des Verkaufs und des Merchandising als Teil des Engagements einzubeziehen.

Der Manager erkannte, dass selbst in der Getränkeindustrie, wo man bisher davon ausging, dass Emotionen einfach durch Werbung ausgelöst werden, die menschlichen Kontakte eine entscheidende Rolle für die Entwicklung der emotionalen Bindung spielen. Dauerhafte Kundenbeziehungen sind ohne positive menschliche Interaktionen nicht mehr denkbar. Diese Erkenntnis, die nun immer breitere Zustimmung findet, hat eine Marketingrevolution ausgelöst, die derzeit noch an ihrem Anfang steht.

Nichts geht ohne emotionales Engagement

Von den Emotionen hängt es ab, welche Ziele und Pläne die Kunden entwickeln – und was sie regelmäßig kaufen. Während sie bei der Überlegung, ob sie ein Produkt noch einmal kaufen, die faktischen Informationen (etwa Preise) leicht vergessen, erinnern sie sich fast immer an die Emotionen – an unangenehme häufiger als an angenehme.Der Entscheidungsprozess des Kunden hängt also auch von den Emotionen ab, die er während des Kaufs eines Produktes oder der Nutzung eines Service erfährt. Abgesehen von den intrinsischen Funktionen hält ein Produkt oder eine Marke für den Kunden immer emotionale Assoziationen bereit. Das emotionale Engagement wirkt sich in jeder Phase des Entscheidungsprozesses aus. Es gibt drei Arten der Kundenloyalität:

- Die erzwungene Loyalität, die aus einem Monopol resultiert und nur so lange dauert, wie das Monopol Bestand hat.
- Die gekaufte Loyalität (Vielfliegermeilen, welche die Kunden vielleicht nicht einmal nutzen können).
- Die emotionale Loyalität, die sehr lange andauern kann. Ein Unternehmen, das sich nicht um das emotionale Engagement kümmert, kann seine Kunden auch nicht überzeugen, ihm treu zu bleiben.

Wenn Sie die Rolle der Emotionen für die
Kundenbindung anerkennen, haben Sie den siebten Schritt
auf dem *Gallup*-Pfad getan.

Kapitel 8
Die vier Motoren des Kundenengagements

Die Zeichen sind eindeutig

Analog zum Q^{12}-Index, der das Mitarbeiterengagement misst, bietet die CE^{11}-Methode – einschließlich der Instrumente L^3 und A^8 – die Möglichkeit, das Kundenengagement zu messen und zu steigern.* Bei der Entwicklung von CE^{11} haben wir Daten analysiert, die aus den größten Datenbanken zu diesem Thema stammen. Großen Einfluss auf diese Arbeit haben unsere Kollegen William McEwen und John Fleming genommen, die bei *Gallup* eine führende Rolle im Management des Kundenengagements spielen. Wir haben Tausende von Antworten auf Fragen untersucht, die im Lauf eines Jahrzehnts mehr als zehn Millionen Verbrauchern vorgelegt wurden.

Zunächst beschäftigten wir uns mit Fragen zu Einstellungen, Meinungen, Vorlieben und Verhaltensweisen, die Aufschluss über die Art des emotionalen »Bandes« zwischen den Kunden und dem Unternehmen und seinen Marken gaben. Dann gingen wir in einer Studie der Frage nach, welchen Einfluss die einzelnen Kunden-Mitarbeiter-Beziehungen auf die Markendifferenzierung hatten und inwieweit sie als Quelle von Wettbewerbsvorteilen zu betrachten waren. Damit sollte die Frage beantwortet werden: »Welche Elemente tragen zum Aufbau einer starken Kundenbeziehung bei?« Die Ergebnisse lassen sich folgendermaßen zusammenfassen:

* CE^{11}, L^3 und A^8 sind Warenzeichen der *Gallup Organization*, Princeton, New Jersey. Die CE^{11}-Fragen sind durch Copyright der *Gallup Organization*, 1994-2000, geschützt. Alle Rechte vorbehalten.

- Die stärkste langfristige Beziehung – eine emotionale Bindung – hängt nicht allein davon ab, dass ein Kunde umfassend informiert ist und sämtliche Vorteile eines Produkts rational zu würdigen weiß.
- Vielmehr ist die Bindung an ein Produkt oder eine Marke das Ergebnis emotional besetzter Erfahrungen, die im Lauf zwischenmenschlicher Interaktionen gemacht wurden.

Die L³-Methode

Man kann anhand von drei Fragen untersuchen, wie engagiert ein Kunde wirklich ist. Diese Fragen fassen die verschiedenen rationalen und emotionalen Überlegungen des Kunden zusammen. Sie gehören seit Jahren zum Repertoire von *Gallup* und stellen ein allgemeines Kriterium für die »Einstellung zur Loyalität« dar. Wir sprechen von der L³-Messung.

Frage 1: »Wie zufrieden sind Sie insgesamt mit demUnternehmen?«
Frage 2: »Wie hoch ist die Wahrscheinlichkeit, dass Sie das Unternehmen wieder wählen?«
Frage 3: »Wie hoch ist die Wahrscheinlichkeit, dass Sie das Unternehmen Freunden oder Kollegen weiterempfehlen?«

Bei der Beantwortung der ersten Frage beurteilen die Kunden, ob ihre grundsätzlichen Erwartungen bisher erfüllt wurden oder ob es Schwierigkeiten gab, die nicht zu ihrer Zufriedenheit beseitigt wurden.

Während einerseits schlechte Erfahrungen einen nachdrücklicheren Eindruck als gute hinterlassen, garantiert andererseits vollständige Zufriedenheit noch lange keine Wiederholungskäufe. Im Gegenteil: Die *Gallup*-Studie zeigt, dass »vollständige Zufriedenheit« lediglich ein Indikator dafür ist, dass ein Wiederholungskauf in Betracht gezogen wird. Nur selten ist die Zufriedenheit ein zuverlässiger Indikator dafür, dass die Kaufabsicht tatsächlich umgesetzt wird.

Mit der zweiten Frage wird die Absicht des Kunden untersucht, dem Unternehmen oder der Marke treu zu bleiben. Sie unterstellt, dass der Kunde seine bisherigen – vermutlich die jüngsten – Erfahrungen berücksichtigt und ihre Auswirkungen auf die Zukunft beurteilt. Aber eine Kaufabsicht ist noch kein Kauf. Oft entscheiden sich Kunden gegen ihre rationalen Pläne und handeln ganz anders.

Die dritte Frage spricht die Mundpropaganda an – einen preiswerten, aber wirkungsvollen Weg zur Steigerung des Verkaufs eines Markenproduktes oder einer Dienstleistung. Der ratsuchende Kunde hat den Vorteil, dass sein Risiko einer falschen Kaufentscheidung sinkt. Die Mundpropaganda wirkt umso stärker, je mehr Vertrauen der Kunde dem Befürworter der Marke schenkt. Deshalb ist es so wichtig herauszufinden, ob eine positive Kundenerfahrung auch zur Mundpropaganda führt. Empfehlungen spielen auch insofern eine wichtige Rolle, als sie die Grunderwartungen vorgeben, die andere an die Marken, Produkte oder Dienstleistungen stellen.

Die A^8-Methode

Die folgenden acht Indikatoren fassen vier emotionale Zustände zusammen – die Grunddimensionen des emotionalen Engagements: Vertrauen, Integrität, Begeisterung und Leidenschaft. Wie Sie sehen werden, bauen diese vier Zustände aufeinander auf. Wie bei der Q^{12}-Methode ist es auch hier wichtig, die richtige Abfolge einzuhalten.

Vertrauen

> »Das Unternehmen ist ein Name, zu dem ich Vertrauen habe.«
> »Das Unternehmen hält Zusagen immer ein.«

Kunden vertrauen einer Marke, einem Produkt, einem Service oder einem Unternehmen nicht automatisch. Sie glauben auch nicht, dass sie sich darauf verlassen könnten, von einer Marke oder einem Unternehmen zuverlässig und konstant die erwünschten Ergebnisse geliefert zu bekommen.

Vertrauen entwickelt sich aus einer »Beziehung«, etwa durch mentale Bilder, die durch die Marken geschaffen werden, durch Erfahrungen mit Produkten und Dienstleistungen oder durch menschliche Interaktionen mit Mitarbeitern. Vertrauen erwächst aus technischer Kompetenz, zuverlässigen Systemen und dem Eingehen auf Kundenbedürfnisse. Dabei spielen auch weniger greifbare Fähigkeiten eine Rolle, etwa das erforderliche Wissen zur Erfüllung der Kundenanforderungen.

Die Schlüsselbegriffe für das Vertrauen sind »aufrichtig«, »authentisch«, »genau« und »glaubwürdig«. Das emotionale Band zwischen einem Unternehmen oder einer Marke und einem Kunden basiert auf einem gemeinsamen

Verständnis der beiderseitigen Erwartungen. Es setzt voraus, dass die Kundenerwartungen und die tatsächlichen Kundenerfahrungen übereinstimmen. Wo Vertrauen vorhanden ist, weiß ein Unternehmen, was seine Kunden wollen, verspricht, diese Wünsche zu erfüllen und hält dieses Versprechen dann zuverlässig ein.

Wer diese Grunderwartungen nicht nur einmal, sondern immer erfüllt, baut Vertrauen auf.

Der Schlüsselbegriff für ein Versprechen lautet »Konsistenz«: Der Kunde vertraut darauf, dass sein Anbieter die Erwartungen durchgängig erfüllt. Dies wiederum erfordert im Unternehmen eine interne Abstimmung, denn nur so können alle Prozesse und Systeme, auch die Interaktionen der Mitarbeiter mit den Kunden, durchgängig reibungslos funktionieren.

Das Kundenvertrauen wird nur allzu leicht zerstört, wie folgende Beispiele zeigen:

- »Neulich besuchten wir unser Fast-Food-Stammlokal. Normalerweise benutzen wir das Drive-in-Fenster, aber da eines der Kinder zur Toilette musste, gingen wir hinein. Die Toiletten waren schmutzig und ungepflegt. Ich war so entsetzt, dass ich dieses Lokal bestimmt nie wieder aufsuche. Ich bin vorher natürlich nicht dorthin gegangen, weil ich glaubte, dass die Toiletten sauber seien (ich habe es immer angenommen). Ich habe mich dafür entschieden, weil das Essen gut und das Personal freundlich ist. Aber die Erfahrung mit den Toiletten hat meine Einstellung völlig verändert. Ich habe einfach kein Vertrauen mehr in dieses Restaurant.«
- »Ich war jahrelang Kunde bei meiner Bank. Ich ging immer davon aus, dass meine Konten fehlerlos geführt würden. Dann tauchte eines Tages ein falscher Betrag auf meinem Kontoauszug auf. Natürlich war das keine Absicht, da bin ich mir ganz sicher. Aber als ich den Fehler sah, war mein erster Impuls, die Bank zu wechseln. Ich hatte das Gefühl, mich nicht mehr auf sie verlassen zu können. Was ist, wenn ihnen auch Fehler bei meinem Pensionsfonds unterlaufen? Ich kann dieser Bank einfach nicht mehr vertrauen.«
- Der Kunde eines Flaschenherstellers, dem durch eine verspätete Lieferung ein großer Schaden entstand, sagte: »Ich kann es gar nicht erwarten, mir einen anderen Lieferanten zu suchen und diesen Leute zu sagen: ›Das war's.‹ Ich war für eine neue Produktlinie verantwortlich, die im Sommer in die Ladenregale kommen sollte. Das Produkt wurde schon in den Kühlhäusern gelagert, die Marketing- und Werbekampagnen waren fertig – und alles war umsonst, weil dieser Flaschenhersteller nicht rechtzeitig lieferte. Er

hatte die Glasflaschen innerhalb von 60 Tagen versprochen und selbst nach der doppelten Zeit hatte er noch keine einzige geliefert. Wie hätte ich ihm je wieder vertrauen können?«

Das Vertrauen fördert zwar das Kundenengagement und wirkt der Abwanderung entgegen, aber für eine wirklich stabile Bindung reicht es nicht aus. Sobald das Vertrauen gefestigt wurde, ist diese erste Ebene einer emotionalen Bindung stark genug, um die nächste tragen zu können – die Integrität.

Integrität

> **»Von dem Unternehmen werde ich bzw. wird mein Anliegen**
> **immer ernst genommen.«**

> **»Wenn ich ein Problem habe, vertraue ich darauf, dass das Unternehmen**
> **eine zufrieden stellende Lösung bietet.«**

Mit Integrität ist der Glaube an das moralische Versprechen eines Unternehmens, an die Einhaltung vereinbarter Grundsätze und an eine faire Behandlung bei möglichen Problemen oder unvorhergesehenen Ereignissen gemeint. Die Integrität wird danach beurteilt, ob ein Kunde sich fair behandelt fühlt und mit einer fairen Problemlösung rechnet. Sie wird verstärkt, wenn ein Kunde glaubt, es nicht nur mit einem kompetenten und aufrichtigen, sondern auch mit einem fairen und ethisch verantwortlichen Unternehmen zu tun zu haben. Diese Integrität kann etwa durch einen Verkäufer vermittelt werden, der seinem Kunden auch ein preiswertes Gerät empfiehlt, wenn dieses seinen Bedürfnissen genügt. Ein Hotelangestellter, der eine Buchung nicht berücksichtigt hat, sollte in der Lage sein, sich zu entschuldigen und eine Wiedergutmachung anzubieten, etwa eine bessere Zimmerkategorie.

Dazu muss ein Unternehmen die Grundsätze eindeutig definiert haben, die für die Lösung von Kundenproblemen oder Beschwerden gelten.

Die meisten Unternehmen verfassen umfangreiche Handbücher, in denen sie Vorgehensweisen für bestimmte Situationen festlegen. Für die Kundenerfahrung ist es aber entscheidend, wie diese Anweisungen durchgeführt wurden. Deshalb sind die Einstellungen der Mitarbeiter und die kompetente und eigenverantwortliche Umsetzung der Vorschriften von großer Bedeutung. Wenn ein Kunde sich darauf verlassen kann, dass Probleme zufrieden stellend gelöst werden, ist die zweite Komponente der Integrität vorhanden.

Bei der ersten Komponente der Integrität geht es die Einhaltung von Grundsätzen, auf die sich das Unternehmen und seine Kunden ausdrücklich geeinigt haben. Dabei kann es sich um die Frist für die Einlösung von Rabattcoupons, eine Nutzung auf Probe, eine Gewährleistungsfrist oder eine Rückgaberegelung handeln.

Manche Grundsätze werden offiziell formuliert und dem Kunden zur Zustimmung vorgelegt (Vereinbarungen, Verträge etc.), während man über viele andere gar nicht ausdrücklich spricht. Dabei geht es um Fragen wie die, was bei unvorhergesehenen Ereignissen wie einem Unfall, einem Computerausfall oder einer Naturkatastrophe geschieht. Oder es geht darum, dass ein Kunde seine Erwartungen nicht erfüllt sieht, wenn er etwa von einem Menü in einem Restaurant enttäuscht ist, in einem Hotelzimmer keinen Internetanschluss vorfindet, ein Kleidungsstück kauft, das nicht richtig passt, eine Satellitenschüssel installiert, die nicht die erhoffte Qualität und Vielfalt der Kanäle bietet oder einen Anschlussflug verpasst, weil es wegen eines Schneesturms oder verschärfter Sicherheitsanforderungen zu einer Verspätung kam. In jedem dieser unvorhergesehenen Fälle hat der Kunde ein Problem und verlangt eine Lösung.

Viele unvorhergesehene Ereignisse treten auch auf, während der Kunde das Produkt nutzt oder einen Service beansprucht. Manchmal besteht das Problem nur darin, dass präzise Informationen fehlen, ein Produkt nicht funktioniert oder ein Service nicht vollständig erbracht wurde. In anderen Fällen geht es um handfeste Beschwerden. In all diesen Fällen muss sich der Kunde nach Behebung des Problems in einem emotionalen Zustand befinden, der garantiert, dass er sich auch beim nächsten Problem immer auf diese Marke, diesen Mitarbeiter oder diesen Hersteller verlassen wird.

Im folgenden Beispiel ist dies nicht der Fall:

Im vergangenen Jahr wurde ich nach Salt Lake versetzt, wo wir auch schnell ein neues Haus fanden, das gerade im Bau war und noch rechtzeitig fertig gestellt werden sollte. Wir konnten sogar noch auf einige Ausstattungsmerkmale Einfluss nehmen. So wollten wir im ganzen Haus elektrische Leitungen verlegen lassen, um sämtliche technischen Geräte nach Belieben anschließen zu können – Internetzugang in jedem Zimmer, Kabel- und Telefonanschluss in einer Dose, Surround Sound, Alarmanlage und so weiter. Unser Bauträger fand ein lokales Unternehmen, das sich darauf spezialisiert hatte und wir vereinbarten eine Zahlung von 8.000 Dollar für diesen Sonderwunsch. Als wir schließlich einzogen, baten wir das Unternehmen um eine Einweisung in die neue Technik. Wir vereinbarten einen Termin für den folgenden Freitag um 17 Uhr. Eine halbe Stunde vorher rief der Mitarbeiter der Firma an und teilte uns mit, er müsse leider absagen. Das war sehr ärgerlich, da unsere Kabelverbindung in jedem Raum anders programmiert schien und der Internetzugang nicht funktionierte. Wir vereinbarten einen neuen Termin für den nächsten Tag um 8.30 Uhr. Leider ließ sich um 8.30 Uhr niemand blicken. Fast eineinhalb Stunden später erschien der Mitarbeiter schließlich mit dicken Ordnern unter den Armen, um uns zu helfen – dachten wir jedenfalls. Leider hatten seine Ordner nichts damit zu tun, wie man unsere Technologie zum Funktionieren bringen, sondern damit, welche Zusatzprodukte wir noch kaufen konnten, etwa Infrarotsysteme, eingebaute Lautsprecher und Router (was auch immer das sein sollte). Ich teilte dem Mitarbeiter freundlich mit, dass wir vorerst nicht am Kauf von Zusatzprodukten interessiert seien, sondern lieber erst einmal das zum Funktionieren bringen wollten, was wir schon hatten. Seine Antwort machte mich sprachlos. Er teilte uns nämlich ungerührt mit, dass er im »Vertrieb« und nicht im »technischen Kundendienst« beschäftigt sei, auch wenn er in den fünf Jahren vor seiner Beförderung im Service gearbeitet habe. Wir flehten ihn an, uns zu zeigen, wie man das Kabelfernsehen bediente und den Internetzugang zum Laufen bekam. So leid es ihm tue, erwiderte er, aber wir müssten den technischen Kundendienst anrufen und einen weiteren Termin vereinbaren. Ich war wütend und er nahm meinen Frust leider persönlich. Er packte seine Unterlagen zusammen und verabschiedete sich mit den Worten, sein Unternehmen habe es nicht nötig, mit Leuten wie uns Geschäfte zu machen. Damit hätten wir leben können, aber wir benötigten immer noch die Pläne, welche Leitungen wo verlegt waren. Er versprach, sie in in der folgenden Woche zu schicken. Das war vor fünf Monaten. Wir haben angerufen, E-Mails geschickt und sogar mit dem Serviceleiter gesprochen. Es wurden Versprechen gemacht, die nicht eingehalten wurden. Unser Bauträger versuchte sich einzuschalten, ohne Erfolg. Heute sitzen wir auf Hightech-Kabeln für 8.000 Dollar, mit denen wir nichts anfangen können.

Aber manchmal handeln Firmen auch vorbildlich:

Beim Kauf eines Fernsehgeräts bekam ich einen Rabattcoupon über 100 Dollar, den ich innerhalb von 30 Tagen einschicken sollte. Am letzten Tag fiel es mir erst wieder ein, und ich schickte den Coupon ab. Ich erhielt postwendend ein Schreiben mit der Mitteilung, dass die Frist abgelaufen sei. Natürlich waren wir an dem Tag, an dem ich den Brief eingeworfen hatte, wieder eingeschneit und vermutlich wurde der Briefkasten deshalb erst am nächsten Tag geleert. Aber als ich dem Hersteller zurückschrieb und diese Umstände erläuterte, gewährte er mir den Rabatt doch noch. Wie angenehm, wenn man fair behandelt wird!

Das zeigt auch das folgende Beispiel:

Ich wuchs noch in dem Glauben auf, dass ein Taschenrechner ein Hightech-Gerät sei. Deshalb verspürte ich auch nie den Drang, mich ins Computerzeitalter zu stürzen. Aber natürlich habe ich keine Wahl. Mein Arbeitgeber erwartet heute von mir, dass ich mit einem Computer umgehen, ein E-Mail-Programm bedienen, Präsentationen erstellen und Daten organisieren kann. Aber dann wünschten sich meine Kinder einen

Computer – und es wäre untertrieben zu sagen, dass ich zögerte. Wir kamen überein, uns die Sache in Ruhe zu überlegen – eine gute Methode, um das Thema erst mal auf Eis zu legen. Aber natürlich erinnerten sie mich immer wieder daran. Mein dreizehnjähriger Sohn brachte mir einen Stapel Literatur über verschiedene Optionen, Merkmale und Fähigkeiten. Ich überflog das alles, fühlte mich aber noch hilfloser, oder genauer gesagt, komplett ahnungslos. Mein Sohn machte mir den Vorschlag, einen örtlichen Händler zu besuchen, damit wir uns dort aus erster Hand informierten. An dieser Stelle kommt Mark ins Spiel. Ich hasse es, in Elektronikgeschäfte zu gehen, weil die Mitarbeiter dort eine Sprache sprechen, die ich beim besten Willen nicht verstehe. Aber Mark war anders. Er erklärte mir alles so, dass ich es verstand. Gleichzeitig ging er auch auf die Fragen meines schon besser informierten Sohnes ein. Er war großartig. Er zeigte echtes Interesse an unseren Bedürfnissen und war sehr geduldig mit mir. Nach diesem ersten Besuch wusste ich, dass ich ihm vertraute und ich folgte seiner Empfehlung. Das Gespräch mit Mark hat mich in zweieinhalb Stunden um Lichtjahre weitergebracht. Er hat es nicht nur geschafft, mir die Angst vor dem Computer zu nehmen, sondern er hat mir auch begreiflich gemacht, wie ich ihn zur Steigerung meiner Effektivität und Produktivität einsetzen kann. Mark verkaufte uns nicht nur einen Computer, sondern bot auch an, dass wir uns später noch mit Fragen an ihn wenden könnten. Ich habe dieses Angebot oft wahrgenommen und mein Sohn ebenfalls. Ich werde nie zu einem anderen Verkäufer als Mark gehen, selbst wenn er das Unternehmen wechselt. Ich denke, echte Loyalität entsteht, wenn man etwas dazulernt.

Ist die Integrität gefestigt, sind die ersten beiden Ebenen der emotionalen Bindung stark genug für die nächste Ebene – die Begeisterung.

Begeisterung

> **»Ich bin begeisterter Kunde von dem Unternehmen.«**
> **»Von dem Unternehmen werde ich immer zuvorkommend behandelt.«**

Engagierte Kunden entwickeln starke Gefühle im Verlauf der Kontakte mit dem Unternehmen. Diese Gefühle gehen weit darüber hinaus, nur zu glauben, dass das Unternehmen seine Versprechen einhält und Probleme löst. Sie haben vielmehr etwas mit der Begeisterung zu tun, die die Kunden empfinden, wenn sie eine Marke verwenden und damit identifiziert werden.

Marken und Unternehmen festigen das Kundenengagement, wenn sie das Selbstwertgefühl des Kunden unterstützen und verstärken.

Die Schlüsselbegriffe hier lauten »Würde«, »Achtung«, »Freundlichkeit« und »Höflichkeit«. Sie sind typisch für Unternehmen, denen die Kunden wichtiger als Zahlen sind. Solche Unternehmen respektieren die menschliche Seite ihrer Kunden und zeigen, dass diese ihnen wichtig ist.

Ein Unternehmen, das seine Kunden nicht respektiert, kann die in den vorangegangenen beiden Ebenen aufgebaute emotionale Bindung leicht wieder zerstören:

Als Finanzleiter sind meine Aufgaben breit gestreut. Aber meine Hauptaufgabe ist es, die Daten aufzubereiten, die über die finanzielle Entwicklung des Unternehmens Auskunft geben. Dazu steht mir die neueste Technologie zur Verfügung und in meinem Team sind hervorragende Leute. Aber wer trägt letztlich die Verantwortung für das Rechnungswesen? Eigentlich ist es die externe Wirtschaftsprüfungsgesellschaft, die jährlich unsere Abschlüsse prüft. Ich habe oft andere Finanzleiter klagen hören, wie lästig ihnen das sei. Aber ich sehe das genau anders herum. Ich finde diese Unruhe am Jahresende sehr anregend, weil mein Ansprechpartner nicht die Wirtschaftsprüfungsgesellschaft, sondern Norm ist. Norm und ich arbeiten nun seit vier Jahren zusammen. Er kennt unser Unternehmen, unsere Geschäftsstrategien und auch mich sehr gut. Er ist kein typischer Prüfer, der Zahlenkolonnen durchforstet und dann seinen Bericht abgibt. Er sieht hinter die Zahlen und erkennt immer noch eine Chance, die niemand gesehen hat, oder eine Entwicklung, an die niemand gedacht hat. Während ich manchmal den Wald vor lauter Bäumen nicht sehe, hat er als Außenstehender die nötige Distanz, um ein besseres Urteil abzugeben. Er ist meine Versicherung dafür, dass ich nichts Wichtiges vergesse. Es ist nicht immer bequem, mit Norm zusammenzuarbeiten, weil er keine Angst davor hat, mich herauszufordern und dann solange zu argumentieren, bis ich meinen Standpunkt aufgebe. Er sieht immer schon die Zukunft und hat deshalb auch längerfristige Entwicklungen im Auge. Norm ist mir wirklich zu einem Freund geworden. Einmal im Monat treffen wir uns zum Mittagessen, wir telefonieren häufig, und er ist der Erste, den ich anrufe, wenn es ein Problem gibt. Ich weiß, dass wir eine der großen Gesellschaften beauftragen müssen, aber meine Loyalität gehört Norm und damit auch der Gesellschaft – nicht umgekehrt.

Wenn ein Unternehmen in seinen Kunden Begeisterung weckt und sie mit Respekt behandelt, steigen die Chancen, dass es mit der höchsten Ebene der emotionalen Bindung an eine Marke belohnt wird – mit Leidenschaft.

Leidenschaft

>»Das Unternehmen ist genau das richtige Unternehmen
für Menschen wie mich.«

>»Ich kann mir eine Welt ohne das Unternehmen nicht vorstellen.«

Wenn ein Kunde sich weigert, ein gleichwertiges Ersatzprodukt zu akzeptieren und sich auf den Standpunkt stellt: »Für mich kommt nur diese Marke infrage, auch wenn ich dafür einen höheren Preis bezahlen muss«, dann zeigt sich darin eine Leidenschaft für die Marke.

Wenn ein Kunde einen Umweg in Kauf nimmt, um ein bestimmtes Motorenöl zu kaufen und sich kompromisslos weigert, ein anderes Öl zu verwenden, ist seine Leidenschaft offensichtlich. Dasselbe gilt für Menschen, die sich in brütender Hitze in den Sommerferien in lange Schlangen stellen, nur um die Begeisterung ihrer Kinder in ihrem Lieblingsfreizeitpark zu erleben. Der Faktor Leidenschaft in der Kundenbindung ist unersetzlich.

Die Leidenschaft kann aber nur beim Kunden verankert werden, wenn die vorherigen drei emotionalen Ebenen eine stabile Grundlage bilden. Es kommt auf eine perfekte Abstimmung von Erwartungen und die durchgängig positive Gestaltung aller Kundeninteraktionen an – im Hinblick auf Produkte, Dienstleistungen, Systeme, Prozesse und Menschen.

In dieser Phase der Beziehung spielt der Preis nicht mehr die Hauptrolle. Kunden, die Leidenschaft für eine Marke oder ein Unternehmen spüren, sagen oft: »Ich kann mir eine Welt ohne diese Marke nicht vorstellen.« Etwas Wichtiges fehlt in ihrem Leben, wenn sie doch einmal ohne die Marke, das Produkt oder den Service auskommen müssen.

Ich konnte es einfach nicht glauben, als eine alteingesessene Kaufhauskette vor einigen Jahren schloss. Mir war, als hätte es das Kaufhaus immer gegeben, und schon meine Großmutter war Stammkundin in der nächstgelegenen Filiale gewesen. Ich fühlte mich dort praktisch zu Hause. Es gab Spielsachen, Make-Up und dann auch preiswerte Haushaltsartikel. Auswahl und Preise waren bestens. Und wie bequem es war, Blumenerde und Bilderrahmen unter einem Dach zu kaufen. Ich vermisse das Kaufhaus noch heute. Nichts wird es je ersetzen.

Erfolgreiche Unternehmen wissen, wie man bei Kunden Leidenschaft weckt:

Es macht mir immer Spaß, in meinem Lieblingsgeschäft einzukaufen. Die Produkte gefallen mir und die Preise sind in Ordnung, aber das Wichtigste ist, dass die Mitarbeiter mich behandeln wie sonst in keinem anderen Geschäft – nämlich mit Achtung und Freundlichkeit. Und das schafft die richtige Atmosphäre für mich. Sie werden nicht unfreundlich, wenn mir etwas nicht gefällt oder wenn ich einmal nichts kaufe. Sie sind für mich da, helfen mir, die richtigen Dinge zu finden und bringen mir wie den anderen Kunden enormen Respekt entgegen.

Eins baut auf dem anderen auf

Die Indikatoren der CE^{11}-Methode weisen auf eine unumstößliche Tatsache hin: Sie können den Unternehmensertrag nur maximieren, wenn Sie Kunden haben, die mit Leidenschaft hinter Ihnen stehen. Dazu müssen Sie die bislang anerkannten »Regeln« über Bord werfen, mit denen Sie die »Loyalität« der Kunden beurteilt haben. Kunden handeln emotional und auf ihre eigene Art und Weise. Sie können ihr Engagement nicht erkaufen – aber Sie können es wecken und entwickeln. Die CE^{11}-Methode dient dazu, die »Einstellung zur Loyalität« und die emotionale Bindung der Kunden im Rahmen des Kundenengagements zu messen. Sie bezieht die emotionalen Faktoren ein, von denen es abhängt, ob sie zu Ihnen zurückkehren:

- Allgemeine Zufriedenheit
- Beabsichtigte Wiederholungskäufe
- Beabsichtigte Mundpropaganda

Außerdem werden mit der CE^{11}-Methode vier grundlegende emotionale Zustände gemessen:

- Vertrauen: Der Kunde weiß, das Versprechen gehalten werden.
- Integrität: Der Kunde wird fair behandelt, wenn Probleme auftreten.
- Begeisterung: Der Kunde wird respektiert, sein Selbstwertgefühl wächst.
- Leidenschaft: Der Kunde entwickelt eine Bindung und eine persönliche Beziehung, die er sich nur mit diesem und keinem anderen Unternehmen vorstellen kann.

Wenn Sie die elf Indikatoren des Kundenengagements
und ihren Einfluss auf Ihre Marke, Ihr Produkt und Ihr Unternehmen
kennen, haben Sie den achten Schritt
auf dem *Gallup*-Pfad getan.

Kapitel 9
Wie fördert man das Kundenengagement?

Ein Zuhause für Gäste

In einem erfolgreichen Restaurant müssen viele Voraussetzungen erfüllt sein: ein günstiger Standort, ein guter Koch, geschulte Bedienungen, frische Zutaten, eine angenehme Atmosphäre, attraktive Dekoration, schmeichelndes Licht und vieles andere mehr. Aber manchmal stimmt alles und dennoch kehren die Gäste nicht zurück.

Das sagt Steve, ein Manager, der in einem Zeitraum von 20 Jahren drei Restaurants in Top-Gourmetadressen verwandelt hat.

Ich »unterstelle« niemals, dass die Kunden zurückkehren. Ich versuche, sie persönlich anzusprechen, weil mir die Erfahrung immer wieder gezeigt hat, dass dies das einzige Mittel ist, das funktioniert.

Als Manager ist er das Bindeglied zwischen den Mitarbeitern und den Kunden, die jeden Tag sein Restaurant betreten – und es wieder verlassen. Wie andere exzellente Manager stützt er sich auf eine unschlagbare Kombination aus drei Faktoren.

Erstens kennt er die spezifischen Talentschwerpunkte jedes Mitarbeiters. Er nimmt sich Zeit, sie herauszufinden und kann deshalb ihre Stärken bestmöglich einsetzen. So beschäftigt er in einem seiner Restaurants einen Konditor, der ein außerordentliches Talent dafür hat, seine Desserts zu beschreiben und anzupreisen. Immer wenn also ein Kunde unschlüssig ist, sprintet der Konditor zu einer kurzen Beratschlagung aus der Küche. Selten lässt sich ein Gast seine Meisterwerke aus Liebe und Zucker entgehen. Nach einer solchen Erfahrung bitten viele Kunden um eine persönliche »Dessertberatung«. Der Konditor kennt die Vorlieben und Abneigungen der Stammkunden und bereitet bei besonderen Gelegenheiten, etwa einem Geburtstag oder Jubiläum, etwas Spezielles für sie zu.

Zweitens erfüllt er die Erwartungen der Gäste bei jedem einzelnen Besuch. Wie er sein Restaurant führt, wie er die Gäste behandelt und welche Ratschläge er ihnen zu Speisen und Weinen erteilt, spiegelt eine konsistente Linie. Dabei ist er immer ehrlich und hält auch seine Kellner zur Ehrlichkeit an, wenn sie zu einer bestimmten Speise oder einem Wein befragt werden.

Drittens kennt Steve die Vorlieben und Abneigungen seiner Stammgäste. Deshalb kann er sich bei jedem Besuch eines Stammgastes etwas Neues einfallen lassen. Das ist zwar nicht immer leicht, aber unbedingt nötig, wenn er seine Kundenbeziehungen pflegen will. Mal bietet er ein ungewöhnliches Dessert oder einen überraschenden Appetitanreger an. Manchmal beginnt er ein Gespräch über einen neuen Wein, den er gerade in seinen Vorrat aufgenommen hat. An manchen Abenden spricht er über den Blumenschmuck der Saison und erzählt, wie er auf einer Auslandsreise auf eine exotische Blume aufmerksam geworden ist. Da ihm die Vorlieben seiner Kunden in Fleisch und Blut übergegangen sind, kann er seinen Stammgästen schon gefüllte Gläser bringen, sobald sie sich gesetzt haben. Er merkt sich auch, ob sie es normalerweise eilig haben oder ob sie sich gern Zeit lassen. Er kann bei seinen Menüempfehlungen ihren persönlichen Geschmack gleich einbeziehen. Und wenn eine Feier in vollem Gang ist, kommt er vorbei und plaudert ein bisschen, so wie ein Freund es tun würde.

Mit drei florierenden Restaurants auf einem hart umkämpften Markt führt Steve seinen anhaltenden Erfolg darauf zurück, dass er zu jedem Gast eine enge Beziehung aufbaut – und pflegt. Er weiß, dass er seine Restaurants nur dank dieser Methode füllen kann.

Steve handelt so wie viele andere erfolgreiche Manager, die eine emotionale Verbindung zu ihren Kunden aufbauen.

Die drei Elemente der Interaktion

Wo auch immer sie stattfindet und welche Marken, Produkte oder Unternehmen sie auch betrifft – zu jeder Mitarbeiter-Kunden-Interaktion gehören drei Prozesse: Aktivitäten, Atmosphäre und Auskunft.

- *Aktivitäten* sind die funktionalen Aspekte und betreffen alles, was ein Mitarbeiter für den Kunden tun soll. Wenn etwa ein Gast in einem Hotel eincheckt, erledigt der Mitarbeiter die Formalitäten, erkundigt sich nach Vorlieben und gibt Informationen weiter.
- Die *Atmosphäre* spiegelt den persönlichen Touch des Mitarbeiters – seine positiven oder negativen Einstellungen, die den Ausschlag für die emotionale Reaktion des Kunden geben. Freundlichkeit, Höflichkeit und Respekt sind häufig erwähnte Merkmale der Atmosphäre, die ein Mitarbeiter schafft.
- *Auskunft* bezieht sich auf Informationen und Ratschläge, welche die Kunden als eine zusätzliche Aufwertung ihrer Erfahrung schätzen. Aus funktionaler Sicht stehen meist die faktischen Informationen im Zentrum der Aufmerksamkeit. Entscheidend ist aber, dass der Mitarbeiter die Informationen nach den Kundenwünschen filtert und interpretiert.

Wichtig dabei ist, dass die Aktivitäten durch die funktionale Struktur des Unternehmens bestimmt sind, während dies bei den Faktoren der Atmosphäre und Auskunft nicht der Fall ist. Diese hängen nämlich von den individuellen Merkmalen eines Mitarbeiters ab. Sie können weder an andere Mitarbeiter weitergegeben noch aufgeschrieben oder systematisiert werden. Deshalb ist es von so entscheidender Bedeutung, die persönlichen Stärken jedes Mitarbeiters an der Kundenfront zu kennen. Es zählt zu den wichtigsten Fähigkeiten eines guten Managers, sich darüber im Klaren zu sein, wie er diese Stärken so einsetzen kann, dass sie positive Kundenerfahrungen ermöglichen und die emotionale Bindung festigen.

Beim Kunden spielt sich dabei Folgendes ab: Er verarbeitet mit seinem Verstand die Interaktionen und einen Teil der Auskünfte. Aber alle anderen Einflussfaktoren – die meisten Auskünfte und die gesamte Atmosphäre – werden vom emotionalen Gedächtnis gespeichert. Diese Aspekte werden also »gefühlt«.

Es gibt so viele unterschiedliche Möglichkeiten, den Erwartungen einer emotionalen Kundenbeziehung zu entsprechen, wie es Sterne im Universum gibt. Manchmal beschränkt sich die Interaktion mit dem Kunden auf wenige Sekunden, in denen dann ein positiver Eindruck geschaffen werden muss. Die ersten sieben Sekunden der Interaktion zwischen einem Autoverkäufer und einem potenziellen Kunden bestimmen die emotionale Bühne für den gesamten Verlauf des Kontakts.

In anderen Fällen verläuft die Interaktion auf regelmäßiger Basis und erfordert einen ganz anderen Einsatz des Mitarbeiters. Der Kunde eines Finanzberaters etwa stellt jahrelang Ansprüche. Der Erfolg der Beziehung könnte daran gemessen werden, wie gut der Berater die Risikobereitschaft des Kunden einschätzen kann und dementsprechend weiß, welche Anlagen er ihm vorschlagen sollte.

Man kann den Mitarbeitern nicht vorschreiben, wie sie die richtigen Saiten bei ihren Kunden zum Schwingen bringen. Ebenso wenig lässt sich das emotionale Gedächtnis manipulieren. Kunden spüren genau, ob ein Mitarbeiter aufrichtig ist. Gute Manager setzen deshalb auf drei Rezepte, die gewährleisten sollen, dass bei jedem Kundenkontakt die Faktoren der Aktivität, Atmosphäre und Auskunft optimal eingesetzt werden.

Erstes Rezept: Mitarbeiterstärken auf Kundenerwartungen abstimmen

Kompetente Manager wissen, dass in jedem Mitarbeiter Talente stecken und dass jeder Mitarbeiter einen individuellen Stil zum Aufbau starker persönlicher Bindungen besitzt. Deshalb besteht ihr erster Schritt darin, die individuellen Schwerpunkte kennen zu lernen, die bei den Kunden die richtigen Saiten zum Schwingen bringen.

In einem zweiten Schritt suchen sie dann Betätigungsmöglichkeiten, in denen sich diese Talentschwerpunkte optimal entfalten können, sodass emotionale Bindungen entstehen.

Für Karina, eine Spendensammlerin für eine Universität im Mittleren Westen, gibt es keine Fremden. Sie lernt ständig neue Menschen kennen und ist eine leidenschaftliche Verfechterin der Ziele ihres Arbeitgebers. Ihre natürlichen Begabungen ermöglichen es ihr, jedem Besucher sofort das Gefühl zu vermitteln, willkommen zu sein. Durch ihre Arbeit unterhält sie weit über 1.000 Kontakte zu möglichen Förderern der Universität. Sie erklärt diese beeindruckende Zahl so: »Ich denke, meine Begeisterung überträgt sich auf die Menschen, mit denen ich zu tun habe. Ich wecke in ihnen den Wunsch, etwas zur Zukunft unserer bemerkenswerten Universität beizutragen.« Deshalb hat ein kluger Vorgesetzter Karina genau die Aufgabe zugewiesen, die sie jetzt so exzellent ausfüllt.

Der Chef eines großen Floristen in einer Großstadt sagte:

Unser Blumengeschäft spricht viele unterschiedliche Bedürfnisse an. Natürlich wissen unsere Kunden genau, dass sie das bekommen, was sie wünschen. Aber während jeder unserer Floristen beeindruckende Arrangements schaffen kann, besitzen manche eine geradezu magische Fähigkeit, unsere Kunden zu begeistern. Sie sehen die emotionale Komponente eines jeden Blumenarrangements – was es bedeutet, wenn die Blumen überreicht werden und was auf einer Feierlichkeit oder einer Beerdigung damit dargestellt werden soll. Dieses Gefühl geben sie an die Kunden weiter, die immer hocherfreut darauf reagieren. Es entsteht ein beiderseitiges Einverständnis, aus dem neue Ideen für Arrangements entstehen, neue Wünsche nach anderen Blumensorten geboren werden und neue Aufträge für die Zukunft geplant werden – und vieles andere mehr.

Zweites Rezept: Die vier emotionalen Zustände wecken, erhalten und wiederherstellen

Erfolgreiche Manager sehen in ihren Kunden grundsätzlich Menschen, die darauf warten, dass ein emotionaler Zustand geweckt, erhalten oder wiederhergestellt wird.

Für dieses zweite Rezept sind häufig ganze Teams verantwortlich. Der Vorgesetzte muss gewährleisten, dass der Kunde die vereinten Bemühungen aller beteiligten Mitarbeiter spürt. Dazu muss er überlegen, wie sich die Talente der einzelnen Mitarbeiter auf die Wachstumsstrategien des Unternehmens in den Bereichen Vertrieb, Service, Produktqualität, Innovation, Support und Marketing auswirken.

Ich machte mich schon darauf gefasst, dass der Kauf einer neuen Stereoanlage wieder kein Vergnügen würde, denn als ich meine erste kaufte, fühlte ich mich wie ein Idiot. Genauer gesagt, der Verkäufer half mir, mich wie ein Idiot zu fühlen, weil er mich so behandelte.

Aber dieses Mal war alles anders. Ich wurde schon an der Tür begrüßt und gefragt, ob man mir weiterhelfen könne und dann von einer sehr netten Frau zu einem Verkäufer geführt. Mike, der Verkäufer, versuchte dann nicht, mir die teuerste Anlage anzudrehen, sondern er stellte mir Fragen. Er wollte wissen, wie groß der Raum sei, in dem die Anlage aufgestellt werde, welche Anlage ich derzeit habe und warum ich sie ersetzen wollte. Er nahm sich viel Zeit, um mir die Bedienung der verschiedenen Geräte zu zeigen. Darüber war ich wirklich sehr froh, denn ich habe immer Angst, etwas durch falsche Bedienung kaputtzumachen oder so zu verstellen, dass ich es nie mehr gebrauchen kann. Er beantwortete meine Fragen geduldig und versicherte mir, dass ich nicht der Einzige sei, der sich durch die neuen Technologien überfordert sehe. Selbst die Kassiererin gab mir ein positives Gefühl. Es war eine äußerst angenehme Erfahrung.

Drittes Rezept: Emotionale Erfahrungen unternehmensweit einheitlich gestalten

Häufig werden emotionale Zustände durch Vorgänge in mehreren Abteilungen beeinflusst. Erfolgreiche Unternehmen bemühen sich deshalb darum, den Kunden einheitliche Erfahrungen zu bieten. Sie messen regelmäßig die emotionalen Zustände der Kunden und übertragen den einzelnen Teams und Mitarbeitern die Verantwortung dafür, diese positiv zu beeinflussen. Dazu prüfen sie auch regelmäßig, ob verschiedene Teams oder einzelne Teammitglieder ein einheitliches Kundenengagement schaffen. Es ist von entscheidender Bedeutung, dass die Kunden an allen Berührungspunkten mit dem Unternehmen eine einheitliche Erfahrung machen. Die besten Unternehmen schaffen eine Kultur, die so konsistent und leidenschaftlich ist, dass Mitarbeiter und Teams gar nicht anders können, als sich ständig um das Engagement ihrer Kunden zu bemühen.

Wir lernten einmal ein Unternehmen kennen, das eine außerordentlich ausgeprägte Kundenorientierung erreicht hatte, indem es buchstäblich jeden Mitarbeiter für die Kunden und ihre Bedürfnisse sensibilisierte. Ob ein Mitarbeiter in der Verwaltung, im Rechnungswesen oder in der Personalabteilung arbeitete, immer hatte er einen Kunden mit seinen Bedürfnissen und seiner Geschichte vor Augen. Dabei zählte das Unternehmen zu einer der vielen Branchen, in denen man immer noch davon ausgeht, dass nur die Vertriebs- und Servicevertreter Kundenkontakte haben. Aber jeder Mitarbeiter dieses Unternehmens orientierte sich an den Kunden, unabhängig von seiner Aufgabe.

Die meisten Unternehmen können weder Schwerpunkte, Richtlinien noch Zuständigkeiten vorweisen, wenn es um das emotionale Engagement ihrer Kunden geht.

Unsere Tochter ist zehn Jahre alt, und wir haben sie bei ihrer Geburt adoptiert. Mit der leiblichen Mutter haben wir vereinbart, Kontakt zu ihr zu halten. Wir schickten also Fotos und machten Geburtstags- und Weihnachtsgeschenke und Ähnliches. Vor drei Jahren erhielt meine Tochter von ihrer leiblichen Mutter ein Kleid zu Weihnachten, das leider nicht passte. Dem Geschenk lag ein Brief bei, in dem sie schrieb, dass sie das Kleid bei einer großen Kette gekauft habe und ich es umtauschen könne, falls es nicht passte. Ich marschierte mit dem Kleid also zur nächsten Filiale und bekam zu hören, dass ein Umtausch nur am Ort des Kaufs möglich sei. Ich erklärte die Situation genauer und bekam nur zu hören, dass Vorschriften eben Vorschriften seien.

Daraufhin rief ich in der Filiale an, aus der das Kleid stammte, und sprach mit einer sehr netten jungen Frau, die meine Situation schnell verstand und mich bat, das Kleid zurückzuschicken, damit sie mir eine andere Größe schicken konnte. Das tat ich dann auch. Zwei Wochen später erhielt ich das Paket mit dem Kleid und der Erklärung zurück, dass ein Umtausch ohne Kassenbon nicht möglich sei. Ich rief sofort wieder in der Filiale an, wo mir ein leitender Angestellter sagte, dies sei Firmenpolitik – ohne Kassenbon habe ich einfach Pech. Ich war entsetzt über dieses Verhalten. Seit Jahren war ich Kundin in der örtlichen Filiale der Kette und immer sehr zufrieden gewesen. Aber das war zu viel. Meine Tochter war wirklich sehr enttäuscht. Vor kurzem hat die Kette Konkurs angemeldet. Mich wundert das nicht, und ich hätte den Managern schon vor drei Jahren sagen können, was sie falsch machten.

Gute Manager und ihre Unternehmen setzen nicht nur diese drei Rezepte ein, um das Engagement ihrer Mitarbeiter und Kunden zu sichern, sondern sie haben noch ein weiteres Geheimnis: Sie wissen, wann sie einen Kunden gehen lassen sollten.

Nicht alle Kunden sind gleich

Der Gedanke, dass »alle Kunden gleich wichtig« seien, ist ebenso falsch wie die Auffassung, dass »jeder Mitarbeiter jede Aufgabe bewältigen kann, wenn er es nur will«.

Erfolgreiche Unternehmen wissen, dass ihre besten Kunden diejenigen sind, die auf die Interaktionen mit engagierten Mitarbeitern reagieren. Aber sie verschließen die Augen auch nicht vor schlechten Kunden.

Ein Geschäftsreisender erzählte:

Ich bin Stammgast bei allen großen Hotelketten und für mich zählt nur eins, nämlich einen Nachlass herauszuschlagen. Sobald ich mein Zimmer betrete, suche ich etwas, das nicht funktioniert oder fehlt. Ich beschwere mich über den Service. Auf diese Weise bekomme ich meist einen Nachlass auf den Zimmerpreis. Mittlerweile kennen mich viele Angestellte an den Rezeptionen der Hotels – und versuchen mir aus dem Weg zu gehen.

Aus gutem Grund. Die Mitarbeiter wissen, dass der Gast sich vermutlich über sie beschweren wird – egal was sie tun. Wo er auftaucht, erstickt er jedes Engagement der Mitarbeiter, mit denen er in Kontakt kommt.

Lohnt es sich, solche Kunden zu binden?

Es gibt andererseits Gäste, die regelmäßig teure Suiten buchen und nie nach einer Ermäßigung fragen. Gleichzeitig wissen sie die Aufmerksamkeit zu schätzen, die ihnen die Hotelangestellten zukommen lassen. In diesen Fällen bleibt das Engagement auf beiden Seiten immer stark.

Geben Sie schlechten Kunden den Laufpass

Es mag wie Blasphemie klingen, aber erfolgreiche Unternehmen wissen, dass es manchmal sinnvoller ist, Kunden gehen zu lassen, bevor ihre Mitarbeiter gehen. Eine solche Entscheidung wird nicht aus dem Bauch heraus getroffen. Sie basiert vielmehr auf einem Urteil darüber, was der Kunde zur Beziehung beiträgt. Kunden, die ständig nur fordern, sich ungeachtet aller Bemühungen grundsätzlich beschweren und offensichtlich nicht gewillt sind, mit den Mitarbeitern zu koopieren, stellen eine ständige Belastung für die Mitarbeiter dar. Wenn es am beiderseitigen Respekt fehlt, sinkt der Wert des Kunden für das Unternehmen in den Keller. Lohnt es sich überhaupt, wenn die Mitarbeiter sich darum bemühen, solche Kunden zu binden?

Der Chef eines großen und sehr erfolgreichen Beratungsunternehmens erinnert sich:

Vor einigen Jahren gingen unsere Gewinne leicht zurück und die Vorstände begannen darüber zu diskutieren, ob Entlassungen ein Mittel zur Gewinnsteigerung sein könnten. Ich wusste, dass die meisten Beschäftigten talentiert und engagiert waren. Es gab auch Mitarbeiter, die talentiert, aber nicht engagiert waren. Das lag aber daran, dass sie Kunden betreuten, bei denen einzig der Preis zählte. Ich sah mir die Gewinnmargen dieser Kunden an und stellte schnell fest, dass sie tatsächlich mehr kosteten, als sie uns einbrachten. Dazu kamen noch die versteckten Kosten, die von nicht voll engagierten Mitarbeitern verursacht wurden. Dann suchte ich eine alternative Lösung für das Rentabilitätsproblem. Ich kam zum Ergebnis, dass wir uns lieber von den schlechten Kunden als den guten Mitarbeitern trennen sollten. Dieser Gedanke sollte sich auszahlen – die Gewinne stiegen wieder deutlich an.

Bei der Trennung von Kunden, die offensichtlich nicht an einer konstruktiven Geschäftsbeziehung interessiert sind, geht es nicht nur um die Befindlichkeit der Mitarbeiter, sondern um knallharte Zahlen, wie das folgende Beispiel zeigt. Die Gewinne einer mittelgroßen Beratungsgesellschaft sanken innerhalb eines Jahres auf 2 Prozent. Da die Gesellschaft die Ursache »schlechten Kunden« zuschrieb, beschloss sie, diesen Kunden das Mandat zu kündigen. Das war ein mutiger Schritt, handelte es sich doch immerhin um 15 Prozent des gesamten Kundenbestands, die 40 Millionen Dollar zum Umsatz beitrugen. Aber der Schnitt wurde vollzogen. Schon ein Jahr später stieg die Rendite wieder auf 8 Prozent (eine Steigerung um ganze 6 Prozent) und die Mitarbeiterfluktuation sank um etwa 3 Prozent.

Sechs Warnzeichen für schlechte Kunden

Schlechte Kunden kommen ein Unternehmen teuer zu stehen, und zwar nicht nur wegen der zusätzlichen Ressourcen, die sie verschlingen, sondern auch wegen der Auswirkungen auf das Wohlergehen der Mitarbeiter und ihr Engagement.

Es gibt sechs Symptome, an denen gute Manager diagnostizieren können, dass ihre Kundenbeziehungen nicht in Ordnung sind. Bei ihrem Auftreten sollten sie sofort versuchen, das Problem zu lösen – und im Ernstfall bereit sein, sich von den Kunden zu trennen.

Symptom Nr. 1: Die Mitarbeiter sind ausgebrannt

Geht ein ansonsten engagierter Mitarbeiter einem Kunden aus dem Weg, ist das ein sicheres Zeichen für einen Problemkunden. Man sollte keinem Mitarbeiter zumuten, sich von einem solchen Kunden schlecht behandeln oder gar beleidigen zu lassen.

Als Pflegeleiter sehe ich mein ultimatives Ziel darin, mich um das Wohlergehen und die Heilung meiner Patienten zu kümmern. Die wichtigste Rolle spielt dabei unser Pflegepersonal. Vor einigen Jahren hatten wir einen sehr anspruchsvollen Arzt, was an sich kein Problem darstellte, aber sein Umgang mit den Krankenschwestern war unverzeihlich. Praktisch jede Krankenschwester ging ihm aus dem Weg, um seinen Erniedrigungen und Beleidigungen zu entgehen. Er traktierte Mitarbeiterinnen solange mit seinen persönlichen Angriffen, bis sie in Tränen ausbrachen. Unsere Verwaltung sprach häufig mit ihm, um ihm deutlich zu machen, dass seine Angriffe unbegründet waren. Aber er weigerte sich stur, seine Fehler einzuräumen oder sein Verhalten gar zu hinterfragen und zu ändern. Natürlich blieb die schlechte Behandlung der Mitarbeiter nicht ohne Auswirkung auf die Patienten. Die Stimmung wurde immer katastrophaler. Es gab aber in unserem Bezirk nur 19 Ärzte, und das nächste Krankenhaus war 69 Meilen entfernt. Wir hatten das Gefühl, in der Sackgasse zu stecken. Schließlich waren wir gezwungen, ihm zu kündigen. Wir fürchteten Beschwerden und Vorwürfe der anderen Ärzte und Patienten und waren umso erstaunter, als das Gegenteil eintrat. Wir hatten Grenzen gezogen und nach unseren

Wertvorstellungen gehandelt, anstatt nur den Verstoß gegen sie zu beklagen. Wir erhielten eine breite Zustimmung zu dieser Kündigung und hundertfachen Zuspruch, weil wir den Mut gehabt hatten, uns schützend vor unsere Mitarbeiter zu stellen.

Symptom Nr. 2: Nörgeleien

Ein zweites Symptom unkooperativer Kunden sind ständige Nörgeleien. Oft beginnt es damit, dass der Kunde tatsächlich eine schlechte Erfahrung machte, weil ein unvorhergesehenes Problem aufgetaucht war. Aber so sehr sich die Mitarbeiter nun bemühen, seinen positiven emotionalen Zustand wiederherzustellen, beharrt der Kunde darauf, Grund zur Unzufriedenheit zu haben. Er hat sich in seiner Nörgelecke eingerichtet. Die Mitarbeiter können noch so viele Ressourcen einsetzen, um ihn herauszulocken, er lässt sich nicht mehr umstimmen. Dies ist ein Zeichen dafür, dass es besser sein könnte, die Beziehung zu beenden.

Ich habe in den 80er Jahren eine kleine Werbeagentur gegründet und eine Nische für ganz spezielle Aufträge im Gesundheitsbereich geschaffen. Wir haben 18 Mitarbeiter, und ich würde behaupten, dass sie es mit ihrem kreativen Talent und der Qualität des Kundenservice mit jeder Agentur in Chicago oder New York aufnehmen könnten. Wir binden unsere Kunden und haben noch selten einen verloren. Aber etwa einmal im Jahr kommt es vor, dass wir einen Auftrag von einem Neukunden erhalten und dann, wenn wir uns an die Arbeit machen, feststellen, dass die Chemie zwischen uns nicht stimmt. Normalerweise bemerke ich das sehr schnell, und manchmal ignoriere ich auftretende Konflikte oder spiele sie herab. Aber am schlimmsten sind die Fälle, in denen wir versuchen, eine Partnerschaft aufzubauen und der Kunde das nicht zulässt. Es liegt nun einmal in der Natur des kreativen Prozesses, dass es Meinungsverschiedenheiten gibt – sie machen den Kundenkontakt lebendig. Aber es gibt eben auch Grenzen. Für mich sind sie dann erreicht, wenn der Kunde nicht einmal mehr versucht, ein Problem zu lösen, sondern das Krisenfeuer nach Kräften schürt. Als Geschäftsfrau weiß ich, dass es immer mal Probleme gibt, aber wenn sich beide Seiten nicht für ihre Lösung einsetzen, sollte man seine Energien lieber für etwas anderes aufwenden. Ich wünsche mir nur manchmal den Mut, früher zu handeln. Das wäre sicher besser für mich, meine Mitarbeiter und unser Image.

Symptom Nr. 3: Respektlosigkeit

Ein drittes Zeichen, an dem man schlechte Kunden erkennt, ist der offensichtliche Mangel an Respekt. Es kommt vor, dass Kunden den Respekt für ein Unternehmen oder einzelne Mitarbeiter verlieren, während diese an der Erfüllung ihrer Bedürfnisse arbeiten. Mögliche Konflikte werden dann nicht mehr auf sachlicher, sondern auf persönlicher und damit unkonstruktiver Ebene ausgetragen. Aber ohne Respekt für das Unternehmen und seine Mitarbeiter gibt es keine Chance auf eine tragfähige Partnerschaft.

Im Bankgewerbe haben wir es mit sehr persönlichen Themen und speziellen Bedürfnissen zu tun. Unsere Filiale kennt ihre Kunden sehr gut, und damit meine ich wirklich alle. Viele verstehen nicht, dass eine gute Serviceorientierung und -kultur ein paar harte Entscheidungen erfordert. Vor vier Jahren musste ich eine solche Entscheidung treffen. Wir hatten eine sehr wichtige Kundin, die bei jedem Besuch in der Filiale Schwierigkeiten machte. Sie brüllte die Mitarbeiter regelmäßig an, obwohl diese sich alle Mühe gaben, ihr behilflich zu sein. In einem Monat zählte ich einmal 16 solcher Ausbrüche. Wir versuchten alles. Sie erhielt einen persönlichen Berater, aber nachdem sie den sechsten Mitarbeiter verschlissen hatte, sahen wir ein, dass wir so nicht weiterkamen. Wir baten die Kundin zu einem Gespräch, an dem ich selbst als Filialleiter und ein Vertreter des Vorstandes teilnahmen. Wir gingen davon aus, dass wir ihre Bedürfnisse offensichtlich nicht erfüllen konnten und wollten uns gemeinsam mit ihr bemühen, eine andere, für sie passende Bank zu finden. Sie war schockiert. Sie hatte keine Ahnung, was sie mit ihrer offensichtlichen Unzufriedenheit angerichtet hatte. Sie ging sogar so weit zu sagen: »Ich bin überhaupt nicht unzufrieden!« Als wir aber einige typische Situationen mit ihr besprachen, war ihr dies sichtlich peinlich. Sie bat darum, weiter mit uns zusammenarbeiten zu können und schlug sogar vor, wieder vom zweiten persönlichen Berater, den wir ihr zugewiesen hatten, betreut zu werden. Wir baten diesen Mitarbeiter gleich zum Gespräch dazu und legten neue Regeln fest. Mittlerweile ist sie eine unserer bedeutendsten Kunden. Es ist ganz erstaunlich, was geschieht, wenn der Respekt wieder Einzug in eine Beziehung hält.

Symptom Nr. 4: Effektivitätsbremsen

Ein Kunde bremst die Effektivität, wenn er etwa den Zugang zu wesentlichen Ressourcen blockiert, Informationen zurückhält, die entscheidend für das Funktionieren eines Produkts sind, den Zugang zu bestimmten Mitarbeitern versperrt oder sich Maßnahmen widersetzt, die dem Produkt nutzen.

Als Unternehmensberater für Gesundheitsvorsorge und Nebenleistungen arbeite ich häufig mit Personalverantwortlichen zusammen. Sie sind meine Kunden, aber ich versuche meine Arbeit immer so zu tun, als wären die einzelnen Mitarbeiter und ihre Familien meine Kunden. Das ist gar nicht so leicht, weil ich es tagtäglich erlebe, dass man versucht, mich von allen Kontakten im Unternehmen zu isolieren. Meine Kunden bezahlen mir viel Geld dafür, dass ich mich auf dem Laufenden halte und immer die neuesten Möglichkeiten für Nebenleistungsoptionen kenne. Leider gibt es einen Personalleiter, der allein darüber entscheidet, ob und inwieweit meine Empfehlungen umgesetzt werden. Er gibt mir nie Gelegenheit, meine Vorschläge einem größeren Kreis zu präsentieren, obwohl ich die Verantwortung für den Erfolg oder Misserfolg der Vorschläge tragen muss, die diese eine Person »durchlässt«. Ich glaube aber zu sehr an den Nutzen unserer Arbeit für die Mitarbeiter, um dieses Spiel noch weiter mitzuspielen. Im schlimmsten Fall muss ich eben die Zusammenarbeit kündigen. Dann können zwei Dinge passieren: Entweder bekomme ich noch einen Tritt zum Abschied, oder die Geschäftsleitung wird endlich wachgerüttelt. Beide Möglichkeiten ziehe ich dem derzeitigen Zustand vor, denn mir kommt es darauf an, meine eigentlichen Kunden zu vertreten. Außerdem schlafe ich besser, wenn ich weiß, dass meine Kunden die besten verfügbaren Nebenleistungssysteme kennen und nutzen.

Symptom Nr. 5: Die Beziehung basiert nur auf dem Preis

Basiert eine Geschäftsbeziehung ausschließlich auf niedrigeren Preisen, sind Schwierigkeiten vorprogrammiert. In der Praxis äußert sich dieses Symptom in Sätzen wie: »Wenn Sie mir nicht den Preis des Wettbewerbers bieten, muss ich eben gehen«, oder: »Das nächste Angebot muss aber günstiger sein, sonst mache ich keine Geschäfte mehr mit Ihnen.«

Ich werde mit der Werbung eines Telekommunikationskonzerns bombardiert, in der es heißt, der einzige Unterschied zwischen ihm und den anderen Betreibern sei der Preis. Ich erhalte ständig Anrufe und Briefe von verschiedenen Gesellschaften, die mir noch niedrigere Tarife anbieten. Also wechsle ich ständig die Anbieter und bekomme Zusatzleistungen wie Gratiseinheiten oder Flugmeilen oder andere Vergünstigungen. Niemanden scheint es zu kümmern, niemand versucht mich zu binden. Solange die Preise fallen, werde ich weiter von Betreiber zu Betreiber wechseln.

Symptom Nr. 6: Die Beziehung gilt als selbstverständlich

In den Unternehmen stehen Produkte und Prozesse meist so im Mittelpunkt, dass der Faktor der Kundenbeziehung leicht aus den Augen verloren wird. Entsprechend wenig Aufmerksamkeit wird der Qualität der Kundenbeziehungen gewidmet. Bestenfalls halten die Unternehmen sie für selbstverständlich und messen ihr keinen oder nur wenig Einfluss auf ihre Geschäfte zu. »Keine Nachrichten sind gute Nachrichten«, scheint die Devise zu sein.

Ich bin für das Beratungsgeschäft in unserem Unternehmen zuständig und stehe in häufigem Kontakt zu unseren Klienten. Gelegentlich werde ich herangezogen, wenn es bei einem Auftrag eine Krise oder ein Problem gibt. Ich versuche dann sehr vorsichtig vorzugehen, weil immer auch Gefühle mit im Spiel sind. Bevor ich Maßnahmen vorschlage, trage ich alle Fakten zusammen. Vor einigen Jahren eskalierte jedoch eine solche Situation. Ich machte mich wie üblich daran, die Fakten zu sammeln und stellte mit einiger Verwirrung fest, dass sich die Klientin wirklich völlig zu Unrecht beschwerte. Verstehen Sie mich nicht falsch: Es ging nicht darum, ein Problem unter den Teppich zu kehren oder einen Sündenbock zu suchen. Es war nur so, dass die Klientin jedes Maß verloren hatte. Die beteiligten Mitarbeiter waren so hilflos wie ich und wir wussten wirklich nicht, was wir tun sollten.

Ich verbrachte Stunden am Telefon und versuchte die Missgeschicke zu erklären, über die sie so aufgebracht war. Dann versuchte ich, unsere Prozesse umzustellen, damit sie den Bedürfnissen der Klientin besser entgegenkamen. Dafür wandte ich Stunden auf und ich war schließlich von meiner Arbeit selbst beeindruckt. Zu Beginn unserer Präsentation teilte ich eine Druckversion des Konzepts aus. Die Klientin begann sofort, den Text zu überfliegen und verblüffte mich dann mit dem Kommentar: »Auf Seite 13 ist aber ein Tippfehler.« Peinlich berührt setzte ich meine Präsentation fort. Aber sie kam über den Tippfehler auf Seite 13 nicht hinweg und führte ihn als Paradebeispiel dafür an, warum sie überhaupt so unzufrieden sei. Ich bot ihr an, das ganze Dokument neu zu drucken, aber sie lehnte dies ab mit der Ankündigung, sie werde dies als Beleg für unsere schlechte Arbeit nehmen.

Schließlich schloss ich meine Präsentation mit der Bemerkung ab, es sei Zeit für ein ehrliches Wort und wir sollten uns vielleicht eingestehen, dass wir nicht sehr gut zusammenpassten. Diese Aussage verursachte Überraschung bei ihr und sie ging sofort in die Offensive mit dem Satz: »Wie können Sie es nur wagen?« Ich wiederholte meine Aussage jedoch ganz ruhig. Da erkannte sie, dass ich es ernst meinte. Sie wusste nicht mehr, was sie sagen oder tun sollte und siehe da – sie vollzog eine Kehrtwende. Sie schien zum ersten Mal zu begreifen, dass sie uns ebenso benötigte wie wir sie, sollte der Auftrag erfolgreich abgewickelt werden. Damit änderte sich der Ton in unserer Beziehung grundlegend, und mittlerweile ist unser Umsatz mit diesem Unternehmen um das Dreifache gestiegen. Ich spiele nicht gern die Rolle des Bösen, aber manchmal muss man für seine Werte eben einstehen. In diesem Fall entstanden daraus Respekt und Partnerschaft.

Management nach Lehrbuch

Ein Kundendienstvertreter erzählte uns:

Ich sehe Probleme immer als Chance, unsere Kunden herausfinden zu lassen, wie gut wir sind. Was wir versprechen, halten wir auch. Probleme oder unvorhergesehene Hindernisse sind Chancen, denn ohne sie würden unsere Kunden nie wissen, dass wir anders als andere sind. Natürlich sollte man Probleme nicht herunterspielen. Sie stellen Gelegenheiten dar, unseren Kunden das Gefühl zu vermitteln, dass sie fair behandelt werden.

Gute Manager wissen, dass es ohne die drei Bereiche der Aktivitäten, Atmosphäre und Auskünfte praktisch unmöglich ist, die vier Ebenen des Kundenengagements aufzubauen: Vertrauen, Integrität, Begeisterung und Leidenschaft.

Um das Unternehmenswachstum zu sichern, sorgen sie dafür, dass die emotionalen Indikatoren der CE[11]-Methode berücksichtigt werden. Wie sie das tun, erfahren Sie im Folgenden.

Vertrauen

Anforderung: Das Markenversprechen definieren
und dann jedes Mal erfüllen.

Die meisten Unternehmen gehen fälschlicherweise davon aus, dass Qualitätsprodukte und effiziente Systeme automatisch Vertrauen schaffen. Dagegen wissen gute Manager, dass Vertrauen immer nur von den Mitarbeitern geschaffen wird.

In der Qualitätssicherung etwa bewähren sich Mitarbeiter mit einem Hang zur Perfektion und Durchhaltevermögen. Sie lassen sich von ihren Zielen nicht ablenken und setzen sich kompromisslos für sie ein. Diese Stärken schaffen Vertrauen in ein Produkt oder einen Service.

Integrität

Anforderung: **Richtiger Umgang mit ungewöhnlichen Situationen oder Krisen.**

Mitarbeiter, die sich mit ganzer Kraft darum bemühen, Probleme zu lösen, die auch unter Druck Fassung bewahren und dabei Freundlichkeit und Hilfsbereitschaft ausstrahlen, sind ideale Kandidaten dafür, vertrackte Probleme zu lösen, allein oder im Team. Es gibt Menschen, die den Kunden von Natur aus eine angenehme Erfahrung bieten möchten. Sie sind die geborenen »Gastgeber«. Sie glauben, dass Menschen am besten in einer konsistenten und bequemen Umgebung funktionieren, in der es eindeutige Regeln gibt, die für alle gleichermaßen gelten. Kunden, die auf diese Weise behandelt werden, erhalten oft einen emotionalen Auftrieb, den sie so schnell nicht vergessen.

Die Kunden machen die Erfahrung, dass ihre Bedürfnisse als wichtig betrachtet werden und dass sie für das Unternehmen wertvoll sind.

Begeisterung

Anforderung: **Einmalige Erfahrungen, mit denen das Selbstbewusstsein des Kunden gefördert wird.**

Manche Mitarbeiter besitzen ein natürliches Gespür und Bewusstsein für ihre Leistungen. Da sie als glaubwürdig und erfolgreich gelten möchten, fließt dieses Bewusstsein in ihre Arbeit ein. Ihre Ziele übertragen sich auf die Kunden, die darauf mit dem Wunsch reagieren, sich mit den erfolgreichen Mitarbeitern oder Teams zu identifizieren. Außerdem fühlen sich die Kunden respektiert, weil die Mitarbeiter ihnen helfen, ihren Wert zu erkennen. Wenn Sie möchten, dass Ihre Kunden sich respektiert fühlen, lassen Sie sie von Mitarbeitern betreuen, die sich wirklich um sie kümmern.

Leidenschaft

Anforderung: **Persönliche Beziehungen.**

Manche Mitarbeiter fühlen sich instinktiv zu den Bedürfnissen und Interessen ihrer Kunden hingezogen. Für sie sind Sätze wie »So lauten die Kundenanforderungen« reine Verallgemeinerungen. Sie nehmen die einmaligen Merkmale eines jeden Menschen wahr, mit dem sie in Kontakt kommen. Diese Gabe sollte eingesetzt werden, um den Zyklus des Kundenengagements zu vollenden, vor allem, wenn der Mitarbeiter noch weitere ergänzende Stärken besitzt. So entdeckte ein Sportwagenhersteller, dass seine Kunden besonders stolz auf die technischen Aspekte ihrer Fahrzeuge waren. Also suchte er gezielt Mitarbeiter, die sich durch Neugierde und Interesse auszeichneten und über genug Selbstbewusstsein und Energie verfügten, um die meist bestens informierten Kunden und Interessenten zu betreuen.

Manche Menschen verstehen sich besonders gut darauf, in die Zukunft zu sehen und zu überlegen, welche neuen Nutzungsmöglichkeiten in Produkten und Dienstleistungen liegen könnten. Sie blicken immer nach vorne und fragen: »Was wäre, wenn?«

Andere Teams sind besser geeignet, das Kundenengagement zu steigern, indem sie Ordnung in einem möglichen Chaos schaffen, eine Richtung vorgeben und diese dann verfolgen. »Gut geplant und gut durchgeführt« ist das Mantra dieser Gruppe.

Wieder andere werden vom Bedürfnis getrieben, voranzukommen, sich zu verbessern und weiterzuentwickeln. Sie fördern auf diese Weise das Kundenengagement. Wenn alle Voraussetzungen stimmen, kehren die Kunden auch zurück. Der Chef eines Nobelkaufhauses äußerte sich zur CE[11]-Methode:

Meine Kunden kehren immer wieder zurück, weil sie die Kauferfahrung immer wieder spüren und erleben möchten. In gewissem Ausmaß projizieren sie ihr eigenes Image durch eine Marke oder ein Produkt, aber dieses Image setzt wiederum eine bestimmte Atmosphäre voraus. Es kommt auf die greifbaren Dinge an, mit denen diese Atmosphäre geschaffen wird. Wir benötigen eine geschmackvolle Atmosphäre mit Blumen, Lampen und anderer Dekoration, aber ebenso wichtig (wenn nicht noch wichtiger) sind die Einstellungen und Verhaltensweisen der Mitarbeiter, die dafür sorgen, dass diese Atmosphäre den Kunden im Gedächtnis haften bleibt. Es kommt darauf an, wie die Mitarbeiter sie behandeln, wie sie ihnen den Einkauf erleichtern und wie sie aus dem Besuch ein angenehmes Erlebnis machen. Für meine besten Mitarbeiter ist einzig und allein diese Perspektive wichtig.

Der CEO einer der sieben größten US-Banken pflichtete bei:

Immer wenn ein Kunde einen Kontakt zu einem Mitarbeiter hatte, ist sein Engagement gestiegen oder gesunken. Das Kundenengagement hängt dabei nicht von einigen wenigen Mitarbeitern ab. Vielmehr glaube ich, dass alle Mitarbeiter praktisch dieselbe Verantwortung dafür tragen, vom Sicherheitsbeamten bis zur Führungskraft. Jeder kann die emotionale Erfahrung eines Kunden beeinflussen und tut es auch. Letztlich spielen alle eine gleich wichtige Rolle.

Machen Sie es den besten Managern nach

Es führt kein Weg daran vorbei: Wenn Sie in einem erfolgreichen Unternehmen arbeiten möchten, müssen Sie gewährleisten, dass Ihre Kunden zurückkehren, weil sie auf Ihre emotional engagierten Mitarbeiter reagieren. Dieses Ziel erreichen Sie, indem Sie die Methoden des Kundenengagements anwenden. Machen Sie es den besten Managern nach und fördern Sie das Engagement Ihrer Kunden, indem Sie:

- die Talente Ihrer Mitarbeiter identifizieren und so einsetzen, dass sie emotionales Engagement schaffen, indem sie das tun, was die Mitarbeiter am besten können;
- die emotionalen Zustände Ihrer Kunden wecken, erhalten oder wiederherstellen:
- emotionale Zustände verstärken, indem Sie dafür sorgen, dass das Engagement der Mitarbeiter für die Kunden im gesamten Unternehmen einheitlich ist.

Wenn Sie anerkennen, was es bedeutet, Kundenengagement zu wecken und zu bewahren, haben Sie den neunten Schritt auf dem *Gallup*-Pfad getan.

Kapitel 10
»Emotional Economy« – Teil II

Gewinn und Wachstum durch Engagement

Während Sie mit der Q^{12}-Methode die Wachstums- und Gewinnentwicklung über die Mitarbeiter beeinflussen können, geschieht dies bei der CE^{11}-Methode über die Kunden. Es gibt einen wichtigen Grund, um das Kundenengagement zu messen: Am Kundenengagement lässt sich die Wahrscheinlichkeit eines Wiederholungskaufs und einer dauerhaften Kundenbeziehung direkt ablesen.

Aber sowohl das Mitarbeiterengagement wie das Kundenengagement manifestieren sich in der »Emotional Economy« auf vielfältige Weise. Anhand unserer Daten untersuchten wir Kombinationen der elf Messkriterien des Kundenengagements, aus denen sich wiederum vier getrennte Kundengruppen ergaben. Es handelt sich dabei um Kundensegmente, die ein bestimmtes Maß an Engagement repräsentieren und einen maßgeblichen Einfluss auf die Geschäftsergebnisse haben.

Wie die *Gallup*-Studien gezeigt haben, können Kunden in vier Gruppen eingeteilt werden: vollkommen gebunden, gebunden, nicht gebunden und überhaupt nicht gebunden.

Diese Einteilung ermöglicht es, die – positive oder negative – Auswirkung der Kundenbeziehungen auf die Geschäftsergebnisse zu messen. Dabei bestehen nicht nur deutliche Unterschiede zwischen den Gruppen, sondern ihre anteilsmäßige Präsenz innerhalb der Unternehmen spiegelt oft eine erstaunliche Bandbreite.

Das CE^{11}-Messsystem wurde entwickelt, damit Unternehmen das Wachstumspotenzial unter ihren vorhandenen Kunden messen konnten. Damit wird eine deutliche Verlagerung in der strategischen Vision vollzogen: Der Weg zu nachhaltigem Wachstum und Rentabilität führt nicht über neue Kunden, sondern über die vorhandenen Kunden. Während jedoch einige Kunden schon vollkommen gebunden sind, wartet die Mehrheit immer noch darauf, zu vollem Engagement motiviert zu werden.

Deshalb ist es so wichtig festzustellen, auf welcher Ebene Ihre Kunden stehen. Dann erst können Sie ihnen helfen, vollkommen gebundene Kunden zu werden, die den Weg zu mehr Gewinn und Wachstum ebnen.

Vollkommen gebundene Kunden

Ich habe das Einkaufen eigentlich immer als ein notwendiges Übel betrachtet, um das man nicht herumkam, wollte man seine Grundbedürfnisse decken. Erst als ich Ihre Produkte und Ihr Unternehmen kennen lernte, habe ich erfahren, wie angenehm das Einkaufen sein kann. Sie haben mir das Gefühl gegeben, wichtig und wertvoll zu sein; ich kann immer auf Sie zählen. Ich stelle mir oft die Frage: »Warum bin ich nicht vorher zu Ihnen gekommen?« Sie haben nicht nur die besten Produkte – Sie verstehen es auch auf legendäre Art und Weise, mir ein positives Gefühl als Kunde zu geben.«

Der Manager einer großen Callcenters erzählte:

Wir hatten einen Telefonanbietervertrag, der in absehbarer Zeit auslief. Das Problem war, dass unser aktueller Anbieter uns ein Angebot unterbreitete, das 400.000 Dollar mehr kostete als das Angebot seines Hauptkonkurrenten. Dieser kam tatsächlich zu mir und sagte: »Wir versprechen Ihnen, dass wir den Preis Ihres derzeitigen Anbieters unterbieten, egal welches Angebot er Ihnen macht.« Es war zunächst eine sehr schwierige Entscheidung. Als ich meine Mitarbeiter um ihre Meinung bat, sprachen sie sich für unseren derzeitigen Anbieter aus. Es gelang mir nicht, sie umzustimmen. Sie hatten großartige Argumente. Sie sagten, die Beratung durch unseren aktuellen Anbieter sei hervorragend und bei Schwierigkeiten reagiere er zuverlässig und schnell. Außerdem sei er an allen Aspekten unseres Geschäftes interessiert. Schließlich überzeugten sie mich. Wir bezahlen einen hohen Aufschlag für diese »nicht greifbaren Dinge«, aber wir alle glauben, dass es sich lohnt. Irgendwie hat der Anbieter es geschafft, Einlass in das emotionale Herz unseres Unternehmens zu finden.

So klingt also ein vollkommen gebundener Kunde.

Die meisten Unternehmen haben nur einen geringen Anteil solcher Kunden. Aufgrund ihrer starken Bindung an das Unternehmen stellen diese Kunden aber eine außerordentlich wertvolle Ressource dar.

Das Profil vollkommen gebundener Kunden

- Kooperativ: Sie bezahlen ihre Rechnungen prompt.
- Aufgeschlossen: Sie nutzen die Serviceinfrastruktur des Unternehmens auf effektive Weise und sind bereit, neue Produkte und Dienstleistungen auszuprobieren.
- Zuhörer: Sie sind Neuentwicklungegen gegenüber sehr aufgeschlossen und interessieren sich für neue Produkte oder Versionen.
- Fair: Es ist unwahrscheinlich, dass sie ungerechtfertige Umtausch- oder Rückgabeansprüche stellen.
- Nachhaltig: Sie legen Wert auf langfristige Beziehungen zu Marken und Anbietern.

Diese Traumkunden bedeuten nicht nur mehr Umsatz und Cashflow. Sie verursachen niedrigere Servicekosten, betreiben Mundpropaganda für die Marke, ermöglichen höhere Gewinne und stellen die zuverlässigste Quelle für ein nachhaltiges Wachstum und eine bessere Rendite dar.

Gebundene Kunden

Im vergangenen Jahr bin ich 100 Mal mit Ihnen geflogen. Ich bin Inhaber einer Gold-Card bei Ihnen und muss dennoch diese Frage stellen: »Haben Sie gesehen, wie schlecht mich Ihre Mitarbeiterin am Check-in-Schalter behandelt hat?« Ich glaube ja gar nicht, dass sie nur mich schlecht behandelt hat. Sie geht mit allen gleich um.

So klingt ein gebundener, aber sicherlich kein vollkommen gebundener Kunde. Gebundene Kunden besitzen eine positive emotionale Bindung an das Unternehmen – jedoch ist sie längst nicht so stark und tragfähig wie die vollkommen gebundenen Kunden. Ihre durchaus positive Einstellung zur Marke oder zum Unternehmen reicht nicht für eine stärkere Bindung aus, die langfristige Wiederholungskäufe garantieren würde. Von der Einstellung her sind sie loyal, aber nicht emotional gebunden. Es sind gute Kunden, die den Service des Unternehmens durchaus schätzen. Aber sie hegen vielleicht noch Zweifel, ob ihnen nicht andere Unternehmen dasselbe bieten könnten. Sie stellen ein Potenzial dar, das es noch zu entwickeln gilt.

Das Profil gebundener Kunden

- Sie stellen insgesamt 20 bis 25 Prozent der Kunden eines Unternehmens dar. Zu dieser Gruppe gehören auch Kunden, die noch längst nicht den größten Teil ihres Auftragsvolumens mit dem Unternehmen abwickeln.
- Sie interessieren sich für Änderungen bei den Produkten wie auch bei den Preisen.
- Sie sind von den Produkten überzeugt und würden durchaus noch zusätzliche Dienstleistungen in Anspruch nehmen, wenn die emotionale Bindung weiter gestärkt würde.

Nicht gebundene Kunden

Für mich spielt es keine Rolle, wo ich einkaufe, wenn nur der Preis stimmt und die Wege nicht zu weit sind. Ich achte auf Sonderangebote und Schnäppchen. Es gibt sie überall, man muss sie nur finden. Wenn ich wieder ein besonders gutes Geschäft gemacht habe, bin ich mit mir sehr zufrieden. Warum sollte ich nur in einem Laden einkaufen?

So klingt ein typischer nicht gebundener Kunde.

Der nicht gebundene Kunde empfindet keinerlei Loyalität. Es ist aber durchaus möglich, dass er auf eine emotionale Ansprache positiv reagiert. Vielleicht ist er aber auch völlig unempfänglich dafür und sieht grundsätzlich nur auf den Preis. Das heißt nicht, dass er negative Gefühle hegt. Er hat weder besonders positive noch negative Erfahrungen gemacht und ist daher in seinem Engagement neutral eingestellt.

Das Profil nicht gebundener Kunden

- Sie zeigen sich relativ gleichgültig gegenüber der potenziellen emotionalen Ansprache durch eine Marke oder ein Unternehmen.
- Sie beachten Zusatzprodukte oder weitere Angebote nicht, weil sie entweder ohnehin nicht viel kaufen oder weil sie gar nicht oder kaum mit dem Kundenservice eines Unternehmens interagieren.

Die überhaupt nicht gebundenen Kunden

Dieses Unternehmen versucht, seine Kunden auszupressen: Erst werden die Waren mit hohen Preisen ausgezeichnet und dann gibt es »Schlussverkäufe«, um den Leuten weiszumachen, sie könnten jetzt echte Schnäppchen machen. Ich weise die Mitarbeiter des Unternehmens gern darauf hin, dass die Preise woanders noch niedriger sind, nur um ihnen zu zeigen, dass ich ihre Tricks kenne. Und ich zögere nie mich zu beschweren, wenn der Service oder das Produkt zu wünschen übrig lassen, was normalerweise der Fall ist. Wissen Sie warum? Ich hasse diese Leute. Ich rate allen Freunden und Bekannten davon ab, dort einkaufen.

Diese Kunden verweigern sich bewusst jeder emotionalen Ansprache und verleihen ihrer Ablehnung offen Ausdruck. Damit stellen sie eine enorme Bedrohung für ein Unternehmen dar – zum einen repräsentieren sie entgangene Umsätze und zum anderen verursachen sie überdurchschnittlich hohe Servicekosten. Wenn es einem Unternehmen nicht gelingt, solche Kunden wieder in einen positiven emotionalen Zustand zu überführen, sollte es sich besser von ihnen trennen. Sie wickeln ohnehin nur einen Teil ihrer Geschäfte bei einem Unternehmen ab und werden sich standhaft allen Bemühungen widersetzen, ihre Loyalität zu gewinnen.

Solche überhaupt nicht gebundenen Kunden kooperieren erst gar nicht mit dem Kundenservice eines Unternehmens, sondern beschweren sich grundsätzlich oder sabotieren die entsprechenden Abhilfemaßnahmen sogar. Sie verlangen immer besondere Aufmerksamkeit, geben häufiger Waren zurück, nehmen mehr Zeit in Anspruch und bringen im schlimmsten Fall gute Mitarbeiter dazu, entnervt das Handtuch zu werfen. Gelingt es nicht, sie zu mehr Kooperation zu bewegen, sollten Sie sich von solchen Kunden trennen.

Das Profil der überhaupt nicht gebundenen Kunden

- Sie verursachen die höchsten Servicekosten pro Kunde.
- Sie nutzen jede Gelegenheit, Ihnen direkt oder indirekt Schaden zuzufügen.
- Sie sträuben sich gegen jeden Versuch Ihrer Mitarbeiter, sie aus ihrer destruktiven Haltung herauszuholen.
- Den hohen Kosten, die sie verursachen, stehen meist relativ niedrige Umsätze gegenüber, sodass sie sehr unrentabel sind.
- Es erfordert überdurchschnittlich starke Bemühungen, sie auf den richtigen Weg zu bringen. Manche werden nie zu engagierten Kunden.

Kundenengagement: Die *Gallup*-Zahlen

Die folgenden Angaben resultieren aus einer Umfrage, die in US-Unternehmen durchgeführt wurde, die sechs verschiedenen Produkt- und Servicekategorien angehörten:

- vollkommen gebundene Kunden: 21 Prozent
- gebundene Kunden: 21 Prozent
- nicht gebundene Kunden: 30 Prozent
- überhaupt nicht gebundene Kunden: 28 Prozent

Diese Zahlen sind sehr aufschlussreich: Der Anteil engagierter und vollkommen gebundener Kunden ist ungefähr gleich. Ein genauerer Blick auf die einzelnen Branchen weist jedoch auf Unterschiede in der Verteilung der Kundengruppen hin.

In der Automobilbranche wurden folgende Zahlen ermittelt: 24 Prozent der Kunden sind vollkommen gebunden, 20 Prozent sind gebunden, 30 Prozent sind nicht gebunden und 26 Prozent zählen zu den überhaupt nicht gebundenen Kunden. Das Interessante daran ist jedoch mit Abweichungen von über 20 Prozent die hohe Bandbreite des Kundenengagements bei den führenden Marken und Herstellern.

Vergleicht man den Unterschied zwischen US- und Importfahrzeugen, ergeben sich ebenfalls interessante Muster. Importierte Marken haben einen sehr viel höheren Anteil vollkommen gebundener (32 Prozent) und gebundener Kunden (28 Prozent). Außerdem sind bei ihnen weniger überhaupt nicht gebundene Kunden zu verzeichnen (16 Prozent).

So wie jede Branche, in der große Umwälzungen stattfinden, leidet auch der Handel unter dem Fluch des fehlenden Kundenengagements. Sechs von zehn Kunden sind nicht gebunden, nur 19 Prozent vollkommen gebunden und 22 Prozent gebunden.

Nicht jeder Händler findet sich mit dieser Misere ab. So besaß eines der befragten Unternehmen einen Anteil nicht gebundener Kunden, der zwar dem Branchendurchschnitt entsprach, doch es konnte den Anteil der vollkommen gebundenen Kunden auf 24 Prozent steigern. In der Verbraucherelektronik sind die Zahlen ähnlich. Auch hier sind sechs von zehn Kunden nicht gebunden, 19 Prozent sind vollkommen gebunden und 22 Prozent gebunden. Auch hier herrscht wieder eine erstaunliche Bandbreite. Vergleicht man zwei große Ketten , besitzt die eine einen Anteil gebundener Kunden, der doppelt so hoch ist wie der Anteil der vollkommen gebundenen Kunden beim Konkurrenten.

Diese Beispiele verdeutlichen zwei miteinander zusammenhängende Phänomene. Erstens arbeiten die meisten Unternehmen einer Branche nur mit einem Bruchteil des möglichen Kundenengagements. Zweitens ist es einigen Unternehmen gelungen, deutlich höhere Anteile vollkommen gebundener Kunden zu gewinnen, was sich positiv auf ihre Erträge auswirkt.

Mit der CE[11]-Methode steht nun erstmals eine Methode zur Verfügung, mit der das Engagement der Kunden gemessen und gesteuert werden kann.

Interne Anpassungen, um externe Probleme zu lösen

Wie schon beim Mitarbeiterengagement ergab die *Gallup*-Studie auch bei der Kundenbindung eine sehr hohe Bandbreite innerhalb der Unternehmen. In den Geschäftseinheiten ein- und desselben Unternehmens bietet sich oft ein völlig unterschiedliches Bild des Kundenengagements. Dies gilt selbst dann, wenn sie dieselben Produkte zu ähnlichen Preisen in vergleichbaren Arbeitsumgebungen und mit denselben Marketingkampagnen anbieten. Erstaunlich daran ist, dass die Streuung *innerhalb* der Unternehmen meist viel größer ist als *zwischen* den Unternehmen.

Diese Analyse verdeutlicht, dass es noch keine echten Spitzenunternehmen gibt, die sich ihrer Kundenbindung rühmen könnten. Ganz im Gegenteil: In den *Gallup*-Datenbanken hat sich noch kein Unternehmen als besonders qualifiziert erwiesen, um ein höheres Maß an Kundenengagement zu schaffen oder zu bewahren.

Die interne Bandbreite des Engagements wird von einer US-Bank illustriert, die zu den fünf größten der Nation gehört. Sie bietet eine umfassende Palette von Finanzprodukten und Dienstleistungen für Privatpersonen und Kleinunternehmen an. Dazu unterhält sie ein umfangreiches Netzwerk von Filialen und Bankautomaten sowie rund um die Uhr besetzte Hotlines und Online-Kanäle.

Aber nur 11 Prozent der Kunden dieser Bank sind vollkommen gebunden. 22 Prozent sind gebunden, 39 Prozent sind nicht gebunden und 28 Prozent zählen zu den überhaupt nicht gebundenen Kunden. Diese breite Streuung hat weitreichende wirtschaftliche Folgen. So liegt das durchschnittliche Guthaben der vollkommen gebundenen Kunden um 8.136 Dollar höher als das der nicht gebundenen oder der überhaupt nicht gebundenen Kunden. In der Regel werden mit ihnen um 13 Prozent höhere Umsätze erzielt als mit den beiden am wenigsten gebundenen Kundensegmenten. Die Auswirkung auf die

Gesamtleistung der Bank ist erstaunlich. Allein die Steigerung des Anteils vollkommen gebundener Kunden um nur 1 Prozent würde eine Steigerung des Einlagenvolumens um 155 Millionen Dollar zur Folge haben.

Davon bleibt auch die Wettbewerbsfähigkeit der Bank innerhalb der Branche nicht unberührt. Der Vergleich des Anteils vollkommen gebundener Kunden (11 Prozent) mit dem Branchendurchschnitt (23 Prozent) ergibt, dass der Bank ein Einlagenvolumen von fast 2 Milliarden Dollar jährlich entgeht.

Würde sich diese Bank stärker um das Engagement dieser Kunden kümmern, könnte sie auch die Ausgabenseite verbessern. Derzeit muss sie fast 18 Dollar aufwenden, um einen Buchungsfehler eines Schalterangestellten zu korrigieren. Die Senkung solcher Fehler um 10 Prozent bringt nur eine Kostenersparnis von etwa 220.000 Dollar. Aber eine Senkung der Zahl der schlechten Kundenbeziehungen um 10 Prozent könnte über 200 Millionen Dollar Einlagen zusätzlich bringen.

Banken sind aber nicht die Einzigen, die interne Anpassungen vornehmen müssen. Ein anderes Beispiel ist eine führende globale Hotelkette, die mehrere Hotelmarken in verschiedenen Regionen führt. In der *Gallup*-Studie wurde das Engagement der Gäste für einen Mitgliederclub der regionalen Hotelketten untersucht. Dazu wurden etwa 150.000 Mitglieder befragt, die eine Jahresgebühr für verschiedene Gastronomie- und Hotelleistungen bezahlten.

Wie sich herausstellte, waren nur 8 Prozent der Mitglieder vollkommen gebunden, 13 Prozent waren gebunden, 30 Prozent nicht gebunden und ein großer Teil – 49 Prozent – gehörte zu den überhaupt nicht gebundenen Kunden. Auch hier hätte es klare Vorteile gehabt, sich für eine höhere Kundenbindung einzusetzen – während umgekehrt das niedrige Engagement das Unternehmen teuer zu stehen kam. So gaben vollkommen gebundene Mitglieder ganze 67 Prozent ihres gesamten Jahresbudgets für Übernachtungen bei dieser Hotelkette aus, gebundene Kunden aber nur 55 Prozent. Bei den nicht gebundenen Kunden und den überhaupt nicht gebundenen Kunden lag der Anteil insgesamt bei nur 35 Prozent.

Die nicht gebundenen Kunden richteten einen enormen wirtschaftlichen Schaden an: Sie gaben bei knapp 18 zugrunde gelegten Übernachtungen und durchschnittlichen Zimmerpreisen von 150 Dollar lediglich 950 Dollar bei der Hotelkette aus, während es bei den anderen 1.632 Dollar waren.

Multipliziert man die Differenz von 682 Dollar mit der Zahl der Mitglieder, ergibt sich ein beträchtlicher Betrag. Wenn diese Hotelkette den Anteil der überhaupt nicht gebundenen Kunden um nur 8 Prozent senken könnte, würde das alleine schon 8,67 Millionen Dollar an zusätzlichen Einnahmen jährlich bedeuten.

Ein weiteres Beispiel ist die mit einem Bonusprogramm verknüpfte Kreditkarte einer der fünf größten US-Fluggesellschaften. Die Karteninhaber erhalten für jeden ausgegebenen Dollar eine Meile im Vielfliegerprogramm der Fluggesellschaft gutgeschrieben.

Auch dieses Unternehmen leidet unter einer vergleichsweise niedrigen Kundenenbindung. Nur 6 Prozent der Karteninhaber sind vollkommen gebunden und ein Viertel (25 Prozent) sind gebunden, während die Mehrheit entweder nicht gebunden ist (45 Prozent) oder zu den überhaupt nicht gebundenen Kunden zählt (24 Prozent).

Die voll gebundenen Mitglieder geben mit dieser Karte 3.600 Dollar jährlich mehr aus als die nicht gebundenen. Vollkommen gebundene Mitglieder führen außerdem eine deutlich größere Zahl von Transaktionen pro Jahr durch und haben um fast 50 Prozent höhere Guthaben als die nicht gebundenen Mitglieder oder die überhaupt nicht gebundenen Kunden. Geht man davon aus, dass jeder vollkommen gebundene Kunde 2.843 Dollar mehr als die anderen Mitglieder jährlich ausgibt, würde der Anstieg vollkommen gebundener Kunden um 1 Prozent zu weiteren 142 Millionen Dollar Umsatz im Einzelhandel und mindestens 1,5 Millionen Dollar an zusätzlichem Transaktionsvolumen jährlich führen.

Es bleibt noch viel zu tun

Bislang gibt es weltweit noch kein Unternehmen, das mehr als 50 Prozent vollkommen gebundener Kunden hat. Es wird also nur ein Bruchteil des vorhandenen Potenzials genutzt. Dies wiederum hat weitreichende wirtschaftliche Auswirkungen.

Während sich derzeit Konzernchefs und Wall-Street-Ökonomen noch fragen, warum die weichen Faktoren – die Einstellungen, Meinungen und Vorlieben von Mitarbeitern und Kunden – immer öfter untersucht werden, haben die besten Unternehmen längst begriffen, welche Rolle diese Faktoren spielen.

In der heutigen Wirtschaft ist die Fähigkeit, die Kunden emotional zu binden, eher die Ausnahme als die Regel. Folglich müssen sich die Unternehmen fragen, wie sie dies ändern können. Dazu ist die Unterstützung der Geschäftsleitung ebenso wichtig wie der Mitarbeiter, die tagtäglich mit den Kunden umgehen. Die besten Unternehmen beachten Folgendes:

Verpflichtungen des Unternehmens

- Sie führen ein unternehmensweites Messsystem und einen einheitlichen Sprachgebrauch ein, um aussagekräftige Vergleiche zwischen Geschäftseinheiten, Marken und Produken zu ermöglichen.
- Sie identifizieren die Triebfedern der emotionalen Bindung.
- Sie konzentrieren sich auf die Erfahrung und das Engagement des Kunden und übertragen jedem Manager und Mitarbeiter die Verantwortung dafür, die Kunden emotional zu beeinflussen.
- Sie decken die *Best Practices* und Initiativen innerhalb ihres Unternehmens auf, mit denen das emotionale Engagement gefördert werden kann.
- Sie stimmen Strukturen und Methoden des Unternehmens so aufeinander ab, dass sie ein optimales Engagement der Kunden ermöglichen.
- Sie steuern die strategische Richtung des Unternehmens sowie die taktischen Aktivitäten der Manager und Mitarbeiter so, dass die Kundenbindung in gemeinsamer Koordination gefördert wird.
- Sie statten die Mitarbeiter mit den nötigen Befugnissen aus, damit diese die Erfahrungen und das Engagement ihrer Kunden kontinuierlich verbessern können.

Verpflichtungen der Mitarbeiter

- Jeder Mitarbeiter wird darüber informiert, wie er die Kunden emotional binden kann.
- Die Mitarbeiter bemühen sich bei jeder einzelnen Interaktion, die Kunden positiv zu beeinflussen.
- Sie suchen ständig nach individuellen und besseren Methoden, wie sie ihre Talente zur Schaffung positiver Kundenerfahrungen einsetzen können.

Die Warnzeichen für fehlende Bindungenen

Auch hier lügen die Zahlen nicht. Sie müssen ermitteln, wie hoch der Anteil voll gebundener, gebundener, nicht gebundener und überhaupt nicht gebundener Kunden in Ihrem Unternehmen ist, weil dies wichtige Auswirkungen auf Ihr tägliches Geschäft hat. Wenn der Anteil vollkommen gebundener oder gebundener Kunden in Ihrem Unternehmen nicht dauerhaft überwiegt, können Sie kein nachhaltiges Wachstum erreichen. Wer erfolgreich konkurrieren möchte, muss die Bindung seiner Kunden gewinnen. Wenn Sie in einem typischen Unternehmen arbeiten, dürfte die Mehrheit Ihrer Kunden noch nicht gebunden sein. Nicht wenige haben sogar einen so negativen Einfluss auf Ihre engagierten Mitarbeiter, dass sie Ihrem Geschäft schaden. Nun müssen Sie entscheiden, welche Maßnahmen richtig sind, auch wenn sie Ihnen drastisch erscheinen. Denken Sie daran:

- Die Mehrheit Ihrer Kunden ist nicht gebunden. Über die Hälfte der Kunden in den USA kehrt nicht regelmäßig zu Unternehmen, Branchen oder Organisationen zurück, weil sie keine emotionale Bindung zu ihnen verspüren.
- Nicht gebundene und überhaupt nicht gebundene Kunden verursachen hohe Kosten im Sinne von Zeit, Service und Rendite sowie entgangenen Umsatzchancen.
- Vollkommen gebundene und gebundene Kunden sind für jedes Unternehmen von entscheidender Bedeutung, weil sie immer wiederkehren. Aber sobald die emotionale Bindung geschwächt oder gar gestört ist, wandern sie ab.

Unsere Ergebnisse weisen darauf hin, dass die Bedeutung der weichen Faktoren, also der emotionalen Wirtschaft, diejenigen der rationalen Faktoren bei weitem übersteigt. Deshalb muss sich jedes Unternehmen der Frage stellen: Was tut Ihr Unternehmen, um seine Kunden emotional zu binden?

Denken Sie immer daran: Fehlende Bindung kommt Sie teuer zu stehen – Bindung zahlt sich aus.

Wenn Sie anerkennen, wie sich voll gebundene, gebundene, nicht gebundene und überhaupt nicht gebundene Kunden auf ein Unternehmen auswirken, haben Sie den zehnten Schritt auf dem *Gallup*-Pfad getan.

Kapitel 11
Das Management der »weichen Faktoren«

Auf drei Dinge kommt es an

Nach jahrelangen Umfragen und Studien, untermauert durch die Aussagen von Millionen Mitarbeitern, Managern und Kunden, können wir sagen, dass auf dem *Gallup*-Pfad drei Elemente in der richtigen Reihenfolge verknüpft werden müssen. Die 34 Talent-Leitmotive fließen in die Q^{12}-Methode ein, die wiederum direkt zur CE^{11}-Methode führt. Jedes Element ist gleich wichtig und setzt die anderen beiden voraus, wenn Sie dort ankommen wollen, wo erfolgreiche Unternehmen heute schon stehen. Diese Möglichkeit ist ganz real, denn folgende Tatsachen stehen mittlerweile fest:

- Talentierte Mitarbeiter leisten ein Vielfaches mehr, wenn sie mit den richtigen Aufgaben betraut werden.
- Engagierte Arbeitsgruppen verursachen deutlich niedrigere Kosten als nicht engagierte Gruppen und tragen den Löwenanteil zum Wachstum und Gewinn bei.
- Der leidenschaftliche Einsatz engagierter Mitarbeiter ermöglicht den Aufbau langfristiger Kundenbeziehungen, womit die zukünftige Geschäftsentwicklung gesichert wird.
- Erfolgreiche Unternehmen haben viermal mehr engagierte Mitarbeiter als aktiv unengagierte Mitarbeiter.
- Wo das Potenzial der Mitarbeiter genutzt wird, sind Renditen zwischen 20 und 2000 Prozent in einem Zeitraum von 18 Monaten möglich. Es gibt Unternehmen, die mit einem Dollar innerhalb von zwei Jahren 250 Dollar

erwirtschaften. Die Rendite hängt dabei von der Art der Branche, dem Geschäftsvolumen und natürlich dem Engagement der Geschäftsleitung für dieses neue Wirtschafts- und Geschäftsmodell ab.

Eine jüngst abgeschlossene Studie weist deutlich auf ein Muster hin, das sehr produktive Mitarbeiter, Teams und Unternehmen angewandt haben. Während sie sich in der Größe, im Führungsstil, in der Branche und im Standort unterscheiden, sind ihnen drei Voraussetzungen durchgängig gemeinsam.

1. *Talent ist ein Leistungsmotor.* Bringen Sie deshalb das Talent jedes Mitarbeiters zur Entfaltung.

Den Spitzenmitarbeitern sind zwei wichtige Merkmale gemeinsam. Erstens messen sie ihre Leistung im Sinne objektiv definierter Geschäftsergebnisse und nutzen ihre Begabungen als Quelle individueller Stärken. Zweitens erklären sich ihre überragenden Leistungen nicht dadurch, wie viel sie wissen, sondern wie sie ihre Fähigkeiten und ihr Wissen auf ihre Talente und Aufgaben abstimmen. Dies erfordert eine gute Selbstkenntnis.

Diese Entdeckung kann mit Fug und Recht als revolutionär bezeichnet werden. Da sich Spitzenarbeitskräfte immer darauf konzentrieren, objektiv definierte Ergebnisse zu erzielen, ist es falsch, ihnen ihre Arbeit bis ins kleinste Detail vorzuschreiben. Talent – und nur Talent – sollte ein wichtiges Kriterium bei der Auswahl und beim Einsatz von Mitarbeitern sein, nicht nur faktische Informationen oder Sachwissen. Bislang konnte jedenfalls kein Zusammenhang zwischen detaillierten Arbeitsplatzbeschreibungen und guten Leistungen festgestellt werden.

Jedes Unternehmen strebt Spitzenleistungen an, nicht nur um Wachstum und Gewinn zu erzielen. Unternehmen besitzen heute keine »Macht« über ihre Mitarbeiter. Wer die Besten halten will, muss das Beste in ihnen erkennen.

2. *Engagierte Mitarbeiter sind sehr produktiv.* Deshalb sollten Ihre Manager das Engagement aller Mitarbeiter gewinnen.

Eine internationale Studie jüngeren Datums, die von der schweizerischen Bank *UBS* gefördert wurde, kam zum Ergebnis, dass Beschäftigte in den größten Städten der Welt durchschnittlich etwa 1.750 Stunden jährlich arbeiten, mit einigen regional und geografisch bedingten Abweichungen. Wenn Sie diese Zahl mit der Anzahl der Beschäftigten multiplizieren, die in einem

Unternehmen arbeiten, erkennen Sie, wie viel Aufmerksamkeit es erfordert, um Produktivität, Umsatz und Gewinn zu beeinflussen.

Damit sind wir bei einigen sehr interessanten Fragen. Wie werden diese Stunden ausgefüllt? Welche Ereignisse, geistigen Prozesse und Aktivitäten versteht man unter dem Begriff »Arbeit«? Und noch wichtiger: Welche Indikatoren lassen auf zukünftige überragende Mitarbeiterleistungen schließen?

Aus den Daten der *Gallup*-Datenbanken haben sich zwölf Bedingungen – die Q^{12}-Bedingungen – herauskristallisiert, die für die produktivsten Arbeitsplätze typisch sind. Entgegen der landläufigen Meinung beziehen sich diese Bedingungen nicht auf das Gesamtunternehmen, sondern auf einzelne Bereiche oder Abteilungen und sie sind stark vom jeweiligen Manager abhängig. Die Q^{12}-Bedingungen setzen außerdem voraus, dass die Beziehungen zwischen Mitarbeitern und Vorgesetzten stabil und tragfähig sind.

Diese zwölf Bedingungen beeinflussen alle Geschäftsergebnisse des Unternehmens – einschließlich Produktivität, Rentabilität, Qualität, Innovation und Arbeitssicherheit. Sie treiben das Wachstum an und bieten beeindruckende Möglichkeiten der Kostensenkung.

Engagierte Mitarbeiter sagen aber auch etwas über ihr Unternehmen aus. Die Manager des Unternehmens wenden nämlich einen Führungsstil an, bei dem sie nicht die Absicht verfolgen, »den Mitarbeitern möglichst genau vorzuschreiben, was sie tun sollen«. Vielmehr haben die Manager verstanden, dass die Verhaltensweisen ihrer Mitarbeiter die Schlüssel zu ihren Talenten sind. Es sind Signale, denen sie besser folgen sollten, wollen sie deren angeborene Stärken optimal nutzen. Der wirtschaftliche Wert, den erfolgreiche Unternehmen mit ihren besten Mitarbeitern schaffen, basiert auf Emotionen. Voraussetzung sind persönliche Beziehungen zu jedem einzelnen Mitarbeiter.

3. *Gebundene Kunden kommen wieder.* Sichern Sie die Bindung Ihrer Kunden, damit sie alle profitabel werden.

Echtes Wachstum wird mit vorhandenen und neuen Kunden erzeugt. Aber die meisten Unternehmen, mit denen wir uns befassten, erzielen den Löwenanteil ihres Wachstumspotenzials mit vorhandenen Kunden. Deshalb untersuchten wir die Bedingungen, die den Ausschlag zu Wiederholungskäufen gaben und nachhaltige Gewinnquellen darstellten.

Zu unserer Überraschung stellten wir fest, dass die Gründe, warum Kunden einen Anbieter attraktiv fanden, sich nicht mit den Gründen deckten, die für ihre Bindung verantwortlich waren. Zwischen dem Erstkauf und dem Wiederholungskauf schienen wichtige Prozesse stattzufinden.

Wir fanden heraus, dass die Bindung auf einer emotionalen Bindung beruht, die durch hervorragend gestaltete Interaktionen zwischen Mitarbeitern und Kunden geschaffen wird. Diese Interaktionen übertreffen die Erwartungen der Kunden regelmäßig.

Diese Ergebnisse widersprechen den vorherrschenden Annahmen der »Theorie des Verbrauchers«, wie sie in den meisten Unternehmen noch akzeptiert wird. Dieser Theorie zufolge ist das Kundenverhalten – ob beim Erstkauf oder Wiederholungskauf – auf eine sorgfältige rationale Prüfung der Vorteile (Anreize) zurückzuführen, die durch die verfügbaren Optionen dargestellt werden. Der Kunde wählt ganz bewusst diejenige Option aus, mit der er den für ihn optimalen Wert zu erhalten glaubt. Aber die Ergebnisse unserer Studie widerlegen diese Theorie eindeutig.

Zunächst einmal gibt es eindrucksvolle Beweise dafür, dass Kunden ihre Entscheidungen immer mit unvollständigen Informationen treffen, ihnen also die endgültige Sicherheit fehlt.

Zweitens beweisen die Daten, dass die Kunden nicht immer das Beste suchen. Oft sind sie mit Angeboten zufrieden, die lediglich eine mittelmäßige Lösung für sie darstellen.

Drittens stimmen unsere Erkenntnisse mit den jüngsten Entdeckungen in den Neurowissenschaften überein, dass Gefühle und Emotionen eine wichtige Rolle bei den Entscheidungen über Wiederholungskäufe spielen. Es zählt weniger das rationale, sondern das emotionale Gedächtnis.

Viertens zeigen die Ergebnisse, dass die Entscheidung zum Wiederholungskauf nicht in der Entscheidungsfindung selbst, sondern bei der Formulierung von Alternativen getroffen wird. Alle Daten weisen darauf hin, dass eine niedrige Kundenbindung mit einer schwachen emotionalen Bindung einhergeht. Der zuverlässigste Indikator der Bindung ist es, wenn Mitarbeiter die Emotionen des Kunden ansprechen können.

Letztlich läuft es darauf hinaus: Kunden müssen als Individuen behandelt werden und nicht als standardisierte Einträge in einem Diagramm. Es gibt nur einen Faktor, der die Kunden bewegt, zu einer Marke, einem Produkt oder einem Unternehmen zurückzukehren: die Gefühle, die sie für Sie empfinden.

Die Zeiten sind ein für alle Mal vorbei, in denen emotionale Verbindungen allein oder hauptsächlich mit den Mitteln der Werbung und des traditionellen Marketing hergestellt wurden. Aus diesem Grund müssen Unternehmen effektive emotionale Anreize für jeden einzelnen Mitarbeiter schaffen. Dies ist die große Aufgabe, vor der Sie stehen.

Wohin gehen Sie?

Wenn Sie den besten Unternehmen nacheifern wollen, ist es Zeit zu einer ehrlichen Bestandsaufnahme.

Wie sieht es auf der Mitarbeiterseite aus?

1. Wie identifiziert und bewertet Ihr Unternehmen das Potenzial der einzelnen Mitarbeiter?
2. Wie misst es dieses Potenzial?
3. Wie werden Spitzenleistungen definiert?
4. Wie werden sie mit den Ergebnissen verknüpft?
5. Wie leiten die Vorgesetzten ihre Teams?
6. Wie legt Ihr Unternehmen die Bedingungen für die Arbeit der Teams fest?
7. Wie wird der Beitrag der Teams gemessen?
8. Welcher Zusammenhang besteht zwischen Leistung und Geschäftsergebnissen?

Wie sieht es auf der Kundenseite aus?

1. Wie gewinnt Ihr Unternehmen die Bindung seiner Kunden?
2. Wie misst Ihr Unternehmen die emotionale Bindung zwischen Kunden und Mitarbeitern?
3. Wie kanalisieren Sie die Talente Ihrer Mitarbeiter so, dass sie die Bindung der Kunden gewinnen und die Kundenbeziehungen profitabel gestalten?

Die zehn Schritte auf dem *Gallup*-Pfad

Sie haben nun die zehn Schritte des *Gallup*-Pfades kennen gelernt. Sobald Sie die Rolle der weichen Faktoren und der Emotionen in der Wirtschaft akzeptieren, wird sich die Szenerie entlang des Weges verändern. Sie werden Ihre Mitarbeiter auf eine völlig neue Weise betrachten – als talentierte Menschen mit unbegrenztem Potenzial. Sie werden Ihre Kunden als Individuen mit komplexen Emotionen sehen, die nur darauf warten, von Ihnen auf die richtige Weise angesprochen zu werden. All das ist möglich, weil Sie erkannt haben:

1. welche Rolle die Emotionen bei den Geschäftsergebnissen spielen;
2. dass Ihre Mitarbeiter angeborene Talente haben, die nur für die richtigen Zwecke eingesetzt werden müssen;
3. dass der richtige Einsatz der Talente zu mehr Wachstum und Gewinn führt;
4. welchen Nutzen das Q^{12}-Programm für Ihr Unternehmen haben kann;
5. was es bedeutet, das Engagement der Mitarbeiter zu fördern und aufrechtzuerhalten;
6. welche wirtschaftlichen Implikationen die verschiedenen Ausprägungen des Mitarbeiterengagements haben;
7. wie sich die CE^{11}-Methode auf Ihre Marke, Ihr Produkt und Ihr Unternehmen auswirkt;
8. wie sich die vier Zustände der Kundenbindung auf Ihre Marke, das Produkt und das Unternehmen auswirken; entscheidend ist das emotionale Gedächtnis;
9. was es bedeutet, die Kundenbindung zu gewinnen und zu halten;
10. wie sich die verschiedenen Arten der Kundenbindung wirtschaftlich auswirken;

Sie kennen nun den Weg, dem Sie folgen sollten und wissen, warum Sie die einzelnen Schritte des *Gallup*-Pfades in der richtigen Reihenfolge absolvieren müssen.

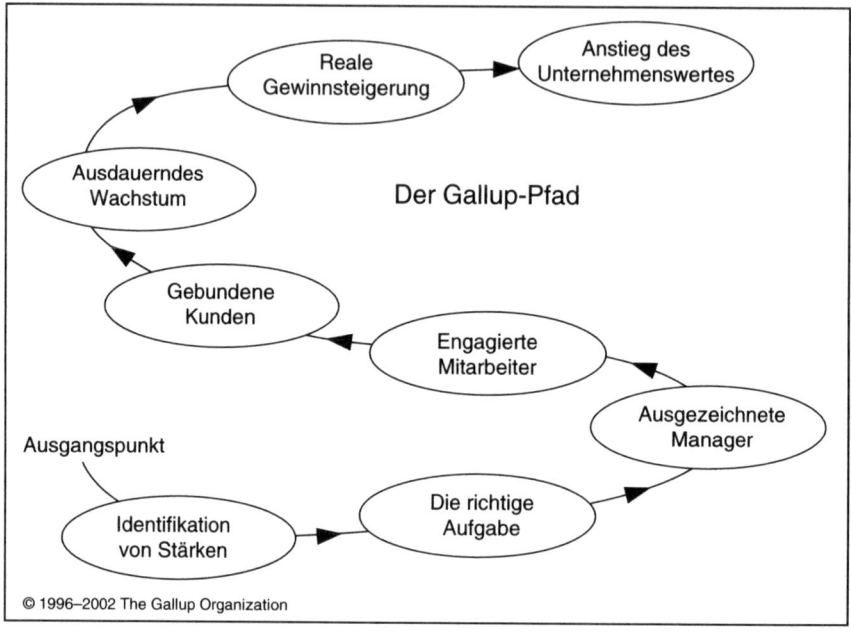

Abb. 4: Der *Gallup*-Pfad

Epilog

Eine neue Vision für ein neues Jahrhundert

Neues am Horizont

Wir leben in einer Wirtschaft, in der Emotionen zählen. Die einen versuchen diese Tatsache in ihr Vernunftmodell einzugliedern, die anderen spielen sie herunter. Aber wer sie akzeptiert, hält die Zukunft in den Händen.

Erfolgreiche Unternehmen aller Art – gewinnorientiert oder gemeinnützig, öffentlich oder privat, börsennotiert oder nicht – haben festgestellt, dass die Kunden heute neue Ansprüche stellen. In den vergangenen 20 Jahren hat sich die Produkt- und Servicequalität um das Vier- bis Fünffache erhöht. Aber damit gehen auch neue Ansprüche einher, denn die Kundenerwartungen sind ebenfalls gestiegen. Übertraf man früher mit einem Service noch die Erwartungen, gilt er heute schon als Selbstverständlichkeit.

Dennoch ist es nicht unmöglich, neue Quellen zu erschließen, aus denen Wettbewerbsvorteile gewonnen werden können. Unabdingbare Voraussetzung dafür ist, die Fähigkeiten der Mitarbeiter so einzusetzen, dass sie ein emotionales Kundenengagement sichern.

Es ist höchste Zeit, auch in Ihrem Unternehmen das menschliche Potenzial so einzusetzen, dass es sich voll entfalten kann. Wer krampfhaft an den alten Methoden festhält, handelt ungefähr so sinnvoll wie jemand, der durch das falsche Ende eines Teleskops sieht und die Welt auf einen Mikrokosmos reduziert.

Ihr Unternehmen birgt unschätzbare Ressourcen – schon jetzt, in diesem Augenblick.

Sehen Sie die Menschen, die Sie für ihre Arbeit bezahlen, mit neuen Augen. Tatsache ist, dass sie nur darauf warten, Ihnen zu zeigen, wie talentiert sie wirklich sind.

Weisen Sie Ihren Führungskräften die Rolle von »Navigatoren« zu, die engagierte Mitarbeiter um sich scharen, die wiederum das Engagement der Kunden gewinnen.

Sehen Sie auch Ihre Kunden mit neuen Augen: Sie warten ebenfalls nur auf die richtigen Signale, um bei Ihnen zu bleiben und Ihr Unternehmen voranzubringen.

Es ist an der Zeit, die Welt mit völlig neuen Augen zu betrachten.

Es ist an der Zeit, den *Gallup*-Pfad zu gehen.

Auf der Homepage des *Gallup Management Journals* (gmj.gallup.com) können Sie sich jederzeit über die neuesten Erkenntnisse zum Mitarbeiter- und Kundenengagement informieren.

Abb. 5: Die Verschaltungen des *Gallup*-Pfades (*siehe gegenüberliegende Seite*) übernommen aus der englischsprachigen Ausgabe.

THE GALLUP PATH CIRCUITRY

How many of these are turned 'ON' and how many 'OFF'

34 Themes of Talent

Achiever
Activator
Adaptability
Analytical
Arranger
Belief
Command
Communication
Competition
Connectedness
Context
Deliberative
Developer
Discipline
Empathy
Consistency
Focus
Futuristic
Harmony
Ideation
Includer
Individualization
Input
Intellection
Learner
Maximizer
Positivity
Relator
Responsibility
Restorative
Self-assurance
Significance
Strategic
Woo

Q12

I know what is expected of me

I have the right materials and equipment

Opportunity to do what I do best

Recognition or praise for good work

Someone at work cares about me

Someone encourages my development

My opinions count

The mission/purpose of company/job is important

Coworkers committed to quality

I have a best friend at work

Someone has talked to me about my progress

Opportunities to learn and grow

CE11

Overall Satisfaction

Likelihood to repurchase

Likelihood to recommend

Name I can always trust

Always delivering on what they promise

Always treats me fairly

If a problem arises, satisfactory solution

I feel proud to be their customer

Always treats me with respect

Perfect company/product for people like me

I can't imagine a world without them

Business Outcomes

Sustainable Growth:
Significant increases in:
Sales volume
Customer retention
Same store sales overtime
Customer populations
Customer life cycles
Cross-business sales
New demand
Shorter purchasing cycles
Positive word-of-mouth

Real Profit Increase:
Cost reduction due to significant efficiencies in:
Per person performance
Communications
Delivery processes & systems
Employee claims
Employee turnover
Employee health
Number of effective workdays
Materials and equipment
Product quality
Productive employee cycles
Productivity
Production cycles
Selection of personnel
Service quality, processes & systems
Safety
Shrinkage
Telecommunications
Travel and transportation
Training costs
Utilities costs

Stock Increase (includes all of the above)

Graphic Design by: Julie Fienbold

Anmerkungen

Einleitung

1 Sieben Jahrzehnte lang haben Wissenschaftler der *Gallup Organization* die Determinanten menschlicher Verhaltensweisen untersucht. Schon 1932 begann Dr. George Gallup unerbittlich zu fragen: »Woher wissen Sie das?« Heute befragt *Gallup* jährlich regelmäßig Millionen von Kunden. Allein zwischen 1997 und 2001 führte *Gallup* in den USA Interviews mit 19.543.097 Kunden zu ihren Meinungen, Einstellungen, Gefühlen und Verhaltensweisen in praktisch jedem Bereich durch. Zwischen 1991 und 2001 wurden 1.610.303 Fachkräfte aller Berufszweige zu Einzelaspekten ihrer Präferenzen, Meinungen und Arbeitsplatzbedingungen befragt. *Gallup* hat in über zwei Jahrzehnten mehr als 50.000 Studien jährlich über Talente und Stärken Einzelner durchgeführt und dabei über zwei Millionen Menschen befragt. Die daraus gewonnenen Erkenntnisse haben zu einer gegenseitigen Befruchtung mit den Sozialwissenschaften, der Psychologie, den Wirtschaftswissenschaften und den Neurowissenschaften beigetragen. Die in diesem Buch präsentierten Ergebnisse und Erkenntnisse stellen einen wichtigen Ausschnitt aus allen Studien dar, die *Gallup* im Verlauf von über sechs Jahrzehnten durchgeführt hat.

2 Die befragten Personen, Unternehmen und Gruppen bleiben in diesem Buch anonym. Entscheidend war nicht die Identität der Befragten, sondern die allgemeine Dynamik, mit der die besten Unternehmen das Potenzial ihrer Beschäftigten einsetzen. Namen und charakteristische Merkmale der untersuchten Menschen und Organisationen wurden aus Datenschutzgründen vertraulich behandelt.

Kapitel 1

1 Reichheld, Frederick F., und Leal Thomas (1996): *The Loyalty Effect: The Hidden Force Behind Growth, Profits and Lasting Value*, Cambridge, Massachusetts, Harvard Business School Press; Seligman, Martin (1994): *What You Can Change and What You Can't: Learning to Accept Who You Are*, New York, Knopf; Pinker, Steve (1997): *How the Mind Works*, New York, Norton; LeDoux, Joseph (2002): *Synaptic Self*, New York, Viking; Damasio, Antonio R. (1999): *The Feeling of What Happens: Body and Emotion in the Making of Consciousness*, New York, Harcourt; Manderfelt, Brett T., Gesuale, Brian und Parizek, Gina (2001): *Human Capital*, Pipper Jaffray, US Bancorp, Equity Research, June.

2 In den vergangenen 15 Jahren wurden viele neue Erkenntnisse über die Rolle der Emotionen in den Lern- und Kommunikationsprozessen gewonnen, insbesondere durch die kognitiven Neurowissenschaften. Über ein Jahrhundert lang, seit William James (1890) Ende des neunzehnten Jahrhunderts sein Buch *Principles in Psychology* (New York, Holt) veröffentlichte und meinte, Emotionen seien nur körperliche Reaktionen auf Außenreize, war es fast unmöglich, den Einfluss der Gefühle auf das menschliche Verhalten wissenschaftlich zu beschreiben. Emotionen, so hieß es, seien ein nicht fassbarer, subjektiver und »schwer zu messender« Bestandteil der menschlichen Natur. Viele Wissenschaftler betrachteten sie gar als »Ballast der Evolution«. Dank der enormen technologischen Fortschritte in den Verfahren zur Messung der Gehirnfunktionen und in der Neurobiologie lassen sich Emotionen heute objektiv als chemische Reaktionen im menschlichen Gehirn beschreiben. Unter den Wissenschaftlern besteht auch ein Konsens darüber, dass Emotionen eine wichtige Rolle in der Entscheidungsfindung spielen, dass sie eine Voraussetzung für einen gesunden Geist und das rationale Denken darstellen und dass ein Großteil des emotionalen Lernens unbewusst stattfindet.

Der führende Neurowissenschaftler Antonio Damasio definiert Emotionen als »Sammlung neuraler Eigenschaften in bestimmten Gehirnregionen im Hirnstamm, Hypothalamus, basalen Vorderhirn, Amygdala, ventromedialen Präfrontalkortex und Kortexrand«. Sie werden durch einen schnellen und direkten Prozess gesteuert: Ein Signal wird empfangen (jemand sieht oder hört etwa eine andere Person), es wird von der sensorischen Landkarte (den Sinnen) an die emotionalen Systeme des Gehirns (etwa zum Amygdala) weitergeleitet, dort wird eine chemische Reaktion ausgelöst, die wiederum ein Gefühl erzeugt – ein angenehmes wie Glück, Überraschung, Stolz und Aufregung oder ein unangenehmes wie Angst, Trauer, Ärger, Abscheu, Verlegenheit oder Schuldbewusstsein. Dieser gesamte Prozess läuft ohne jegliche bewusste oder rationale Intervention ab.

Daraus lässt sich die Schlussfolgerung ziehen, dass Emotionen objektiv, messbar und allen Menschen gemeinsam sind. Die Implikationen dieser Schlussfolgerung für die Arbeitswelt und das Kundenverhalten sind weitreichend:

- Emotionen beeinflussen unsere Ziele maßgeblich – auch unsere Bereitschaft zu harter Arbeit oder unsere Verbundenheit mit einer Marke oder einem Unternehmen.
- Emotionen gehören nicht zu unserem rationalen, vom Willen bestimmten Bewusstsein und können somit auch nicht auf Knopfdruck abgerufen werden. Sie bilden unser »emotionales Gedächtnis«.
- Emotionen beeinflussen unsere Entscheidungsfindung, den emotionalen Zustand unseres Bewusstseins.
- Emotionales Engagement steigert die Geschwindigkeit des Lernens.
- Emotionales Engagement steigert die Gedächtnisleistung.
- Emotionales Engagement ermöglicht es, bei anderen Menschen Emotionen zu identifizieren und zu wecken.

Leider ist der Bereich der Emotionen ein Feld, in dem sich kaum ein Unternehmen auskennt. Hier liegt eine riesige Chance zur Schaffung von Wettbewerbsvorteilen. Unternehmen haben bisher durch den Einsatz von Symbolen – Marken, Produkten, Technologien – durchaus Anstrengungen unternommen, Emotionen auszulösen. Aber die bisher am wenigsten eingesetzten und dennoch wirkungsvollsten Auslöser von Emotionen sind die Menschen. Die menschliche Stimme und das menschliche Gesicht sind die effektivsten emotionalen Marker. Jede menschliche Interaktion verändert den emotionalen Zustand eines Menschen. Letztlich läuft es darauf hinaus: Das Verhalten von Mitarbeitern und Kunden wird maßgeblich von ihren Emotionen gelenkt. Die Unternehmen sind sich dieser Mechanismen nicht bewusst und haben folglich keine Ahnung, wie sie bei jedem einzelnen Mitarbeiter und Kunden emotionales Engagement erzeugen könnten. Deshalb müssen sie sich die Rolle der Gefühle klarmachen und dann geeignete Bedingungen dafür schaffen, dass die emotionalen Mechanismen zu einem angemessenen Mitarbeiter- und Kundenengagement führen. Dies geschieht am besten über den Weg der menschlichen Interaktionen. Diese beeinflussen emotionale Zustände schneller und wirkungsvoller als jedes anderes Mittel. Hier liegt die größte Herausforderung für die Unternehmen.

In jüngster Zeit haben Neurowissenschaftler weltweit bedeutende Entdeckungen gemacht. Die folgende Liste – aus der insbesondere der bekannteste Vertreter der Disziplin, Antonio R. Damasio (M. W. Van Allen Distinguished Professor und Leiter der Abteilung für Neurologie am University College of Medicine in Iowa City) sowie Joseph LeDoux (Henry and Lucy Moses Professor of Science am Center for Neural Sciences an der New York University) hervorzuheben sind – stellt zumindest einen Auszug aus den Veröffentlichungen dar, die für diejenigen Leser interessant sind, die sich eingehender mit der dynamischen Rolle von Emotionen, mit den unbewussten Elementen des emotionalen Lernes, mit der Rolle des Amygdala und den anderen Gehirnbereichen bei der Verarbeitung emotionaler Reize, mit den Neurotransmittern, die dafür verantwortlich sind, dass wir uns »gut« oder »schlecht« fühlen, mit den primären und sekundären menschlichen Emotionen und mit den Implikationen für Manager, Arbeitgeber, Mitarbeiter und Kunden beschäftigen möchten. Je mehr Früchte die Arbeit dieser Autoren trägt, desto größer ist die Chance für Unternehmen, das Bewusstsein für die unbewussten emotionalen Komponenten des menschlichen Lernens und der Kommunikation zu schärfen.

Adolphs, R. Tranel, Hanna Damasio und Antonio R. Damasio (1995): »Fear and the Human Amydala«, *Journal of Neuroscience*, 15, S. 5879-5892; Aggleton, John (Hrsg.) (2000): *The Amygdala: A Functional Analysis*, New York, Oxford University Press; Damasio, R. Antonio (1995): *Descartes' Error: Emotion, Reason and the Human Brain*, London, Picador; Damasio, R. Antonio (1999), *The Feeling of What Happens*, New York, Free Press; Ekman, Paul und Richard Davison (Hrsg.) (1994): *The Nature of Emotion*, New York, Oxford University Press; Lane, Richard und Lynn Nadel (Hrsg.) (2000): *Cognitive Neuroscience of Emotion,* New York, Oxford University Press; LeDoux, Joseph (1996): *The Emotional Brain*, New York, Simon & Schuster, (2002), *Synaptic Self*, New York, Viking; Rolls, Edmund (1999): *The Brain and Emotion*, New York, Oxford University Press; *Scientific American* (1999): *The Scientific American Book of the Brain*, New York, *The Lyons Press; Gardner*, Howard (1983): *Frames of Mind: The Theory of Multiple Intelligences*, New York, Basic Books; Gazzanica, Michael (Hrsg.) (2000): *Cognitive Neuroscience: A Reader*, Malden, Massachusetts, Blackwell; Griffiths, P.E. (1997): *What Emotions Really Are,* Chicago, University of

Chicago Press; Pinker, Steven (1997): *How the Mind Works*, New York, Norton; Seligman, Martin (1998): *What You Can Change and What You Can't*, New York, Free Press.

Die psychologische Auswertung dieser Ergebnisse steht noch am Anfang und wird vor allem von Wissenschaftlern betrieben, die mit der so genannten »Positiven Psychologie« in Verbindung gebracht werden. Ihr Schwerpunkt liegt nicht auf Pathologien, Schwächen und Schäden der Psyche, sondern auf der Rolle der Stärken und Tugenden. Dabei untersuchen sie Bereiche wie positive Arbeitserfahrungen, Bildung, Liebe oder Persönlichkeitsentwicklung. Wie Martin Seligman und Mihaly Csikszentmihalyi in ihrem Geleitwort im *American Psychologist* im Dezember 2000 schreiben, haben Wissenschaftler festgestellt, dass »es menschliche Stärken gibt, die wie ein Schutzschild gegen Geisteskrankheiten wirken: Mut, Zukunftsorientiertheit, Optimismus, zwischenmenschliche Fähigkeiten, Glaube, Arbeitsmoral, Hoffnung, Ehrlichkeit, Durchhaltevermögen und die Fähigkeit zur Veränderung und Einsicht«. Den Wissenschaftlern zufolge »wird die Prävention in diesem Jahrhundert größtenteils darin bestehen, eine Wissenschaft der menschlichen Stärke zu entwickeln, die uns zu verstehen hilft, wie wir diese Stärken bei jungen Menschen fördern können«. Die jüngsten Entdeckungen in der Neurobiologie, Psychologie und den Wirtschaftswissenschaften haben unsere Annahmen über die menschliche Natur neu definiert. Sie markieren – wieder einmal – den Beginn einer wichtigen gegenseitigen Befruchtung der Humanwissenschaften. Welche Rolle dabei die positiven Emotionen am Arbeitsplatz spielen, beschreibt etwa Barbara L. Frederickson (2000) in ihrem Artikel »Why Positive Emotions Matter in Organizations« in *The Psychologist-Manager Journal* 4 (2), S. 131-142.

Kapitel 2

1 Das genannte Callcenter zählt zu einer von Dutzenden von Studien, die *Gallup* in den vergangenen Jahren durchgeführt hat. Die deutlichen Abweichungen bei den individuellen Leistungen wurden dabei durchgängig in allen Studien festgestellt. Sie beeinflussen die Ergebnisse maßgeblich, gemessen an folgenden Kriterien: Anzahl erfolgreich beantworteter Anrufe, Anzahl versuchter Anrufe, höhere Produktivität, niedrigere Fluktuation, niedrigere Schulungskosten, höhere Kontrollspannen und mehr Kundenbindung und -zufriedenheit. Überdurchschnittliche Leistungen

werden dort erzielt, wo die richtigen Talente für die richtigen Aufgaben eingesetzt und von geeigneten Vorgesetzten geführt werden. Die verschiedenen Fallstudien werden in den Beiträgen von Glenn Phelps, dem Callcenter Practice Manager von *Gallup*, im *Gallup Management Journal* 1, 2 und 3 (2001) genauer beschrieben.

2   Im Jahr 2001 identifizierten 182.309 Menschen ihre Talente mithilfe des *StrengthsFinder*. Dabei handelt es sich um ein von *Gallup* im Internet bereitgestelltes Instrument zur Profilerstellung und Weiterentwicklung. Hinter dieser Zahl stehen insgesamt 32.815.620 einzelne Stärken, die überprüft wurden. Von 1999 bis 2001 ermittelten insgesamt über 300.000 Menschen ihre persönlichen Talente im *StrengthsFinder*-Test. Darüber hinaus führte *Gallup* allein im Jahr 2001 38.736 Gespräche zu Fragen der Weiterentwicklung durch. Der *StrengthsFinder* steht mittlerweile in 13 Sprachen weltweit zur Verfügung. Nähere Einzelheiten über die Entstehung dieses Instruments finden Sie in *Entdecken Sie Ihre Stärken jetzt! Das Gallup-Prinzip für individuelle Entwicklung und erfolgreiche Führung*, Marcus Buckingham und Donald Clifton (2002).

3   Eine kurze Zusammenfassung der Mängel des »Kompetenz«-Modells finden Sie auf der Website des *Gallup Management Journal* bei Buckingham, Marcus (2002): »Don't Waste Time and Money« unter http://www.gallup-journal.com/CA/ee/20011203.asp.

Kapitel 3

1   Die Fallstudien zur Illustration der Auswirkung der Talente auf die Geschäftsergebnisse sollen den direkten Zusammenhang zwischen Begabungen und Leistungen verdeutlichen. Diese Studien stellen nur einen winzigen Ausschnitt aus den Hunderten von Studien dar, die *Gallup* in über drei Jahrzehnten zu diesem Thema durchführte und an denen zwei Millionen Fachkräfte aus allen Berufszweigen teilnahmen.

2   Die Beschreibung der meta-analytischen Verfahren zur Bestimmung des Einflusses der Talente auf die Geschäftsergebnisse erschien in Schmidt, Frank L. und Mark Rader (1999): »Exploring the Boundary Conditions for Interview Validity: Meta-Analytic Validity Findings for a New Interviewing Type«, *Personnel Psychology* 52.

Kapitel 4

1 Phil Esposito wurde von *Gallup* am 23. Dezember 1981 in Minneapolis interviewt. Nach diesem Interview fand eine eingehende Analyse seines herausragenden Talents statt. Die meisten Angaben zu Phil Esposito in diesem Kapitel wurden mit seiner ausdrücklichen Zustimmung diesem Interview entnommen.

2 Eine genaue Beschreibung der Entwicklung des Q^{12}-Programms finden Sie in Buckingham, Marcus und Curt Coffman (2001): *Erfolgreiche Führung gegen alle Regeln. Wie Sie wertvolle Mitarbeiter gewinnen, halten und fördern.*

Kapitel 5

1 Eine wichtige Aufgabe von *Gallup* besteht darin, Einzelnen, Gruppen und Unternehmen zu helfen, ihre Stärken zu entwickeln. In der Praxis nimmt dies verschiedene Formen an, etwa individuell abgestimmte Weiterbildungsmöglichkeiten an der *Gallup University*. Ein besonders aufschlussreiches Beispiel ist das *Great Manager Program*. Dieses dient insbesondere dem Zweck, Managern und Unternehmen zu helfen, geeignete Voraussetzungen für die zwölf Bedingungen des Mitarbeiterengagements zu schaffen. Allein im Jahr 2001 nahmen über 12.000 Fachkräfte an den von *Gallup* angebotenen Kursen teil.

Kapitel 6

1 *Gallup* führt vierteljährliche Umfragen bei amerikanischen Arbeitnehmern durch (ab 18 Jahren), bei denen das nationale Mitarbeiterengagement und andere arbeitsplatzbezogene Fragestellungen untersucht und gemessen werden. Dazu werden Stichproben von mindestens 1.000 Beschäftigten pro Quartal erhoben. Die Ergebnisse dieser Umfragen werden regelmäßig im *Gallup Management Journal* und in Presseerklärungen veröffentlicht. Die Angaben für die in diesem Buch erwähnten Länder – außer den USA – basieren auf folgenden Stichprobengrößen: Kanada n = 1.006 (August 2001); Chile n = 410 (April 2001); Frankreich n = 1.004 (2001); Deutschland n = 2.009 (August 2001); Großbritannien n = 832 (Mai 2001); Singapur n = 1.022 (August 2001); Japan n = 606 (Juni 2001).

Ergebnisse mit Stichprobengrößen von n = 1.000 haben eine Fehlerspanne von 3 Prozent bei einem Konfidenzniveau von 95 Prozent.

2 Das Konzept, die statistischen Methoden und die aus der Meta-Analyse abgeleiteten Ergebnisse werden in Anhang B dieses Buches beschrieben.

Kapitel 7

1 Seit Anfang der 90er Jahre wurden schon in vielen Studien die höheren Gewinne und Wachstumschancen gemessen, die auf Stammkunden zurükkgehen. Beispiele für solche Analysen sind in folgenden Veröffentlichungen enthalten: Rogers, Dr. Martha (1993): *The One to One Future*, New York, Doubleday; Reichheld, Fred, und Earl Sasser: »Zero Defections: Quality Comes to Service«, *Harvard Business Review*, September-Oktober 1990; Raphel, Murray, »Bring Them Alive: How to Get Back Those Customers Who Left for the Competition Jungle«, *Direct Marketing*, Mai 1990; Advisory Board Company (1991): »Retail Customer Retention: Economic *Analysis*«; Clamsy, Kevin und Robert Shulman (1990): *The Marketing Revolution*, New York, Harper Business Books; Heskett, James L., Leonard Schlesinger und Earl Sasser (1997): *The Service Profit Chain: How Leading Companies Link Profit and Growth to Loyalty, Satisfaction and Value*, New York, The Free Press.

2 Die »Theorie des rationalen Konsumentenverhaltens« wies den einzelnen Verbrauchern die Rolle von Wirtschaftsteilnehmern zu, die bestimmte Präferenzen haben und ungehindert umfassende Informationen sammeln, um den Grad der Ungewissheit zu minimieren. Den Verbrauchern wird dabei unterstellt, dass sie rationale Entscheidungen treffen, bei denen sie ihre Präferenzen berücksichtigen und gleichzeitig den Nutzen optimieren. Ihr Verhalten wird als rational betrachtet, weil sie geeignete Mittel einsetzen, um zu ihrem Ziel zu gelangen. Dabei wird im Allgemeinen jedoch der Ursprung der Präferenzen nicht näher untersucht. Diese Theorie wird derzeit immer häufiger kritisiert, weil sie die Triebfedern des menschlichen Verhaltens nicht näher berücksichtigt. Diese werden pauschal für »selbstverständlich« oder »universal« gehalten. Die Entstehung dieser Theorie wurde sehr vom Behaviorismus beeinflusst, der das Kundenverhalten als eine direkte Reaktion auf bestimmte Umstände betrachtete (Verbraucher reagieren auf dieselben Reize gleich). Außerdem wurde unterstellt, dass die Signalverarbeitung und Interpretation immer gleich ablaufen. Schließlich, und dies ist der wichtigste Kritikpunkt, reduzierte diese Theorie die

menschliche Natur fast ausschließlich auf die Fähigkeit des logischen Denkens, in der Annahme, dass Menschen ihr Verhalten ausschließlich von logischen Überlegungen abhängig machten. Der menschliche Geist wurde als eine Art »Black Box« betrachtet: zu kompliziert, um ihn zu analysieren. Dabei unterstellte man, dass Lern- und Abbildungsprozesse homogen seien und folglich alle Verbraucher dasselbe Weltbild teilten. Verbraucher, so glaubte man, strebten eine Maximierung ihres Nutzens an und suchten deshalb bei ihren Kaufentscheidungen nach einer optimalen Kombination von Wertangeboten. Die Verbraucher fänden die notwendigen Kriterien, um den Wert zu maximieren und die Ressourcen zu minimieren und ermöglichten ein wirtschaftliches Gleichgewicht, da aus den widersprüchlichen Handlungen einzelner Verbraucher die Kräfte eines perfekten Wettbewerbs entstünden, die dem neoklassischen Paradigma zufolge einen Zustand des allgemeinen wirtschaftlicen Gleichgewichts erzeugten. Bei dieser Theorie bleibt jedoch die Tatsache unberücksichtigt, dass jeder Mensch einzigartig ist und sich bei der Filterung von Informationen und Eindrücken, bei der Bildverarbeitung und bei der Kommunikation von unterschiedlichen Fähigkeiten leiten lässt. Und schließlich lässt diese Theorie den wichtigen Einfluss der Gefühle auf das rationale Denken und das Kundenverhalten außer Acht.

Die »Theorie des Konsumenten« ist an die neoklassische Wirtschaftstheorie angelehnt, deren Grundlagen auf folgende Arbeiten zurückgehen: Eugen E. Slutsky (1915): »On the Theory of the Budget of the Consumer«, in American Economic Association, *Readings in Price Theory*, Kapitel 2, George Allen & Unwin (1952), S. 27-56; Ricks, J. R.: »A Reconsideration of the Theory of Value, Part I«, *Economica* 1 (1. Februar 1934), S. 52-76; Allen, R. G. D.: »A Reconsideration of the Theory of Value, Part II-A Mathematical Theory of Individual Demand Functions«: *Economica* 2 (Mai 1934), S. 196-219; Hotelling, Harold: »Demand Functions with Limited Budgets«: *Econometrica* III (Januar 1935), S. 66-78.

Das Modell der »geoffenbarten Präferenzen« lässt sich auf die klassischen Ökonomen zurückverfolgen, etwa Samuelson, Paul A.: »Consumption Theory in Terms of Revealed Preference«, *Economica* XV (60) (November 1948), S. 243-253; Houthakker, H. S.: »Revealed Preference and the Utility Function«, *Economica* XVII (66) (Mai 1950), S. 159-174; McKenzie, Lionel: »Demand Theory without a Utility Index«, *Review of Economic Studies* XXIV (3) (Juni 1957), S. 185-198. Bis heute werden die Modelle der »geoffenbarten Präferenzen« weithin bei der Analyse von Kundenentscheidungen eingesetzt. Das Problem besteht natürlich darin, dass in der

Mehrheit der Fälle nicht genügend auf die Annahmen geachtet wird, mit der Folge, dass zwar sehr detaillierte Reaktionen auf Produktangebote gemessen werden, aber zu wenig darauf geachtet wird, welche Faktoren für das Kundenverhalten ausschlaggebend sind.

Die Kritik an den Paradigmen des »rationalen Konsumenten« und der »geoffenbarten Präferenzen« ist ebenso verbreitet wie vielfältig. Hauptsächlich werden die zugrunde liegenden und grob falschen Annahmen kritisiert: (a) Verbraucher sind keine Wirtschaftsteilnehmer, die ihren Nutzen maximieren; (b) Sie folgen nicht nur ihrem Verstand, sondern auch ihren Emotionen; (c) der entscheidende Augenblick ist nicht der, in dem Verbraucher die eigentliche Kaufentscheidung treffen, sondern der, in dem sie die Alternativen abwägen; (d) Verbraucher haben nur ein begrenztes Wissen und entscheiden unter ungewissen Bedingungen; (e) der vielleicht wichtigste Kritikpunkt: die einzelnen Verbraucher unterscheiden sich in einzigartiger Weise darin, wie sie die Welt wahrnehmen, geistige Bilder verarbeiten und insbesondere wie sie denken, Beziehungen gestalten, Ziele verfolgen und andere beeinflussen. Die Neigung des Menschen, das zu tun, was er am besten kann, den Rat vertrauter Menschen zu suchen, Erwartungen wichtiger Menschen zu erfüllen, einer Gruppe anzugehören und emotionale Bindungen zu haben – all diese Themen werden von der neoklassischen »Theorie des Konsumenten« weitgehend ignoriert.

Die klassische Kritik geht auf die österreichische Schule zurück, die in den 30er Jahren über die entscheidende Rolle des Wissens in Entscheidungsprozessen diskutierte, vertreten durch Menger, Karl (1967): »The Role of Uncertainty in Economics« in *Essays in Mathematical Economics in Honor of Oskar Morgenstern*, herausgegeben von M. Shubik, Princeton, New Jersey, Princeton University Press und *Principles in Economics* (1976), Institute for Humane Studies, Hayek, F. A.: »Economics and Knowledge«, *Economica* IV (13), S. 96-105, und »The Use of Knowledge in Society«, *American Economic Review* 35 (4) (1945), S. 519-530. Diese beiden Autoren forderten, dass man den Einfluss des Unbewussten auf die Entscheidungsfindung erforschen müsse. Erweitert wurde die Kritik von Herbert A. Simon (*Models of Man*, 1957, New York, Wiley; und *Models of Bounded Rationality: Empirically Grounded Economic Reason*, 1997, MIT Press), der argumentierte, dass es den Menschen nicht unbedingt darauf ankomme, »maximalen« Wert und Nutzen einzufordern, sondern dass sie ein »befriedigendes« Angebot anstrebten. Er meinte damit, dass Menschen Informationen und Wissen nutzen, um praktische Probleme zu lösen, anstatt zu versuchen, ein umfassendes Sachwissen zu sammeln, mit dem sie dann »rationale« Entscheidungen treffen könnten. Eine umfassende Beurteilung der Kritik der »rationalen« Theorie des Konsumenten findet sich bei Rizzello, Salvatore (1999) in *The Economics of the Mind*, Edward Elgar Publishing. Das Hauptproblem für die meisten Kritiker der neoklassischen Wirtschaftstheorie des Konsumenten besteht darin, dass sie gerade erst anfangen, die jüngsten Erkenntnisse über das komplizierte Wechselspiel zwischen Verstand und Gefühl im menschlichen Verhalten in ihre Konzepte einzugliedern.

Kapitel 8

1 Das emotionale Kundenengagement setzt voraus, dass Unternehmen es als »erwünschtes« Ergebnis definieren, emotionale Zustände zu wecken, zu erhalten oder wiederherzustellen, anstatt sich nur auf funktionale Aspekte der Kundeninteraktion zu beschränken. Das CE[11]-Messverfahren ermittelt die vier emotionalen Grundzustände bei Kunden.

Kapitel 9

1 Die Beschäftigung mit der Frage, wie gute Manager ihre Mitarbeiter anleiten, damit diese bei den Kunden die gewünschten emotionalen Zustände wecken, erhalten oder wiederherstellen, ist ein wichtiger Bestandteil der Arbeit von *Gallup*, insbesondere im *Great Manager Program*. Besonderes Augenmerk wird der Identifikation und Messung der emotionalen Zustände gewidmet, da Gefühle normalerweise nicht leicht zu beobachten sind. Manager und Mitarbeiter gleichermaßen müssen sich nicht nur darum bemühen, die richtigen Maßnahmen zu definieren, sondern auch darum, objektive und zuverlässige Methoden zu entwickeln, um Signale im Unternehmensalltag zu erkennen und zu deuten.

Kapitel 10

1 Die Fallstudien stellen nur einen kleinen Ausschnitt aus zahlreichen Studien dar, die *Gallup* im Bereich Kundenbindung durchgeführt hat. Weitere Ergebnisse werden regelmäßig im *Gallup Management Journal* vorgestellt.

Anhang A
Führungstalent, Mitarbeiterengagement und Unternehmensertrag*

In diesem Anhang werden die Beziehungen zwischen Führungstalent, Mitarbeiterengagement und Unternehmensertrag untersucht. Die Analysen verschiedener Datenbestände beleuchten zwei wichtige Faktoren, welche die Erfolgsaussichten auf der Ebene der einzelnen Geschäftseinheiten steigern. Dazu zählen: a) die Auswahl von Managern mit der Fähigkeit, Menschen und Prozesse effizient zu managen, und b) die Schaffung einer Umgebung, die das Mitarbeiterengagement fördert. Diese Faktoren erklären die Abweichungen, die in den Leistungen verschiedener Geschäftsbereiche innerhalb von Unternehmen feststellbar sind.

Im Folgenden werden zwei Meta-Analysen untersucht, die schon früher vorgestellt wurden. Die eine betrifft das Verständnis der Führungstalente (wiederkehrende Denk-, Gefühls- und Verhaltensmuster unter Berücksichtigung verschiedener Persönlichkeitsmerkmale und allgemeiner geistiger Fähigkeitskonstrukte), die andere das Verständnis des Mitarbeiterengagements am Arbeitsplatz (ein wichtiger Indikator für Geschäftsergebnisse und Zufriedenheit) und seine Auswirkungen auf die Leistungen der Geschäftseinheiten. Schließlich wird eine dritte Meta-Analyse vorgestellt, die sich mit der Beziehung zwischen den Führungstalenten (an späterer Stelle beschrieben) und dem Mitarbeiterengagement beschäftigt.

---

*Der Inhalt dieses Anhangs wird in Harter, J.K.(2000): »Manager Talent Employee Enfagement and Business Unit Performance« in: *The Psychologist-Manager Journal* 4 (2) S. 215-224, genauer beschrieben. Diese Zusammenfassung wird mit Erlaubnis des Verlags, *Society of Psychologists in Management*, abgedruckt. © 2000

Genetische und situationsabhängige Einflüsse auf das Arbeitsverhalten

Es gibt Studien aus unterschiedlichen Disziplinen, die zahlreiche Hinweise darauf geben, wie man ein effektives Management betreibt und gute Leistungen erzielt. Es ist klar, dass die richtige Auswahl bei der Besetzung von Arbeitsstellen von entscheidender Bedeutung ist.

Schmidt und Hunter (1998) etwa untersuchten die Forschungsergebnisse, die im Lauf von 85 Jahren im Bereich der Mitarbeiterauswahl in der Personalpsychologie gewonnen wurden. Zu den wichtigsten Indikatoren für spätere Leistungen zählten Tests, in denen geistige Fähigkeiten geprüft wurden, und strukturierte Interviews. Zu den in diese Messkriterien eingebetteten Konstrukten gehörten analytisches Denken, Problemlösung und bestimmte Persönlichkeits- und Integritätskonstrukte (strukturierte Interviews liefern mit den gemessenen Persönlichkeits- und Integritätskonstrukten über die geistigen Fähigkeiten hinausgehende Aussagen).

Die Tatsache, dass diese Konstrukte die spätere Arbeitsleistung vorhersagen, könnte auch ihre Beständigkeit erklären. Studien zu genetisch bedingten individuellen Unterschieden weisen darauf hin, wie wichtig es ist, Menschen zu verstehen und am richtigen Arbeitsplatz einzusetzen anstatt zu versuchen, ihre Natur zu ändern. In der Tat zeigen Untersuchungen von eineiigen Zwillingen, die getrennt wurden, messfehlerbereinigt eine hohe Vererbbarkeit von Persönlichkeit und Intelligenz. Ein hoher Anteil von Abweichungen in den Intelligenz- und Persönlichkeitsmerkmalen ging mit einer entsprechenden genetischen Abweichung einher (Bouchard, Lykken, McGue, Segal und Tellegen, 1990; Bouchard, 1997). Natürlich beweisen diese Ergebnisse nicht, dass Menschen nicht wachsen und sich nicht weiterentwickeln, sondern sie sagen etwas über die Effizienz in der Menschenführung aus: Wie Menschen sich weiterentwickeln, hängt auch davon ab, von welchem Ausgangspunkt sie starten. Der Zusammenhang zwischen genetischen Faktoren und der Zufriedenheit am Arbeitsplatz scheint vorhanden, aber weniger stark zu sein (Arvey, Bouchard, Segal und Abraham, 1989). Daher scheint der Manager mehr Einflussmöglichkeiten auf die Zufriedenheit mit dem Arbeitsplatz und andere damit verbundene affektive Konstrukte zu haben. Das Verständnis dessen, wie die Talente jedes Einzelnen (die vielleicht inhärenten oder wiederkehrenden Denk-, Gefühls- und Verhaltensmuster) am effizientesten kanalisiert werden können, scheint ein wichtiger Faktor zu sein. Vorgesetzte haben sehr gute Voraussetzungen, um ihren Beitrag dazu zu leisten.

Manager scheinen die Leistung ihrer Geschäftseinheit sowohl durch ihren Führungsstil als auch über die Mitarbeiter zu beeinflussen. Es ist wichtig zu wissen, durch welche Fähigkeiten sich erfolgreiche von weniger erfolgreichen Managern unterscheiden. Ebenso wichtig ist der Zusammenhang zwischen dem Mitarbeiterengagement und dem Erfolg der Geschäftseinheit. Aber bis zu welchem Maß erklärt allein das Führungstalent das Mitarbeiterengagement, und welche gemeinsamen und einmaligen Effekte jedes Faktors wirken sich auf die Leistung der Geschäftseinheit aus? Im Folgenden werden die Einflüsse jeder dieser Variablen auf die Leistung der Geschäftseinheiten untersucht, indem meta-analytische Beweise geprüft und diese Beweise in einer multiplen Regressionsanalyse kombiniert werden.

Talent und Einflussnahme

Zunächst möchte ich kurz auf die *Gallup*-Studien zur Beziehung zwischen Mitarbeiterengagement und Geschäftsergebnissen eingehen. Dann werde ich unter der Überschrift »Führungstalent« den Zusammenhang zwischen der Leistung der Geschäftseinheiten und der transformationalen Führung sowie der Managementforschung von *Gallup* erläutern. Schließlich werden Beweise aus vielen Unternehmen präsentiert, wobei der Zusammenhang zwischen Führungstalent und Mitarbeiterengagement auf der individuellen Ebene und auf der Ebene der Geschäftseinheiten angesprochen wird. Die Kombination dieser Erkenntnisse führt zu einem klareren Verständnis der Führungstalente und des Mitarbeiterengagements sowie der resultierenden Leistung der Geschäftseinheiten.

Beweise für das Mitarbeiterengagement

Das *Gallup* Q^{12} *Impact Management-Programm* (Harter und Schmidt 2000, Buckingham und Coffman, 1999) setzt ein Instrument ein, das die Qualität des Mitarbeiterengagements misst – Gallup Q^{12}. Dieses Instrument ist aus über 25 Jahren Forschungstätigkeit und der Untersuchung zahlreicher und unterschiedlicher Arbeitsplätze entstanden. Q^{12} beinhaltet eine allgemeine Kernfrage zur Zufriedenheit sowie zwölf Aussagen (statistisch: Items), mit denen die Facetten des Mitarbeiterengagements gemessen werden (die wiederum Aufschluss über die Zufriedenheit und andere Themen geben) (Harter, 2000; Fleming, 2000; Buckingham und Coffman, 1999). Anstatt die Beschäftigten einfach zu fragen, wie zufrieden sie mit verschiedenen Aspekten ihres Jobs sind (Bezahlung, Nebenleistungen, Vorgesetzten, Kollegen, Aufgaben und ähnlichen Dingen), werden sie bei der Q^{12}-Methode aufgefordert zu bewerten, in welchem Ausmaß ihre Grundbedürfnisse am Arbeitsplatz erfüllt werden. Kahns (1990) Konzeptualisierung des kognitiven und emotionalen Engagements liefert eine gute Annäherung an die Messung mit Q^{12}. Wenn ihre Grundbedürfnisse erfüllt werden, sind die Mitarbeiter emotional an ihr Team und Unternehmen gebunden und kognitiv aufmerksam.

Auch Fredricksons »Broaden-and-Build«-Modell der Verstärkung positiver Gefühle (1998, 2000) ermöglicht ein theoretisches Verständnis der Wurzeln des Engagements. Es erklärt, wie die Verstärkung positiver Emotionen dazu führt, dass Menschen flexibler denken und handeln können, wodurch sie dann auch in der Lage sind, verschiedene Lebensbereiche besser zu meistern (Beziehungen, Ressourcen, Freundschaften, kreative Lösungen und Ideen). Meiner Meinung nach unterscheiden sich an dieser Verstärkung positiver Gefühle die hoch produktiven und weniger produktiven Arbeitsgruppen, wenn die Grundbedürfnisse der Mitarbeiter erfüllt sind und positive Emotionen häufiger erlebt werden. Die bei der Auswahl der Q^{12}-Aussagen verwendeten Kriterien berücksichtigen, wie umfassend diese Aussagen abgedeckt werden, wie leistungsbezogen sie sind und wie man auf sie reagieren kann (also Verhaltensweisen, die vom Vorgesetzten und Beschäftigten gesteuert werden können). Die in Q^{12} enthaltenen Items sind in Tabelle A.1 dargestellt.

Der Bezug von Q^{12} zu den Ergebnissen auf der Ebene der Geschäftseinheiten ist Gegenstand eines *Gallup*-Berichts jüngeren Datums (Harter und Schmidt, 2000). Danach war in Geschäftseinheiten, die bei Q^{12} über dem Median lagen, die Erfolgswahrscheinlichkeit um 70 Prozent höher (zusammengesetzt aus Kundenbindung, Mitarbeiterfluktuation und Finanzen) als in Geschäftseinheiten, die unter dem Median lagen. Geschäftseinheiten über dem Median bezüglich des Mitarbeiterengagements weisen im Durchschnitt eine um eine halbe Standardabweichung höhere Leistung als Geschäftseinheiten unterhalb des Medians auf.

Die Bandbreite innerhalb der Unternehmen

In den vergangenen drei Jahren ist die Q^{12}-Datenbank von *Gallup* auf über 300.000 Arbeitsgruppen und Geschäftseinheiten angewachsen. Zu den sehr interessanten Erkenntnissen, die aus der Auswertung dieser Daten gewonnen werden konnten, gehört, dass in fast jedem Unternehmen eine breite Streuung des Mitarbeiterengagements in den verschiedenen Arbeitsgruppen besteht. So beträgt die Standardabweichung des Mitarbeiterengagements im durchschnittlichen Unternehmen 75 Prozent der Standardabweichung in allen Arbeitsgruppen von allen Unternehmen der Datenbank. In Gesamtumfragen von Unternehmen (mit Antwortraten von durchschnittlich 77 Prozent) sind Stichprobenfehler kaum vorhanden oder fast auszuschließen. Folglich spiegelt die in den meisten Unternehmen vorhandene breite Streuung weitgehend reale Unterschiede darin, wie die Mitarbieter ihre Arbeitsplätze betrachten. In Anbetracht des Zusammenhangs von Leistung und Mitarbeiterengagement sollte diese Erkenntnis den Anstoß zu Überlegungen geben, wie Erfolge auf der Arbeitsgruppenebene erzielt und wiederholt werden können.

Führungstalent

Wie könnten nun die enormen Unterschiede im Mitarbeiterengagement, die in den meisten Unternehmen feststellbar sind, ausgeglichen werden? Eine Möglichkeit besteht darin, die Eigenschaften effektiver Manager zu identifizieren und bei der Neueinstellung oder bei Weiterentwicklungsmaßnahmen zu berücksichtigen. In der Literatur über transformationale Führung sind viele Hinweise auf die Merkmale effektiver Führungskräfte und Manager enthalten (Bass 1985, 1990, 1995, 1997, 1998). Anders als bei einem transaktionalen Führungsmodell, bei dem die Führungskraft den Mitarbeitern vorschreibt, was sie tun sollen, erweitert und verstärkt der Manager bei der transformationalen Führung die Interessen seiner Mitarbeiter. Dazu schafft er etwa ein Bewusstsein für die Zwecke und den Auftrag des Unternehmens und zeigt ihnen, wie sie über die Teaminteressen hinausschauen und einen Blick für das Ganze gewinnen.

Die Messkriterien beim Modell der transformationalen Führung beinhalten Schätzungen von Konstrukten wie etwa Charisma, geistige Stimulation und individuelle Behandlung der Mitarbeiter. Eine Studie von Lowe, Kroeck und Sivasubramaniam (1996) weist auf Korrelationen – zwischen 0,26 für die geistige Stimulation und 0,25 für das Charisma – mit »harten« Messkriterien für die Unternehmensleistung hin.

Weitere von *Gallup* gewonnene Erkenntnisse, auch aus Studien mit Tausenden von Führungskräften (darunter Studien mit Übereinstimmungs- und Prognosevalidität), weisen auf einige konvergente und spezifische Eigenschaften überdurchschnittlich effektiver Manager hin (Schmidt und Rader, 1999; Buckingham und Coffman, 1999).

Die Rolle einer Führungskraft ist zwar im Hinblick auf Positionen und Unternehmen sehr vielfältig, weist aber auch einige durchgängig vorhandene Aspekte auf. Sehr effektive Manager konzentrieren sich auf die Ergebnisse, indem sie ihren Mitarbeitern eine klare Richtung vorgeben. Sie stimulieren die Mitarbeiter und helfen ihnen, die Zielerfüllung objektiv zu beurteilen. Sie sind flexibel, weil sie in jedem Mitarbeiter das Individuum sehen und gleichzeitig objektiv bleiben, wenn es um die erreichten Ergebnisse geht. Sie führen durch Menschen: Sie motivieren andere, einen Beitrag zu einer gemeinsamen Sache zu leisten und sie setzen Prozesse in Gang, um die Effizienz im Team zu steigern. Sie räumen Hindernisse aus dem Weg, die den Fortschritt ihres Teams aufhalten könnten. Sie haben ein besonderes Talent dafür, Menschen und Ressourcen optimal einzusetzen.

Schmidt und Rader (1999) analysierten die Prognosevalidität einer Methode des strukturierten Interviews, die zur Messung einer Kombination dieser Führungstalente (Ergebnis einer Arbeitsplatzanalyse) verwendet wird. Die meta-analytische Prognosevalidität über Kriterien- und Arbeitsplatztypen hinweg lag in dieser Studie bei 0,40. Diese Meta-Analyse (basierend auf drei Studien) enthielt eine Untergruppe von Managern mit einer Prognosevalidität (basierend auf Beurteilungen der Leistung der Geschäftseinheit durch Vorgesetzte) von 0,27. Schmidt und Rader (1999) folgerten, dass diese Schätzung aufgrund inhärenter Faktoren der Meta-Analyse (Anzahl der Studien, alternative spezifische Methodologien, etc.) unter dem realen Wert liegen kann. Es gibt noch weitere Hinweise darauf, dass diese Studien die Bedeutung der Beziehungen vielleicht unterbewerten: So verlässt man sich auf die Beurteilungen Vorgesetzter, die nur einen Aspekt der Leistung eines Mitarbeiters beleuchten und möglicherweise direkt messbare Faktoren wie Mitarbeiterfluktuation, Kundenzufriedenheit und Finanzen ausschließen. Deshalb kann man durchaus davon ausgehen, dass die Prognosevalidität von 0,27 eine sehr vorsichtige Schätzung der tatsächlichen Relation zwischen Talent und gesamter Führungsleistung darstellt.

Berücksichtigt man die Meta-Analyse der transformationalen Führung (Lowe et al., 1996) und die Meta-Analyse von Schmidt und Rader (1999), scheint die wahre Relation zwischen identifizierten Messgrößen und der Leistung der Geschäftsbereiche vorsichtig geschätzt im Bereich von 0,30 zu liegen, wahrscheinlich höher. In Anbetracht der zahlreichen Faktoren, die sich ebenfalls auf die Leistung auf Geschäftseinheiten auswirken – etwa nicht be-einflussbare konjunkturelle Bedingungen, die Nähe der Wettbewerber, Saisonabhängigkeit und viele andere – scheint diese angenommene Relation von wesentlicher Bedeutung zu sein. Der resultierende Effekt stellt eine Differenz von etwa einer halben Standardabweichung in der Leistung der Geschäftseinheiten, die über dem Median für das Führungstalent liegen, gegenüber jenen, die darunter liegen, dar.

Die Beziehung zwischen Führungstalent und Mitarbeiterengagement

Zum Verständnis des Beitrags des Führungstalents und Mitarbeiterengagements zur Leistung der Geschäftseinheiten ist es notwendig, die Beziehung zwischen Führungstalent und Mitarbeiterengagement zu verstehen.

Außerordentlich effektive Manager scheinen offensichtlich über eine Kombination aus verschiedenen geistigen Fähigkeiten und Persönlichkeitsmerkmalen zu verfügen, die in einer Relation zu ihrem Erfolg stehen (Schmidt und Hunter, 1998; Schmidt und Rader, 1999; Bass, 1985, 1990, 1995, 1997, 1998; Buckingham und Coffman, 1999). Viele Eigenschaften exzellenter Manager stimmen mit der schon beschriebenen Definition des »Mitarbeiterengagements« überein (klare Erwartungen, Arbeitsmittel und Material, individuelle Behandlung von Mitarbeitern, Entwicklung eines gemeinsamen Ziels etc.).

Fünf Studien zur Relation zwischen zusammengesetzten Führungstalenten (wie schon beschrieben) und Mitarbeiterengagement wurden identifiziert und in eine unternehmensübergreifende *Gallup*-Analyse einbezogen. Die Durchführung und Auswertung des hierbei eingesetzten strukturierten Interwiews wird in Schmidt und Rader (1999) beschrieben. Jede der fünf Studien enthielt Beurteilungen von direkten Untergebenen zur Qualität der Arbeitsumgebung, wobei die Messkriterien denen von Q^{12} entsprachen. Hier sollen die Forschungsmethodologien aber nicht erschöpfend beschrieben werden. Vielmehr werden Leser, die an Hintergrundinformationen und detaillierten Beschreibungen der jüngsten meta-analytischen Methoden interessiert sind, auf folgende Quellen verwiesen: Schmidt (1992); Hunter und Schmidt

(1990); Lipsey und Wilson (1993); Bangert-Drowns (1986) und schließlich Schmidt, Hunter, Pearlsman und Rothstein-Hirsh (1985).

Die fünf Studien umfassen die kombinierten sample-übergreifenden Analysen, die insgesamt 421 Manager und eine Reihe von Branchen betreffen, darunter Einzelhandel, Gastronomie, Gesundheitswesen und Produktion (Tabelle A.2), die *Gallup* jeweils in verschiedenen Unternehmen durchgeführt hatte. Diese Datensätze stellten die *Gallup*-Kundendaten dar. An den Studien waren alle verfügbaren Manager beteiligt, die eine breite Palette von Messkriterien für Führungstalent und Mitarbeiterengagement repräsentierten. Die Meta-Analyse und die Methoden der Validitätsverallgemeinerung dienen dazu, die tatsächlichen Beziehungen und ihre Variabilität in den verschiedenen Studien oder, wie in diesem Fall, in verschiedenen Unternehmen zu verstehen, in denen dieselben Methoden der Datenerhebung angewandt wurden. Die Ergebnisse (dargestellt im unteren Teil von Tabelle A.2) deuten darauf hin, dass die mittlere beobachtete Korrelation von Führungstalent und Mitarbeiterengagement bei 0,31 (Pearson's r vor Korrektur wegen Abschwächung) mit einer Standardabweichung von 0,09 lag. Nach der Korrektur des Stichprobenfehlers lag die Standardabweichung bei 0,00, was auf die Verallgemeinerbarkeit (oder konsistenten Korrelationen) der fünf untersuchten Unternehmen hinwies. Die bei Harter, Schmidt (2000) genannte tatsächliche Validität (bereinigt um Messfehler bei der Messung des Mitarbeiterengagements unter Verwendung eines Test-Retest-Verfahrens) lag bei 0,35. Die »True-Score«-Korrelation (unter Berücksichtigung von Messfehlern bei der unabhängigen und der abhängigen Variablen) lag bei 0,39. In Tabelle A.3 werden die in diesem Artikel untersuchten Korrelationen zusammengefasst: Erstens die Beziehung zwischen Führungstalent und Mitarbeiterengagement, zweitens die Beziehung zwischen Führungstalent und Leistung auf der Ebene der Geschäftseinheiten (eine von Lowe et al., 1996, und Schmidt und Rader, 1999, aus Meta-Analysen abgeleitete Schätzung), und drittens die Beziehung zwischen Mitarbeiterengagement und zusammengesetzter Leistung von Geschäftseinheiten, die in den sample-übergreifenden Daten von *Gallup* festgestellt wurden.

Diese Schätzungen liefern Korrekturen für Messfehler bei abhängigen Variablen. Unter den drei untersuchten Beziehungen war diejenige zwischen Führungstalent und Mitarbeiterengagement die stärkste ($r_{xy} = 0{,}35$), gefolgt von der Beziehung zwischen Führungstalent und Leistung ($r_{xy} = 0{,}30$) und schließlich zwischen Mitarbeiterengagement und Leistung ($r_{xy} = 0{,}26$). Gibt man die Koeffizienten aus dem oberen Teil von Tabelle A.3 in eine Regressionsgleichung ein, wird ein sehr starker Einfluss von Führungstalent und Mitarbeiterengagement auf die Leistung der Geschäftseinheiten sichtbar. Der untere Teil von Tabelle A.3 stellt die multiplen Regressionsgewichte (Beta) und die multiple Korrelation dar. Die Kombination einer Messzahl für das Führungstalent und Mitarbeiterengagement ergab einen multiplen R von 0,35 (SE = 0,05). Das bedeutet, dass das Führungstalent mit dem Mitarbeiterengagement zusammenhängt, dass aber auch jede der beiden Messzahlen einen unabhängigen Beitrag zur Prognose der Leistung der Geschäftseinheiten liefert (beide mit positiven Betawerten). Ein möglicher Grund könnte darin liegen, dass Manager zwar die Voraussetzungen für das Engagement der Mitarbeiter schaffen können, dass aber andere Mitarbeiter und andere Faktoren das Mitarbeiterengagement und dessen Auswirkung auf die Leistungen der Geschäftseinheiten ebenfalls beeinflussen. Diese Ergebnisse weisen darauf hin, dass die Manager die Leistung direkt durch den Einsatz ihrer Talente und indirekt über ihre Mitarbeiter beeinflussen können.

Diskussion

Eine Schlussfolgerung, die sich daraus für den Psychologen und Manager ergibt, lautet, dass eine effektive Menschenführung ein Verständnis der Talente der Menschen voraussetzt, die für Führungspositionen ausgewählt werden. Außerdem ist es für Manager und Mitarbeiter gleichermaßen wichtig, die eigenen Stärken ausbauen zu können. Es ist von entscheidender Bedeutung, das Mitarbeiterengagement als ein Ergebnis der Führungsarbeit zu messen und Managern beizubringen, wie sie das Engagement ihrer Mitarbeiter verbessern können. Zusammengenommen stellen Führungstalent und Mitarbeiterengagement einen zuverlässigeren Indikator für die Leistung der Geschäftseinheiten dar als einzeln. Wenn Unternehmen talentierte Manager auswählen, ist mit einer größeren Wahrscheinlichkeit damit zu rechnen, dass ihre Mitarbeiter sich für die Geschäftsziele engagieren.

Weitere Studien sollten sich nun neben dem Charisma und der Behandlung von Mitarbeitern als Individuen auf eine genauere Klärung der Merkmale (Persönlichkeit, Werte, geistige Fähigkeiten, etc.) konzentrieren, welche die Leistungen der Geschäftseinheiten beeinflussen. Dabei sind sicherlich manche Merkmale für das Mitarbeiterengagement wichtiger als andere. Außerdem dürften bestimmte Merkmale oder Methoden eine besonders wichtige Rolle für einzelne Aspekte des Engagements spielen (Erwartungen, das Gefühl, wichtig genommen zu werden, Diskussionen oder Fortschritte). Manager mit

Talenten im operativen Bereich können vielleicht die Erwartungen besser klären und eignen sich besser dafür, Arbeitsmittel und Material zur Verfügung zu stellen und regelmäßig mit den Mitarbeitern über ihre Fortschritte zu sprechen. Managern mit Talenten im Beziehungsaufbau dürfte es besonders gut gelingen, den Mitarbeitern das Gefühl zu geben, dass sich jemand um sie kümmert. Aber all dies sind Muster, die noch in weiteren Einzelstudien und unternehmensübergreifenden Meta-Analysen untersucht werden sollten. Daraus soll dann Aufschluss darüber gewonnen werden, wie Manager mit unterschiedlichen Talenten ihre Mitarbeiter weiterentwickeln und Partnerschaften mit ihnen eingehen können, um ihre eigenen Bedürfnisse und die des Unternehmens zu erfüllen.

Die Ergebnisse dieser Studie lassen zugegebenermaßen großen Spielraum für Interpretationen. So waren die Messkriterien »Führungstalent«, »Mitarbeiterengagement« und »Leistung« aus mehreren Facetten und Leistungskriterien zusammengesetzt. Deshalb muss in der Zukunft ein noch genaueres Verständnis der Beziehungen zwischen diesen Facetten innerhalb dieser Konstrukte entwickelt werden, indem man die firmenübergreifenden Datenbanken weiterentwickelt.

Weiterhin sollte auch untersucht werden, welche Elemente der verschiedenen Definitionen der Talente veränderbar sind. Die Forschungsarbeiten zur transformationalen Führung weisen darauf hin, dass ihre Bestandteile aus Mitarbeitersicht zumindest etwas veränderbar sind. Wie lange, unter welchen Bedingungen und mit welchem Aufwand sie veränderbar bleiben, sind jedoch wichtige Themen, die es noch zu untersuchen gilt. Möglicherweise sind die Bestandteile des Führungstalents, die mit den geistigen Fähigkeiten und der Persönlichkeit einhergehen, weniger veränderbar. Unter diesen Umständen müsste man sich in der Praxis darauf konzentrieren, wie man einzelne Talente verstehen und so einsetzen kann, dass positive Erfahrungen für den Einzelnen, die Mitarbeiter und das Unternehmen selbst geschaffen werden.

Schlussfolgerung

Abschließend möchte ich noch kurz auf die derzeitige Lage auf dem Arbeitsmarkt und die Möglichkeiten bei der Auswahl und Weiterentwicklung von Managern eingehen. Zurzeit ist es oft schwierig, bei der Personalauswahl wählerisch zu sein, da die Arbeitslosenrate in den USA auf einem niedrigen Stand ist und die Fluktuationsrate steigt. Eine Ausnahme von dieser Regel stellt möglicherweise die Auswahl und Weiterentwicklung von Führungskräften dar. Da es naturgemäß weit mehr Mitarbeiter als Manager gibt (das Verhältnis liegt oft bei zehn zu eins oder höher), ergeben sich oft genügend Gelegenheiten, um geeignete Nachwuchskräfte in Führungspositionen zu befördern. In Zukunft könnte von einem Psychologen und Manager erwartet werden, dass er Talente erkennt und bestmöglich einsetzt. Oft wachsen Nachwuchsmanager auch allmählich in ihre Position hinein. Ein wichtiger Aspekt besteht auch darin, dass genügend Unterstützung bereitgestellt wird, damit jeder Einzelne seine Stärken weiter ausbauen kann. In Großunternehmen findet man in allen Bereichen und Arbeitsgruppen Führungstalente und Mitarbeiterengagement vor. Es ist wichtig, die entsprechenden Bemühungen kontinuierlich fortzusetzen und ihre Erfolge zu messen. Ein höheres Unternehmenswachstum stellt eine mögliche und durchaus realistische Folge solcher Bemühungen dar.

James K. Harter, Ph.D.
The Gallup Organization

TABELLE A.1: Die Statements des Q^{12}-Index von *Gallup*

1. Ich weiß, was bei der Arbeit von mir erwartet wird.
2. Ich habe die Materialien und die Arbeitsmittel, um meine Arbeit richtig zu machen.
3. Ich habe bei der Arbeit jeden Tag die Gelegenheit, das zu tun, was ich am besten kann.
4. Ich habe in den letzten sieben Tagen für gute Arbeit Anerkennung und Lob bekommen.
5. Mein Vorgesetzter oder eine andere Person bei der Arbeit interessiert sich für mich als Mensch.
6. Bei der Arbeit gibt es jemanden, der mich in meiner Entwicklung unterstützt und fördert
7. Bei der Arbeit scheinen meine Meinungen und Vorstellungen zu zählen.
8. Die Ziele und die Unternehmensphilosophie meiner Firma geben mir das Gefühl, dass meine Arbeit wichtig ist.
9. Meine Kollegen streben danach, Arbeit von hoher Qualität zu leisten.
10. Ich habe einen sehr guten Freund innerhalb der Firma.
11. In den letzten sechs Wochen hat jemand in der Firma mit mir über meine Fortschritte gesprochen.
12. Während des letzten Jahres hatte ich bei der Arbeit die Gelegenheit, Neues zu lernen und mich weiterzuentwickeln.

TABELLE A.2: Übersicht über die Studien der unternehmensübergreifenden Analysen

Studie	n
(1) Führungskräfte im Einzelhandel	101
(2) Führungskräfte in der Gastronomie	29
(3) Führungskräfte in der Gastronomie	41
(4) Führungskräfte im Gesundheitswesen	50
(5) Führungskräfte in der Produktion	200
Gesamt	421

Meta-Analyse-Statistik

Beobachteter r = 0,31	Beobachtete SD = 0,09	Wahre Validität = 0,35
Wahre Validität SD = 0,00	Rho = 0,39	Rho SD = 0,00

TABELLE A.3: Überblick über die unternehmensübergreifenden Korrelationen und Angaben zur multiplen Regression

Meta-analytische Korrelationen	r	Bezug
Führungstalent zu Mitarbeiterengagement	0,35	Aktuelle Studie
Führungstalent zu Leistung der Geschäftseinheit	0,30	Schmidt & Rader (1996)
Mitarbeiterengagement zu Leistung der Geschäftseinheit	0,26	Harter & Schmidt (2000)
Angaben zur multiplen Regression Unabhängige Variable	**Beta**	**SE[a]**
Führungstalent	0,25	0,06
Mitarbeiterengagement	0,18	0,06
Multipler r	0,35	0,05

Ausgehend von 421 Führungskräften (kleinste Stichprobe in der Meta-Analyse)

Literaturhinweise

Arvey, R. D., Bouchard, T. J., Jr., Segal, N. L. & Abraham, L. M. (1989): »Job Satisfaction: environmental and genetic components, in: « *Journal of Applied Psychology*, 74, 187-192.

Bangert-Drowns, R. L. (1986), »Review of developments in meta-analytic method«, in: *Psychological Bulletin*, 99, 3, 388-399.

Bass, B. M. (1985), *Leadership and Performance beyond Expectations*, New York: Free Press.

Bass, B. M. (1995), »Theory of transformational leadership redux«, in: *Leadership Quarterly*, 6, 463-478.

Bass, B. M. (1997), »Does the transactional-transformational leadership paradigm transcend organizational and national boundaries?«, in: *American Psychologist*, 52, 130-139.

Bass, B. M. (1998), *Transformational Leadership*, Mahwah, NJ: Lawrence Erlbaum Associates.

Bass, B. M. & Stodgill, R. M. (1990), *Bass & Stodgill's Handbook of Leadership: Theory, Research and Managerial Applications*, (3. Aufl.) New York: Free Press.

Bouchard, T. J., Jr. (1997), »Genetic influence on mental abilities, personality, vocational interests, and work attitudes«, in: *International Review of Industrial and Organizational Psychology*, 12, 373-395.

Bouchard, T. J., Lykken, D. T., McGue, M., Segal, N. L., & Tellegen, A. (1990), »Sources of human psychological differences: The Minnesota study of twins reared apart«, in: *Science*, 250, 223-228.

Buckingham, M. & Coffman, C. (1999), *First, Break All the Rules: What the World's Greatest Managers Do Differently*, New York: Simon & Schuster. (dt.: *Erfolgreiche Führung gegen alle Regeln. Wie Sie wertvolle Mitarbeiter gewinnen, halten und fördern*, Frankfurt a. Main/New York: Campus

Fleming, J. H. (2000), »Relating employee engagement and customer loyalty to business outcomes in the retail industry«, in: *The Gallup Research Journal*, 2000, 103-115.

Fredrickson, B. L. (1998), »What good are positive emotions?«, in: *Review of General Psychology*, 2, 300-319.

Fredrickson, B. L. (2000), »Why positive emotions matter in organizations: Lessons from the broaden-and-build model«, in: *Psychologist-Manager Journal*, 4, 131-142.

Harter, J. K. (2000), »The linkage of employee perceptions to outcomes in a retail environment-cause and effect?«, in: *The Gallup Research Journal*, Winter/Frühjahr 2000, 25-38.

Harter, J. K. & Schmidt, F. L. (2000), »Validation of a performance-related and actionable management tool: A meta-analysis and utility analysis«, in: *Gallup Technical Report*. Lincoln, NE: The Gallup Organization.

Hunter, J. E. & Schmidt, F. L. (1990), *Methods of Meta-Analysis: Correcting Error and Bias in Research Findings*, Newbury Park, CA: Sage.

Kahn, W. A. (1990), »Psychological conditions of personal engagement and disengagement at work«, in: *Academy of Management Journal*, 33, 692-724.

Lipsey, M. W. & Wilson, D. B. (1993), »The efficacy of psychological, educational and behavioral treatment«, in: *American Psychologist*, 48, 1181-1209.

Lowe, K. B., Kroeck, K. G., & Sivasubramaniam, N. (1996), »Effectiveness correlates of transformation and transactional leadership in: A meta-analytic review of the MLQ literature«, in: *Leadership Quarterly*, 7, 385-425.

Schmidt, F. L. (1992), »What do data really mean? Research findings, meta-analysis and cumulative knowledge in psychology«, in: *American Psychologist*, 47, 1173-1181.

Schmidt, F. L. & Hunter, J. E. (1998), »The validity and utility of selection methods in personnel psychology: Practical and theoretical implications of 85 years of research findings«, in: *Psychological Bulletin*, 124, 262-274.

Schmidt, F. L., Hunter, J. E., Pearlman, K., Rothstein-Hirsch, H. (1985), »Forty questions about validity generalization and meta-analysis«, in: *Personnel Psychology*, 38, 697-798.

Schmidt, F. L. & Rader, M. (1999), »Exploring the boundary conditions for interview validity: Meta-analytic validity findings for a new interview type«, in: *Personnel Psychology*, 52, 445-464.

Anhang B
Mitarbeiterengagement, Zufriedenheit und Ergebnisse der Geschäftseinheiten
Eine Meta-Analyse*

Dieser Bericht stellt die Zusammenfassung eines ausführlicheren *Gallup*-Berichtes dar.

Hier werden die Ergebnisse einer aktualisierten Meta-Analyse der Beziehung zwischen den Wahrnehmungen der Mitarbeiter am Arbeitsplatz und den Ergebnissen der Geschäftseinheiten zusammengefasst, basierend auf derzeit verfügbaren Daten, die bei *Gallup*-Kunden erhoben wurden. Der Schwerpunkt dieser Studie liegt auf den zwölf in Q^{12} enthaltenen Aussagen. Diese zwölf Aussagen (statistisch: Items) wurden wegen ihrer Bedeutung auf der Ebene der Geschäftsbereiche oder Arbeitsgruppen ausgewählt und messen die Qualität der Führungsmethoden in den Geschäftseinheiten aus Mitarbeitersicht. Mit diesem Bericht werden die bisherigen Ergebnisse von Harter und Schmidt (2000) sowie Harter, Schmidt und Hayes (2002) aktualisiert.

Zum Hintergrund von Q^{12}

Die Entwicklung des konzeptuellen Hintergrunds von Q^{12} wird in Harter und Schmidt (2000) sowie Harter, Schmidt und Hayes (2002) detailliert beschrieben. Zusammengefasst stellt Q^{12} das Resultat quantitativer und qualitativer Forschungsbemühungen eines Zeitraums von über 30 Jahren dar. Die Zuverlässigkeit, Konvergenzvalidität und kriterienbezogene Validität von Q^{12} wurden umfassend untersucht. Es handelt sich um ein Instrument, dessen Nutzen in den oben genannten psychometrischen Studien sowie im praktischen Einsatz durch Manager am Arbeitsplatz unter Beweis gestellt wurde.

Bei der Entwicklung der Q^{12}-Aussagen berücksichtigten die Wissenschaftler, dass es zwei Arten von Fragen gibt, die man Mitarbeitern stellen kann: Fragen, mit denen die Einstellungen gemessen werden (Zufriedenheit, Loyalität, Stolz, Absicht, einen guten Service zu erbringen und die Absicht, beim Unternehmen zu bleiben), und Fragen, mit denen konkret fassbare Themen untersucht werden, die zu den Einstellungen führen. Unsere Standardversion von Q^{12} enthält ein Kern-Item (Zufriedenheit mit dem Unternehmen), das als Gesamtmesskriterium für die »Zufriedenheit« gilt. Dann folgen zwölf weitere Kern-Items zu Themen, die wir auf Vorgesetzten- oder Managerebene im Unternehmen für konkret fassbar halten und mit denen das »Engagement« der Mitarbeiter gemessen wird. Die zwölf Q^{12}-Aussagen lauten:

Q00 (Gesamtzufriedenheit) Wie würden Sie Ihre Arbeitszufriedenheit auf einer Skala von 1 bis 5 einordnen (»5« = äußerst zufrieden; »1« = überhaupt nicht zufrieden)?

Q01 Ich weiß, was bei der Arbeit von mir erwartet wird.

Q02 Ich habe die Materialien und die Arbeitsmittel, um korrekt zu arbeiten.

Q03 Ich habe bei der Arbeit jeden Tagen die Gelegenheit, das zu tun, was ich am besten kann.

Q04 Ich habe in den letzten sieben Tage für gute Arbeit Anerkennung und Lob gekommen.

Q05 Mein Vorgesetzter oder eine andere Person bei der Arbeit interessiert sich für mich als Mensch.

Q06 Bei der Arbeit gibt es jemanden, der mich in meiner Entwicklung unterstützt und fördert.

Q07 Bei der Arbeit scheinen meine Meinungen und Vorstellungen zu zählen.

Q08 Die Ziele und die Unternehmensphilosophie meiner Firma geben mir das Gefühl, dass meine Arbeit wichtig ist.

Q09 Meine Kollegen streben danach, Arbeit von hoher Qualität zu leisten.

Q10 Ich habe einen sehr guten Freund innerhalb der Firma.

Q11 In den letzten sechs Wochen hat jemand in der Firma mit mir über meine Fortschritte gesprochen.

Q12 Während des letzten Jahres hatte ich bei der Arbeit die Gelegenheit, Neues zu lernen und mich weiterzuentwickeln.

Jeder Mitarbeiter wird darum gebeten, die obigen Aussagen (Gesamtanalyse – mittlere Beteiligungsquote: 79 Prozent) mit sechs möglichen Antworten zu bewerten (von »5« = stimme vollständig zu bis »1« = stimme überhaupt nicht zu, wobei die sechste Möglichkeit – »weiß nicht/nicht zutreffend« – nicht bewertet wird).

Insgesamt (Summe oder Mittelwert der Items 01-12) hat der Q^{12} einen Cronbach-Alphakoeffizienten von 0,91 auf der Ebene der Geschäftseinheiten. Die meta-analytische Konvergenzvalidität des gleich gewichteten Mittelwerts (oder der Summe) der Items 01-12 (Gesamtmittelwert) zum gleich gewichteten Mittelwert (oder der Summe) zusätzlicher Items in umfangreicheren Umfragen (bei denen alle bekannten Facetten der Arbeitsplatzzufriedenheit und des Engagements gemessen werden) liegt bei 0,91. Daraus folgt, dass Q^{12} als zusammengesetztes Messkriterium den allgemeinen Faktor der umfangreicheren Mitarbeiterumfragen erfasst. Die Korrelation einzelner Items mit ihren »True-Score«-Werten liegt im Durchschnitt bei 0,69.

Wie schon erwähnt, haben Harter, Schmidt und Hayes (2002) eine frühere Version dieser Meta-Analyse auf der Ebene der Geschäftseinheiten durchgeführt. Die vorliegende Meta-Analyse beinhaltet nun eine größere Anzahl von Studien und Geschäftseinheiten sowie mehr Prognosedaten (d. h., dass mehr Studien, die in die derzeitige Meta-Analyse eingegangen sind, Geschäftsergebnisse erzielen, die irgendwann nach der Q^{12}-Messung ermittelt wurden) und aktualisierte Schätzungen der Zuverlässigkeit und Bereichsbeschränkung/Variation über die Geschäftseinheiten hinweg. Diese Meta-Analyse beinhaltet alle verfügbaren *Gallup*-Studien (ob veröffentlicht oder unveröffentlicht) und schließt damit die Gefahr der Verzerrung aus.

Meta-Analyse

Eine Meta-Analyse ist eine statistische Zusammenfassung der Daten vieler verschiedener Studien. Sie erlaubt die Gewinnung besonders aussagefähiger

Informationen, da Mess- und Stichprobenfehler sowie andere Faktoren, welche die Ergebnisse von Einzeluntersuchungen in ihrer Zuverlässigkeit beeinträchtigen, hier ausgeschaltet sind. Eine Meta-Analyse schließt somit Verzerrungen aus und ermöglicht eine Schätzung der wahren Validität (beziehungsweise der wahren Beziehung) zwischen zwei oder mehr Variablen. Per Meta-Analyse ermittelte statistische Werte ermöglichen dem Wissenschaftler in der Regel auch die Untersuchung des Vorhandenseins oder Fehlens so genannter Beziehungs-»Abschwächer« (Moderatoren). Bislang wurden in den Bereichen Psychologie, Pädagogik, Verhaltenswissenschaft, Medizin und Personalauswahl schon über 1.000 Meta-Analysen durchgeführt, wobei die Forschungsliteratur gerade in den Verhaltens- und Sozialwissenschaften eine Vielzahl von Einzelstudien mit an sich sehr unterschiedlichen und widersprüchlichen Ergebnissen aufweist. Hier kann die Meta-Analyse helfen. Sie erlaubt es, die mittlere Beziehung zwischen Variablen zu schätzen und studienübergreifend Berichtigungen für artefaktiell bedingte Abweichungen vorzunehmen. Die Meta-Analyse bietet mithin ein Instrument, um festzustellen, ob Validitäten und Beziehungen situationsübergreifend (etwa bezogen auf Unternehmen oder geografische Standorte) verallgemeinerbar sind.

Hier ist allerdings keine vollständige Erläuterung der Methode der Meta-Analyse möglich. Deshalb sei der interessierte Leser auf die folgende weiterführende Literatur verwiesen, sowohl was Hintergrundinformationen als auch neuere meta-analytische Methoden angeht: Schmidt (1992); Hunter und Schmidt (1990); Lipsey und Wilson (1993); Bangert-Drowns (1986); Schmidt, Hunter, Pearlman und Rothstein-Hirsh (1985).

Hypothesen und Spezifika

Bei dieser Meta-Analyse wurden die folgenden Hypothesen untersucht:

Hypothese 1: Die Zufriedenheit der Mitarbeiter auf Geschäftsbereichsebene und ihr Engagement weisen positive mittlere Korrelationen mit den Ergebnissen der Geschäftseinheiten – Kundenzufriedenheit, Produktivität, Rentabilität, Mitarbeiterbindung und Arbeitsschutz – auf.

Hypothese 2: Die Korrelationen zwischen Mitarbeiterzufriedenheit und -engagement sowie den Ergebnissen der Geschäftseinheiten werden unternehmensübergreifend für alle Ergebnisse der Geschäftseinheiten generalisiert. Diese Korrelationen unterscheiden sich also nicht wesentlich zwischen Unternehmen, und insbesondere wird es wenige oder keine Unternehmen mit keinen oder negativen Korrelationen geben.

In der *Gallup*-Datenbank sind insgesamt 68 Studien für 51 Unternehmen enthalten, die unabhängig voneinander in Auftrag gegeben wurden. Bei jeder Q^{12}-Befragung wurden ein oder mehr Items verwendet (seit Beginn des Standardverfahrens im Jahr 1997 wurden alle Items in allen Studien eingesetzt). Die Daten wurden auf der Ebene der Geschäftseinheiten aggregiert und zu den folgenden, ebenfalls aggregierten Leistungsmessungskriterien der Geschäftseinheit in Beziehung gesetzt:

• Kundenzufriedenheit/-bindung
• Rentabilität
• Produktivität
• Mitarbeiterfluktuation
• Arbeitssicherheit

Anschließend wurden die Pearson-Korrelationen ermittelt, das heißt, die Beziehung der bei den Mitarbeitermeinungen (Items) je Geschäftseinheit gewonnenen Mittelwerte zu jedem der fünf allgemeinen Erfolgskriterien wurde geschätzt. Diese Korrelationen wurden auch bereichsübergreifend für das Gesamtunternehmen ermittelt. Danach wurden die für die 12 Kernitems jeweils ermittelten Korrelationskoeffizienten in eine Datenbank eingegeben, um die mittleren Validitäten, die Standardabweichungen bei den Validitäten sowie die Validitätsgeneralisierungswerte für jedes der fünf Ergebniskriterien je Geschäftseinheit zu berechnen.

Die Gesamtstudie umfasste 308.987 unabhängige Mitarbeiterantworten auf Umfragen und 10.885 Geschäftseinheiten in 51 Unternehmen. Dies entspricht einem Durchschnittswert von 28 Mitarbeitern pro Geschäftseinheit und 213 Geschäftseinheiten pro Unternehmen.

Tabelle B.1 gibt einen Überblick über die Studien (pro Unternehmen), aufgeschlüsselt nach Branchen. Es liegen beträchtliche Abweichungen bei den dargestellten Branchentypen vor, da die Studien in Unternehmen in 23 Branchen durchgeführt wurden. Jede der fünf allgemeinen Branchenklassifikationen (via SCI-Codes) ist vertreten, wobei der Einzelhandel und Dienstleistungssektor am häufigsten vertreten sind. Die größte Zahl der Geschäftseinheiten findet man im Transportwesen und der öffentlichen Versorgung.

TABELLE B.1: Studien nach Branchen aufgeschlüsselt

Branche	Unter-nehmen	Anzahl der Geschäfts-einheiten	Teilnehmer
Finanzwesen – Einlagengeschäft	5	1,927	26,389
Finanzwesen – Wertpapiergeschäft	4	255,000	5,182
Produktion – Lebensmittel	2	35,000	2,781
Produktion – Instrumente	1	8,000	164,000
Produktion – Papier	1	60,000	17,243
Produktion – Pharmazie	1	92,000	873,000
Produktion – Druck	1	14,000	420,000
Einzelhandel – Automobil	1	80,000	1,384
Einzelhandel – Baustoffe	2	793,000	43,763
Einzelhandel – Bekleidung	2	272,000	14,442
Einzelhandel – Gastronomie	5	376,000	21,103
Einzelhandel – Unterhaltung	1	106,000	1,051
Einzelhandlung – Lebensmittelgeschäfte	3	494,000	35,886
Einzelhandel – Verschiedenes	3	949,000	47,491
Dienstleistungen – Unternehmen	1	20,000	600,000
Dienstleistungen – Bildung	3	200,000	1,747
Dienstleistungen – Öffentlicher Sektor	1	45,000	392,000
Dienstleistungen – Gesundheitswesen	5	791,000	35,314
Dienstleistungen – Hotelgewerbe	3	167,000	6,549
Dienstleistungen – Freizeit	1	14,000	288,000
Transport/öffentl. Versorgung – LKW	1	96,000	6,13
Transport/öffentl. Versorgung – Komm.	2	4,039	35,964
Transport/öffentl. Versorgung – Strom	2	61,000	3,748
Finanzwesen gesamt	9	2,182	31,571
Produktion gesamt	6	209,000	21,481
Einzelhandel gesamt	17	3,061	165,120
Dienstleistungen gesamt	14	1,237	44,890
Transport/öffentl. Versorgung gesamt	5	4,196	45,925
Gesamt	51	10,885	308,987

Tabelle B.2 gibt einen Überblick über die Studien (pro Unternehmen) aufgeschlüsselt nach Art der Geschäftseinheit. Es gibt deutliche Unterschiede bei den einzelnen Typen, bei denen es sich um Filialen, Anlagen/Fabriken und Abteilungen handeln kann. Insgesamt sind 13 Typen vertreten. Die Geschäftseinheiten der meisten Unternehmen sind Filialen, Teams/Abteilungen oder Bankfilialen. Teams/Abteilungen, Geschäfte und Bankfilialen waren, gemessen an der Anzahl der Geschäftseinheiten, proportional am häufigsten vertreten.

TABELLE B.2: Typen von Geschäftseinheiten

Unternehmen/ Art der Geschäftseinheit	Anzahl der		
	Unternehmen	Geschäftseinheiten	Teilnehmer
Bankfiliale	7	2,113	28,965
Callcenter-Abteilung	2	52	2,024
Büro im Stadtzentrum	3	64	2,612
Händler	1	80	1,384
Betrieb im Gesundheitswesen (Krankenhaus oder Büro)	3	354	26,578
Hotel	1	36	3,124
Anlage/Fabrik	2	72	19,805
Restaurant	5	367	21,103
Region	1	96	6,213
Vertriebsteam	3	123	1,256
Schule	2	186	1,497
Filiale	11	2,614	142,633
Team/Abteilung	10	4,728	51,793
Gesamt	51	10.885	308.987

Mit der folgenden Formel wird die Varianz ermittelt, die in der rudimentärsten Form der Meta-Analyse bereinigt um Stichprobenfehler, unter Anwendung der Methode von Hunters und Schmidt (1990), erwartet wird:

$$S_e^2 = (1 - r^2)^2 / N - 1)$$

Die Reststandardabweichungen wurden ermittelt, indem die stichprobenfehlerbedingte Varianz, die Varianz infolge von Messfehlern bei der abhängigen Variablen und die Varianz infolge von Wertebereichsdifferenzen von der beobachteten Varianz abgezogen wurden. Die Standardabweichungen von der wahren Validität wurden geschätzt, indem die Reststandardabweichung infolge der mittleren Fehler und mittleren Wertebereichsbeschränkung berichtigt wurde. Um die erklärte prozentuale Gesamtvarianz zu ermitteln, wurde die stichproben-, messfehler- und wertebereichsbedingte Varianz durch die beobachtete Varianz dividiert. In der Literatur besagt eine Faustregel, dass die Validität als generalisierbar gelten kann, wenn mindestens 75 Prozent der studienübergreifenden Validitätsvarianz auf Sichtprobenfehler und andere Artefakte zurückzuführen sind.

In Tabelle B.5 wird die Korrelation zwischen Gesamtzufriedenheit und -engagement zur zusammengesetzten Leistung dargestellt. Diese Berechnung unterstellt, dass die Manager gleichzeitig auf multiple Ergebnisse hinarbeiten und jedes Ergebnis einen bestimmten Raum in der Gesamtauswertung der Leistung einnimmt. Um die Korrelation zum zusammengesetzten Index der Leistung zu berechnen, haben wir die Mosier-Formel (1943) benutzt, um die Zuverlässigkeit des zusammengesetzten Messkriteriums zu bestimmen (wie in Harter et al., 2002 beschrieben), mit aktualisierten Verteilungen der Reliabilitäten und Interkorrelationen der Ergebniswerte. Da die Kundenergebnisse, die Mitarbeiterfluktuation und die Finanzen in den meisten Unternehmen von primärer Bedeutung sind, nahmen wir diese auch wieder in unsere zusammengesetzten Leistungsschätzungen auf. Die zusammengesetzte Leistung wurde als die gleich gewichtete Summe der Kundenergebnisse, der Fluktuation (umgekehrt als Bindung bewertet) und der Finanzen (bei gleicher Gewichtung von Rentabilität und Produktivität) gemessen.

Ergebnisse

In Tabelle B.3 werden die Items zusammengefasst, die positive 90-Prozent-Glaubwürdigkeitswerte zu verzeichnen hatten (null oder negativ für die Ergebnisse bei Fluktuation und Arbeitssicherheit) und in denen über 75 Prozent der Varianz bei den Validitäten berücksichtigt wurde. Daran wird deutlich, dass alle Items eine Relation zu allen Ergebnissen in der angenommenen Richtung aufwiesen, und fast alle Relationen waren verallgemeinerbar. In der Tat erfüllten 90 Prozent der Effekte, die in der Meta-Analyse auf Item-Ebene untersucht wurden, diese Kriterien zur Verallgemeinerung. Möglicherweise sind diejenigen Effekte, bei denen dies nicht der Fall war, auf

TABELLE B.3: Unternehmensweit generalisierbare meta-analytische Korrelationen je Item

Item	Kunde	Rentabilität	Produktivität	Fluktuation	Arbeits-sicherheit
1) Erwartungen kennen	x		x	x	x
2) Material/ Arbeitsmittel	x		x	x	x
3) Chance, das zu tun, was ich am besten kann	x	x	x	x	x
4) Anerkennung/Lob	x	x	x	x	x
5) Interesse an mir als Mensch	x	x	x	x	x
6) Entwicklungsförderung	x	x	x	x	x
7) Meine Meinung zählt	x	x	x	x	x
8) Ziele und Unternehmens-philosophie	x		x	x	x
9) Arbeitseinstellung der Kollegen		x	x	x	x
10) Sehr guter Freund	x	x	x		x
11) Gespräch über Fortschritte	x	x	x		x
12) Lern-/Entwicklungschancen	x	x	x	x	x

Stichprobenfehler zweiter Ordnung zurückzuführen, da entsprechende Analysen von Stichprobenfehlern auf eine hohe Verallgemeinerbarkeit deuteten.

Für die Gesamtbewertung der Geschäftseinheiten und zur allgemeinen Theorieentwicklung ist es hilfreich, zusammengesetzte Messkriterien in den Bereichen Zufriedenheit und Engagement zu untersuchen. Eine allgemeine, globale Wahrnehmung, die untersucht wurde, war also die »Gesamtzufriedenheit mit der Firma« (definiert durch ein Item) und eine weitere das »Gesamtengagement der Mitarbeiter für ihre Arbeit« (definiert als Grand Mean der Q^{12}-Items 01-12). Tabelle B. 4 enthält Angaben zur Meta-Analyse und Validitätsverallgemeinerung für beide dieser »gesamten« Indizes – Gesamtzufriedenheit (OS) und Grand Mean (GM) der Items 01-12, wobei letzterer ein zusammengesetztes Messkriterium des Mitarbeiterengagements ist.

Da sich diese »gesamten« Indizes für eine allgemeine, theoretische Untersuchung eignen, wurden die meta-analytischen Schätzungen weiter bereinigt – um die Messwertebereichseinschränkungen in der unabhängigen Variable über die Unternehmen hinweg. Schätzungen, die diese Bereinigungen der Bereichseinschränkungen beinhalten, gelten für die Interpretation von

Effekten in unternehmensübergreifenden Geschäftseinheiten, gegenüber Effekten, die firmenintern erwartet werden. Da unternehmensübergreifend eine höhere Variation vorliegt als unternehmensintern, sind die Effekte größer, wenn die Schätzwerte der wahren Validitäten für unternehmensübergreifende Geschäftseinheiten ermittelt werden.

Nehmen Sie etwa die Schätzwerte für die Kundenloyalitätskriterien. Ohne die Bereichsbeschränkung zwischen Unternehmen (die für den Effekt innerhalb des typischen Unternehmens relevant ist) liegt der Wert der wahren Validität der Gesamtzufriedenheit bei 0,21 mit einem 90-Prozent-Glaubwürdigkeitswert von 0,18. Mit der Wertebereichsbereinigung zwischen den Unternehmen (relevant für unternehmensübergreifende Geschäftseinheiten) liegt der wahre Wert der Validität der Gesamtzufriedenheit bei 0,30 mit einem 90-Prozent-Glaubwürdigkeitswert von 0,26. Für das Mitarbeiterengagement wird die gesamte Varianz in den studienübergreifenden Korrelationen durch Stichprobenfehler berücksichtigt. Die wahre Validität entspricht dem 90-Prozent-Glaubwürdigkeitswert, der unternehmensintern bei 0,22 und unternehmensübergreifend bei 0,30 liegt. Sowohl die Gesamtzufriedenheit wie der Grand Mean sind unternehmensübergreifend verallgemeinerbar, was Kundenergebnisse, Rentabilität, Produktivität, Mitarbeiterfluktuation und Arbeitssicherheit angeht. Für die Rentabilität weist der Grand Mean eine etwas höhere Verallgemeinerbarkeit im unternehmensübergreifenden Bereich auf. Der Umfang der Effekte entspricht ungefähr dem der beiden »gesamten« Messkriterien.

Zusammengefasst kann man also zur Gesamtdarstellung des Engagements in Tabelle B.4 sagen, dass die stärksten Effekte im Zusammenhang mit der Kundenloyalität, Mitarbeiterfluktuation, Produktivität und Arbeitssicherheit festgestellt wurden. Die Korrelationen waren für die Rentabilitätskriterien positiv und verallgemeinerbar, aber von geringerer Ausprägung. Dies könnte daran liegen, dass die Rentabilität indirekt durch das Mitarbeiterengagement und direkter durch die Kunden, die Mitarbeiterfluktuation, die Produktivität und die Arbeitssicherheit beeinflusst wird. Nachfolgend beschäftigen wir uns mit dem praktischen Nutzen der beobachteten Beziehungen.

TABELLE B.4: Meta-Analyse der zusammengesetzten Indizes (Gesamtzufriedenheit und Q^{12}-GrandMean)

	Kunde		Rentabilität		Produktivität		Fluktuation		Arbeitssicherheit	
	OS	GM	OS	GM	OS	GM	OS	GM	OS	GM
Zahl der Geschäftseinheiten	3339	3861	4381	4689	3816	4205	7611	8103	680	680
Zahl der r's	22	25	28	32	25	31	24	26	6	6
Mittlerer beobachteter r	0,18	0,18	0,12	0,12	0,18	0,18	-0,15	-0,13	-0,17	-0,16
Beobachtete SD	0,11	0,09	0,11	0,08	0,10	0,10	0,06	0,05	0,08	0,08
Wahre Validität[1]	0,21	0,22	0,13	0,13	0,20	0,19	-0,21	-0,18	-0,22	-0,20
Wahre Validität SD[1]	0,03	0,00	0,08	0,00	0,00	0,00	0,00	0,00	0,00	0,00
Wahre Validität[2]	0,30	0,30	0,18	0,17	0,27	0,26	-0,29	-0,25	-0,29	-0,27
Wahre Validität SD[2]	0,03	0,00	0,09	0,00	0,00	0,00	0,00	0,00	0,00	0,00
% berücks. Varianz-Stichprobenfehler	55	83	51	93	67	72	82	116	123	144
% berücks. Varianz[1]	95	135	69	114	116	107	196	215	177	186
% berücks. Varianz[2]	98	138	69	115	118	108	203	219	180	187
90% CV[1]	0,18	0,22	0,05	0,13	0,20	0,19	-0,21	-0,18	-0,22	-0,20
90% CV[2]	0,26	0,30	0,07	0,17	0,27	0,26	-0,29	-0,25	-0,29	-0,27

OS = Gesamtzufriedenheit
GM = Grand Mean der Q12-Items 01-12 (Mitarbeiterengagement)
SD = Standardabweichung
[1] Einschließlich Berichtigung der Wertebereichsvariation innerhalb von Unternehmen und der Messfehler bei den abhängigen Variablen
[2] Einschließlich Berichtigung der Wertebereichsbeschränkung über die Population von Geschäftseinheiten hinweg und der Messfehler bei den abhängigen Variablen.

Wie bei Harter et al. (2002) haben wir die Korrelation der Gesamtzufriedenheit und des Mitarbeiterengagements zur zusammengesetzten Leistung ermittelt. In Tabelle B.5 werden die Korrelationen und d-Werte für vier Analysen dargestellt: beobachtete Korrelationen, Berichtigung um den Messfehler bei abhängigen Variablen, Korrektur um den Messfehler bei abhängigen Variablen sowie Wertebereichsbeschränkung über die Unternehmen hinweg und die Berichtigung um Messfehler bei abhängigen Variablen, Wertebereichsbeschränkungen und Messfehler bei unabhängigen Variablen («True-Score«-Korrelation).Die dort angegebenen Effekte weisen auf sehr ähnliche Korrelationen der Gesamtzufriedenheit und des Mitarbeiterengagements mit der zusammengesetzten Leistung hin. Die Regressionsanalysen (Harter et al., 2002) weisen darauf hin, dass das Mitarbeiterengagement fast alle leistungsbezogenen Varianzen (zusammengesetzte Leistung) berücksichtigt, die bei der Gesamtzufriedenheit berücksichtigt sind.

TABELLE B.5: Korrelation von Mitarbeiterzufriedenheit und -engagement mit der zusammengesetzten Leistung der Geschäftseinheiten

Analyse	Zufriedenheit	Engagement
Beobachteter r	0,23	0,23
d	0,37	0,37
r berichtigt um Messfehler		
bei abhängigen Variablen	0,27	0,27
d	0,44	0,44
r berichtigt um Messfehler		
bei abhängigen Variablen und		
Wertebereichsbeschränkungen	0,37	0,38
d	0,62	0,64
x berichtigt um Messfehler		
der abhängigen Variablen,		
Wertebereichsbeschränkungen		
und Messfehler bei den		
unabhängigen Variablen	0,42	0,43
d	0,71	0,73

Geschäftseinheiten in der oberen Hälfte des Engagements innerhalb von Unternehmen haben eine höhere zusammengesetzte Leistung von über 0,4 Standardabweichungen gegenüber jenen in der unteren Hälfte. Unternehmensübergreifend haben Geschäftseinheiten in der oberen Hälfte des Engagements eine höhere zusammengesetzte Leistung von über 0,6 Standardabweichungen gegenüber jenen in der unteren Hälfte.

Theoretisch haben die Geschäftseinheiten in der oberen Hälfte des Mitarbeiterengagements nach der Berichtigung um sämtliche verfügbaren Artefakte eine höhere zusammengesetzte Leistung von über 0,7 Standardabweichungen gegenüber jenen, die sich in der unteren Hälfte ansiedeln. Dies ist der »True-Score-Effekt«, der im Verlauf der Zeit über alle Geschäftseinheiten hinweg erwartet wird.

Nutzenanalyse: Praktische Bedeutung der Effekte

In der Vergangenheit haben Studien über den Zusammenhang von Arbeitsplatzzufriedenheit und Leistung kaum Aufschluss über den praktischen Nutzen der untersuchten Beziehungen ergeben. Die Korrelationen wurden oft als trivial abgetan, ohne dass man sich die Mühe machte, den möglichen Nutzen der Beziehungen in der Praxis zu verstehen. Q^{12} dagegen enthält Items, die jeder Vorgesetzte und Manager beeinflussen kann, wie die *Gallup*-Wissenschaftler festgestellt haben. Das Verständnis des praktischen Nutzens möglicher Veränderungen ist also entscheidend.

In der einschlägigen Literatur sind viele Beweise dafür zu finden, dass zahlenmäßig kleine oder bescheidene Effekte in der Praxis oft viel größere Dimensionen annehmen (Abelson 1985; Carver, 1975; Lipsey, 1990; Rosenthal und Rubin, 1982; Sechrest und Yeaton, 1982). Die Effekte, auf die in dieser Studie hingewiesen wird, stimmen mit anderen praktischen Effekten überein, auf die in anderen Arbeiten verwiesen wird (Lipsey und Wilson, 1993).

Innerhalb von Unternehmen hatten Geschäftseinheiten in der oberen Hälfte des Mitarbeiterengagements ein um durchschnittlich 56 Prozent besseres Ergebnis bei der Kundenloyalität (also [61% – 39%]/39% = 56,4%), ein um 44 Prozent besseres Ergebnis bei der Fluktuation (geringere Fluktuationswahrscheinlichkeit), ein um 50 Prozent besseres Ergebnis bei der Produktivität und ein um 33 Prozent besseres Ergebnis bei der Rentabilität. Für die zusätzliche Variable der Arbeitssicherheit (auf sechs Studien begrenzt) hatten die Geschäftseinheiten in der oberen Hälfte des Mitarbeiterengagements ein um durchschnittlich 50 Prozent besseres Ergebnis (geringere Wahrscheinlichkeit von Fehltagen). Für die Geschäftseinheiten über die

Unternehmen hinweg hatten diejenigen in der oberen Hälfte des Mitarbeiter-engagements im Durchschnitt ein um 86 Prozent besseres Ergebnis bei den Kundendaten, ein um 70 Prozent besseres Ergebnis bei der Fluktuation (geringere Fluktuationswahrscheinlichkeit), ein um 70 Prozent besseres Ergebnis bei der Produktivität, ein um 44 Prozent besseres Ergebnis bei der Rentabilität und ein um 78 Prozent besseres Ergebnis bei der Arbeitssicherheit (geringere Wahrscheinlichkeit von Fehltagen).

Zu den weiteren Möglichkeiten, die praktische Bedeutung hinter den Effekten aus dieser Studie auszudrücken, gehören Nutzenanalysen (Schmidt und Rauschenberger, 1986). Es wurden Formeln abgeleitet, um die finanziellen Leistungssteigerungen als ein Ergebnis der verbesserten Mitarbeiterauswahl zu schätzen. Diese Formeln können dazu verwendet werden, den Unterschied der Leistungsergebnisse auf verschiedenen Ebenen in der Verteilung der Q^{12}-Ergebnisse zu schätzen. Frühere Studien (Harter et al., 2002 und Harter und Schmidt, 2000) enthielten Beispiele für Nutzenanalysen, wobei Unterschiede in den Ergebnissen zwischen den oberen und unteren Quartilen im zusammengesetzten Q^{12} (GM) verglichen wurden. Für die an dieser Meta-Analyse teilnehmenden Unternehmen sind Unterschiede zwischen den oberen und unteren Quartilen für das Engagement von 2-4 Punkten bei der Kundenloyalität, von 1-4 Punkten bei der Rentabilität, von Hunderttausenden Dollar monatlich an Produktivitätszuwächsen und 4-10 Punkten für die Fluktuation in Unternehmen mit niedriger Fluktuation und 15-50 Punkten für Unternehmen mit hoher Fluktuation typisch. Derartige Unterschiede und ihr wirtschaftlicher Nutzen sollten für jedes Unternehmen berechnet werden, basierend auf den Daten, der Situation und der Verteilung der Ergebnisse über die Geschäftseinheiten hinweg.

Es liegt auf der Hand, dass die oben beschriebenen Zusammenhänge insbesondere in Unternehmen mit vielen Betriebseinheiten keineswegs zu vernachlässigen sind. Eine Nutzenanalyse, bei der die Beziehung zwischen dem Mitarbeiterengagement und den Geschäftsergebnissen ermittelt wird, ist – um es noch sehr vorsichtig auszudrücken – enorm wertvoll.

Diskussion

In immer mehr Studien, die in diese aktualisierte Meta-Analyse aufgenommen werden, gehen auch prognostische Daten ein, wobei sich die Leistungsergebnisse erst nach der Q^{12}-Messung herausstellen. Studienübergreifend waren die Korrelationen der Q^{12}-Items und Gesamtindizes mit den Ergebnissen weitgehend verallgemeinerbar, wobei Varianzen in den Korrelationen auf Stichprobenfehler und andere Artefakte zurückgingen. Folglich unterstellte man dem Aufbau der Studie (prognostisch und nicht zeitgleich) keine abschwächende Wirkung auf die Effekte. In einzelnen Fallstudien, die im The *Gallup Research Journal* vorgestellt werden, sind Nachweise der Direktionalität (durch mehrere Zeiträume und die Pfadanalyse) enthalten. Die Pfadkoeffizienten in einer solchen Analyse stimmen mit den Dimensionen überein, die wir in unserer umfassenderen Meta-Analyse beobachtet haben, was darauf hindeuten würde, dass sie begrenzt sein könnten, falls Abschwächer vorhanden sind.

Derzeit sind Meta-Analysen von zeitverzögerten Korrelationen über mehrere Jahre in Vorbereitung, welche die Korrelation von Mitarbeiterengagement zu Zeitpunkt 1 und Ergebnissen zu Zeitpunkt 2 gegenüber der Korrelation von Ergebnissen zu Zeitpunkt 1 und Mitarbeite rengagement zu Zeitpunkt 2 untersuchen. Natürlich wurden solche Analysen schon für einzelne Studien durchgeführt, aber die derzeit durchgeführten Meta-Analysen werden die Fragen der Direktionalität genauer beantworten.

Der überraschendste kausale Beweis stammt nicht aus einer Studie, sondern aus Forschungen und unterschiedlichsten Beweisen, einschließlich qualitativer Analysen leistungsstarker Geschäftseinheiten, Pfadanalysen, prognostischer Studien und Studien von Veränderungen im Lauf der Zeit. Solche Einzelstudien wurden von *Gallup* schon in der Vergangenheit durchgeführt und spielen auch jetzt eine wichtige Rolle bei der Erforschung des Arbeitsplatzmanagements.

Es sollte auch angemerkt werden, dass Unternehmen, mit denen die *Gallup*-Berater zusammengearbeitet und deren Manager sie in den *Gallup*-Methoden ausgebildet haben, im Durchschnitt (zwischen dem ersten und zweiten Jahr) eine Steigerung um eine halbe Standardabweichung beim Mitarbeiterengagement und oft sogar um eine ganze Standardabweichung oder mehr nach drei oder mehr Jahren verzeichnen konnten. Ein sehr wichtiges Nutzenelement bei jedem angewandten Instrument und Verbesserungsprozess ist das Ausmaß, in dem die Variable unter Beobachtung verändert werden kann. Derzeit deuten alle unsere Nachweise darauf hin, dass das Mitarbeiterengagement bis zu einem gewissen Grad veränderbar ist und weithin nach Geschäftseinheit oder Arbeitsgruppe variiert.

Außerdem wurden Untersuchungen durchgeführt, die gezeigt haben, dass die Mitarbeiterzufriedenheit auf individueller Ebene zumindest bis zu einem gewissen Grad von persönlichen Merkmalen abhängt (Arvey, Bouchard, Segal und Abraham, 1989; Bouchard, 1997). In der vorliegenden Analyse haben wir für die Geschäftseinheiten den Durchschnitt der unabhängigen Variable personenübergreifend ermittelt, sodass es sich eher um ein Messkriterium der Leistungskultur der Geschäftseinheit als der individuellen Mitarbeiterzufriedenheit handelt. Dabei ermitteln wir den Durchschnitt von merkmalsbezogenen Variationen, aus denen eine Punktezahl hervorgeht, die die Kultur der Geschäftseinheit spiegelt.

Es gibt weitere schon abgeschlossene oder sich noch in Vorbereitung befindliche Studien, welche die Beziehungen zwischen Veränderungen in den Q^{12}-Ergebnissen und Veränderungen in den Geschäftsergebnissen untersuchen und den kausalen Nachweis der Beziehung zwischen der Zufriedenheit/dem Engagement auf Geschäftseinheitenebene und den Ergebnissen der Geschäftseinheiten weiter bekräftigen.

Die Autoren schließen aus dieser wie aus vorherigen *Gallup*-Studien, dass die Mitarbeiterwahrnehmungen, wie sie mit den Q^{12}-Items gemessen werden, in Relation zu den Geschäftsergebnissen stehen und dass diese Relationen über die Unternehmen hinweg generalisiert werden können. Die beobachteten Beziehungen sind in ihrer Richtung hypothetisch und ergeben aus psychologischer Sicht auch Sinn. Die Ableitung kausaler Zusammenhänge hängt von verschiedenen Nachweisen ab, die oben angesprochen wurden und von den Wissenschaftlern bei *Gallup* und bei Partnerunternehmen kontinuierlich erhoben werden. Außerdem können weitere in Fachzeitschriften veröffentlichte Forschungsarbeiten die Frage der Kausalität näher beleuchten. Es gibt eindeutige Unterschiede zwischen Geschäftseinheiten in der Art und Weise, wie die Mitarbeiter ihre Arbeitsumgebungen wahrnehmen, und diese Unterschiede stehen mit Leistungsunterschieden in Zusammenhang. Die vor uns liegende Herausforderung besteht darin, weiterhin Programme zu entwickeln, die zu Veränderungsstrategien anleiten. Derartige Programme waren und bleiben ein Schwerpunkt der Tätigkeit von *Gallup*.

Erstellt von James K. Harter, Ph.D., und Frank L. Schmidt, Ph.D.

Die Autoren danken Emily Killham, Jim Asplund, Sangeeta Badal, Donald O. Clifton und zahlreichen Gallup-Wissenschaftlern, die Forschungsstudien, Datensätze und ihr Wissen und ihre Erfahrungen in die Studien dieser Meta-Analyse eingebracht haben.

Literaturangaben

Abelson, R. P. (1985), »A variance explanation paradox: When a little is a lot«, in: *Psychological Bulletin*, 97, 129-133.

Arvey, R. D., Bouchard, T. J., Jr., Segal, N. L. & Abraham, L. M. (1989), »Job satisfaction: Environmental and genetic components«, in: *Journal of Applied Psychology*, 74, 187-192.

Bangert-Drowns, R. L. (1986), »Review of developments in meta-analytic method«,,in: *Psychological Bulletin*, 99 (3), 388-399.

Bouchard, T. J., Jr. (2997), »Genetic influence on mental abilities, personality, vocational interests, and work attitudes«, Kapitel 9 in *Internal Review* of *Industrial and Organizational Psychology*, 12, 373-395. John Wiley & Sons Ltd.

Carver, R. P. (1975), »The Coleman Report: Using inappropriately designed achievement tests«, in: *American Educational Research Journal*, 12, 77-86.

Fleming, J.H. (Hrsg.) (2000), »Linkage analysis (Sonderausgabe)«, in: *The Gallup Research Journal*, 3 (1).

Harter, J. K. & Schmidt, F. L. (2000), *Validation of a Performance-Related and Actionable Management Tool: A Meta-Analysis and Utility Analysis*, Princeton, NJ: The Gallup Organization.

Harter, J. K., Schmidt, F. L. & Hayes, T. L. (2002), »Business unit-level relationship between employee satisfaction, employee engagement, and business outcomes: A meta-analysis«, in: *Journal of Applied Psychology*, 87, 2.

Hunter, J. E. & Schmidt, F. L. (1990), *Methods of Meta-Analysis: Correcting Error and Bias in Research Findings*, Newbury Park, CA: Sage.

Lipsey, M. W. (1990), *Design Sensitivity: Statistical Power for Experimental Research*, Newbury Park, CA: Sage.

Lipsey, M. W. & Wilson, D. B. (1993), »The efficacy of psychological, educational, and behavioural treatment«, in: *American Psychologist*, 48 (12), 1181-1209.

Mosier, C. I. (1943), »On the reliability of a weighted composite«, in: *Psychometrika*, 8, 161-168.

Rosenthal, R. & Rubin, D. B. (1982), »A simple, general purpose display of magnitude of experimental effect«, in: *Journal of Educational Psychology*, 74, 166-169.

Schmidt, F. L. (1992), »What do data really mean? Research findings, meta-analysis, and cumulative knowledge in psychology«, in: *American Psychologist*, 47, 1173-1181.

Schmidt, F. L., Hunter, J. E., Pearlman, K. & Rothstein-Hirsh, H. (1985), »Forty questions about validity generalization and meta-analysis«, in: *Personnel Psychology*, 38, 697-798.

Schmidt, F. L. & Rauschenberger, J. (1986, April), »Utility analysis for practicioners«, Artikel vorgelegt auf der Ersten Jahreskonferenz der Society for Industrial and Organizational Psychology, Chicago.

Sechrest, L. & Yeaton, W. H. (1982), »Magnitudes of experimental effects in social science research«, in: *Evaluation Review*, 6, 579-600.

Danksagung

Unserem Chairman und CEO Jim Clifton gebührt das Verdienst, den *Gallup*-Pfad entwickelt zu haben. Mit seiner Theorie hat er unser Verständnis der Faktoren verändert, die wichtig für das Unternehmenswachstum sind. Der *Gallup*-Pfad ist mit einem Teleskop vergleichbar, mit dem man Unternehmen weltweit betrachten kann. Auf diese Weise ist er ein Galileo des einundzwanzigsten Jahrhunderts – er hat eine eingeschliffene Weltsicht infrage gestellt und uns aufgefordert, die Welt auf neue, spannendere und lohnenswertere Weise zu betrachten.

Wir schätzen sein unnachgiebiges Bemühen, das Feuer in jedem seiner *Gallup*-Kollegen anzufachen, seine aufrichtige und dauerhafte Leidenschaft dafür, das Beste in jedem von uns zum Vorschein zu bringen, und die emotionalen Bindungen, die er zu uns aufbaut und mit denen er uns antreibt, unser Potenzial voll auszuschöpfen.

Unser Dank gilt auch Larry Emond und Geoff Brewer für ihre Investition in unsere Perlentaucherei und für ihre unterschütterliche Unterstützung dabei, die Ergebnisse so klar und verständlich mitzuteilen. Wir sind Ashok Gopal zu tiefem Dank für seine fruchtbaren und intelligenten Vorschläge verpflichtet. Susan Suffes haben wir es zu verdanken, wenn unsere Botschaft klar und prägnant klingt.

Wir sind auch unseren *Gallup*-Kollegen für ihre Anleitung und Unterstützung zu Dank verpflichtet, insbesondere Alec Gallup, Marcus Buckingham, Don Clifton, Guido de Koning, Eldin Ehrlich, John Fleming, Tom Hatton, Jim Harter, Jim Krieger, Deb Manning, Jan Miller, Bill McEwen, Denise McLain, Glenn Phelps, Adam Pressman, Rosemary Travis und Sarah Van Allen für ihr kritisches Feedback sowie Mark Stiemann für seine Recherchen und am meisten der Partnerschaft, die sie alle uns bei unserer Arbeit entgegengebracht haben. Wir danken Rachel Penrod dafür, dass sie so vieles auf den richtigen Weg gebracht und organisiert hat, Steve O'Brien und

Evan Perkins für ihre Anleitung und ihren Rat sowie Jane Miller für ihre aufschlussreichen »Häppchen« unterwegs. Schließlich geht ein Dank an buchstäblich jeden, der bei *Gallup* gearbeitet hat oder dort arbeitet. Jeder Einzelne hat seine Spuren im Geist dieser Botschaft hinterlassen.

Wir danken auch Joni Evans, unserer Agentin bei William Morris, für ihren Glauben an uns und für ihre Unterstützung sowie den Mitarbeitern von Warner Books und insbesondere unserem Herausgeber Rick Wolff für seine begeisterte Unterstützung, sein Vertrauen und seinen hervorragenden Rat.

Es gibt so viele Freunde, deren Unterstützung, Liebe und Ermutigung buchstäblich zwischen den Zeilen jeder Seite zu finden sind. Danke an Becky, Steve, Nicholas und Alex, Adam, Amy, Ana-Maria, Benson, Bill, Bob und Amy, Bob und Carol Lee, Brad, Brenda, Brian, Cal, Carlo, Carlos, Chris und Bill, Connie, Connie, Craig und Anita, Dan, Deanna, Don und Betty, Ellen, Eric, Evan, Fran und Adriana, Frank, Frank, Gale, Gaylene, Geoff und Regan, Gonzalo, Greg, Govinsin, Hector und Gisela, Islet, Jack, Jacques und Diana, Dr. Jose Luis und Lupita, Julie, Jesus, Jim, Jim und Rae, John und Laura, John R., Julie, Karan, Kelly, Ken, Kevin, Larry und Julie, Selena, Larry und Howie, Laura, Leslie, Linda und Gregg, Linda, Mary und Mark, Max, Mike, Mom und Cliff, Nacho, Peter, Phil, Phil Paul, Randy, Holli, Corey und Sarah, Robby, Rafa, Rosa, Roy, Ruth, Sangeeta, Mons. Rosendo, Rachel und Rod, Robin, Rod, Jona und Luke, Ron, Scott, Sheila, Sonny, Steve, Steve, Steve, Todd, Tom, Tom, Tony, Troy und Misty, Yarisma und Mariana und Warren.

Unser Dank gilt auch unserer wohl wichtigsten und unerschöpflichen Quelle der Kraft: unseren Ehefrauen Tammy und Belinda sowie unseren wunderbaren Kindern Katie, Claire, Clayton, Gabriel und Jose Ignacio.